LADY KILLERS PROFILE

JANE TOPPAN

HAROLD SCHECHTER

JANE TOPPAN

LADYKILLERS

PROFILE

CRIME SCENE®
DARKSIDE

FATAL: THE POISONOUS LIFE OF A FEMALE SERIAL KILLER
Copyright © Harold Schechter, 2003
Todos os direitos reservados.

Imagens: DarkSide, © Getty Images, © Alamy, © istockphoto,
© 123RF, © Internet Archive Book Images, © Shutterstock,
© Boston Historical Society, © Lowell Historical Society,
® RareNewspapers.com.

Ilustração de capa © Sarah Jarrett

Tradução para a língua portuguesa
© Zé Oliboni, 2024

Diretor Editorial
Christiano Menezes

Diretor Comercial
Chico de Assis

Diretor de Novos Negócios
Marcel Souto Maior

Diretor de MKT e Operações
Mike Ribera

Diretora de Estratégia Editorial
Raquel Moritz

Gerente Comercial
Fernando Madeira

Gerente de Marca
Arthur Moraes

Editora Assistente
Jéssica Reinaldo

Capa e Proj. Gráfico
Retina 78

Coordenador de Arte
Eldon Oliveira

Coordenador de Diagramação
Sergio Chaves

Designer Assistente
Jefferson Cortinove

Preparação
Lais Curvão

Revisão
Lauren Nascimento
Milton Mastabi
Retina Conteúdo

Finalização
Roberto Geronimo
Sandro Tagliamento

Impressão e Acabamento
Gráfica Geográfica

DADOS INTERNACIONAIS DE CATALOGAÇÃO NA PUBLICAÇÃO (CIP)
Jéssica de Oliveira Molinari - CRB-8/9532

Schechter, Harold
　　Lady Killers Profile: Jane Toppan / Harold Schechter ; tradução de Zé Oliboni. — Rio de Janeiro : DarkSide Books, 2024.
　　288 p.

　　ISBN: 978-65-5598-365-4
　　Título original: Fatal: The Poisonous Life of a Female Serial Killer

1. Mulheres homicidas 2. Mulheres homicidas em série - Biografia 3. Toppan, Jane, 1854-1938 4. Crime I. Título II. Oliboni, Zé

23-2637　　　　　　　　　　　　　　　　　　CDD 364.15232

　　Índice para catálogo sistemático:
　　1. Mulheres homicidas em série

[2024]
Todos os direitos desta edição reservados à
DarkSide® *Entretenimento* LTDA.
Rua General Roca, 935/504 — Tijuca
20521-071 — Rio de Janeiro — RJ — Brasil
www.darksidebooks.com

HAROLD SCHECHTER
JANE TOPPAN
LADY KILLERS PROFILE

TRADUÇÃO | ZÉ OLIBONI

DARKSIDE

SUMÁRIO

INTRODUÇÃO 13

PARTE 1 BÓRGIA AMERICANA

01. SEGREDOS DE LYDIA 25
02. VENENO EM FAMÍLIA 43
03. O ORFANATO 57

PARTE 2 JOLLY JANE

04. AS RAÍZES DE JANE 67
05. O TREINAMENTO 73
06. MAL PROFUNDO 81
07. LADO SOMBRIO 87
08. ABRAÇO FATAL 91
09. O ENTERRO 97
10. VIDA NOVA 101

PARTE 3 BUZZARDS BAY

11. TESTE DE FÉ 107
12. MÁ PAGADORA 113
13. PIROMANIA 121
14. PARIS GREEN 125
15. MAIS FUNERAIS 129
16. A SUSPEITA 135
17. NECRÓPSIA 139
18. ATENTADO 143
19. A PRISÃO 153

PARTE 4 ASSASSINA

20. PRIMEIRA AUDIÊNCIA 161
21. VISITA À SARAH 169
22. DOSES LETAIS 173
23. VIDA NA CELA 181
24. ÁGUA HUNYADI 189
25. MANOBRA DE HOLMES 195
26. OS 23 DO JÚRI 201

PARTE 5 MENTE ENVENENADA

27. HÁBITO DE MATAR 209
28. VEREDICTO 217
29. INTERNAÇÃO 227
30. CONFISSÃO DE JANE 233
31. O HOSPITAL TAUNTON 239
32. A QUEDA DE JANE 245
33. VINGANÇA DIVINA 253
34. A MORTE DE JANE 259

VENENOS SECRETOS 263
ENVENENADORAS MACABRAS 267
AGRADECIMENTOS 283

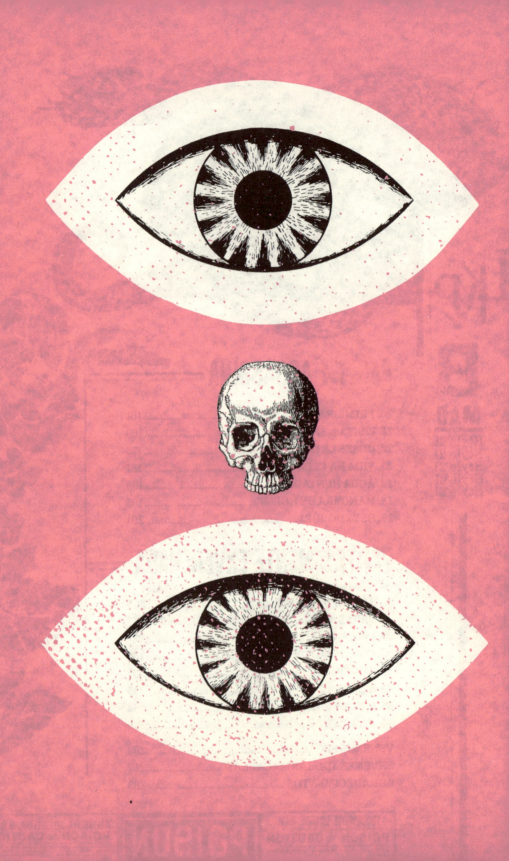

Para Kimiko
femme fatale

Os crimes malditos do envenenador misterioso
Confessemos: são sempre pessoas horríveis,
Abençoamos quem nos afofa o travesseiro,
E são essas mãos que nos derrubam, terríveis.
Confiamos nas pessoas que estão ao redor,
Quando nos deitamos doentes, meio tortos,
Enquanto os abençoamos, eles desejam
Em seguida, no seu íntimo, ver-nos mortos.

Balada popular do século XIX

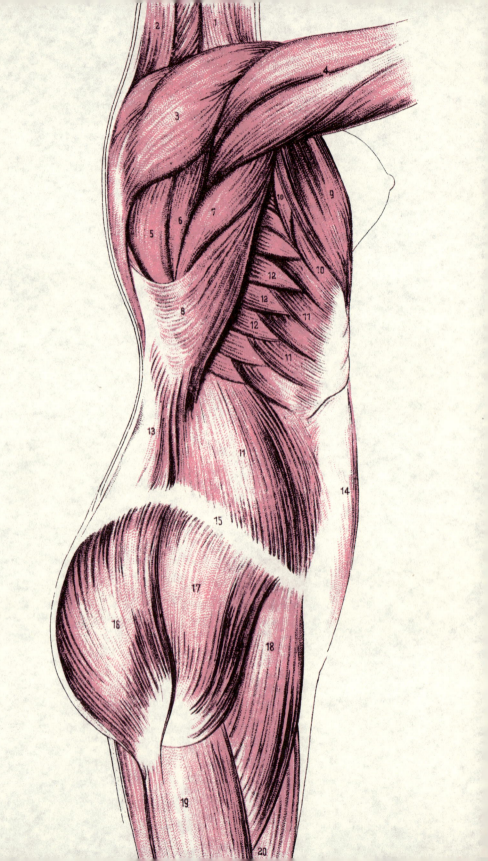

JANE TOPPAN

INTRODUÇÃO
A DOSE CERTA DE VENENO

Por um período de exatamente um ano, iniciado no final de 1989, uma série de motoristas do sexo masculino, na área central da Flórida, apareceram mortos nas florestas depois de pegarem uma prostituta de beira de estrada chamada Aileen Wuornos. Ao ser presa, Wuornos, que enfrentou uma vida de brutalidade extrema desde a infância, alegou que só agia em legítima defesa. Ela insistiu que todas as sete vítimas a tinham atacado de maneira cruel. Seguindo o instinto de autopreservação, fora forçada a atirar em cada um deles repetidas vezes com arma semiautomática calibre .22, esvaziar os bolsos deles, roubar os carros e desovar os cadáveres em ferros-velhos, terrenos baldios e áreas remotas de floresta.

Nem é preciso dizer que os promotores enxergaram essa situação de maneira bem diferente, retratando Wuornos como uma predadora de sangue-frio que matava em parte por dinheiro, mas, principalmente, pelo simples prazer de matar. O júri concordou, e Wuornos de imediato ganhou má fama, não apenas como maníaca homicida, mas como algo mais brutal e alarmante, a primeira assassina em série da história dos Estados Unidos.

Além da sentença de morte (executada, após muita postergação, em outubro de 2002), essa distinção dúbia lhe trouxe aquele tipo de status de celebridade que se concede aos criminosos mais notórios. Pouco depois da condenação, o primeiro dos vários filmes produzidos para televisão sobre o caso foi ao ar e, desde então, ela se tornou o tema de todo tipo de produção, desde um documentário aclamado pela crítica (*Aileen Wuornos: The Selling of a Serial Killer*, de Nick Broomfield), até diversos episódios especiais de programas de tribunais. Todos esses trabalhos a trataram como uma figura significativa nos anais do crime: "a primeira assassina em série da América". Há, contudo, um problema sério com esse rótulo.

É totalmente falso.

Embora a crença popular entenda que a violência sociopática é um fenômeno restrito aos homens, o fato é que as mulheres, desde sempre, compuseram proporção considerável dos assassinos múltiplos mais prolíficos e repreensíveis da humanidade. Apenas nas últimas décadas, contudo, passou-se a prestar atenção com seriedade ao tema das mulheres serial killers, surgindo estudos como *When She was Bad* [Quando Ela Foi Má] (1997), de Patricia Pearson, e *Murder Most Rare* [O Assassinato Mais Raro] (1998), de Michael e C. L. Kelleher.

O tema do meu livro é uma mulher nascida em 1854, um século antes de Aileen Wuornos ser concebida, que se encaixa em todos os aspectos do padrão clássico de *sex-killer* psicopata. Dona de personalidade ao modo Médico e o Monstro, tinha a competência profissional e o charme adorável que a tornava companhia valorosa para um círculo grande de pessoas que lhe confiavam suas próprias vidas. Sob o ar jovial, contudo, rondava uma criatura com impulsos e apetite genuinamente monstruosos, um sadismo impecável do qual derivava um prazer sexual intenso ao assistir a uma sucessão de vítimas inocentes morrerem, bem devagar, por suas mãos. Seu nome era Jane Toppan e, embora o grau de maldade seja difícil de mensurar, o mal puro que ela incorporava não perdia em nada às contrapartes masculinas mais famosas.

É inevitável, assim, que surja a pergunta: por que quando as pessoas ouvem o termo "serial killer" pensam, de pronto, em homens (John Wayne Gacy, Ted Bundy, Jeffrey Dahmer, entre outros)? E qual o motivo da surpresa, ou até mesmo incredulidade, ao descobrir que há mulheres entres os assassinos em série mais terríveis?

Como muitas vezes é o caso, o problema é, em grande parte, de semântica. O termo "assassino em série" em si é relativamente recente, datando de apenas algumas décadas atrás. As definições variam, porém, as mais úteis vêm do National Institute of Justice [Instituto Nacional de Justiça], que o define assim: "série de dois ou mais assassinatos, cometidos em eventos separados, normalmente [...] por um criminoso sozinho. Os crimes podem ocorrer durante um período que varia de horas a anos. Com muita frequência, a motivação é psicológica, e o comportamento do criminoso e as evidências físicas observadas nas cenas dos crimes refletirão sadismo e conotação sexual".

Em outras palavras, serial killers são, em sua maioria, psicopatas sexuais muito cruéis; pervertidos que só atingem o orgasmo ao causar a *morte* de alguém. Uma vez satisfeita sua luxúria mórbida, experienciam um período de calma, o equivalente ao torpor da saciedade que normalmente vem após o sexo (segundo o FBI, um "período de resfriamento emocional"). Depois de um tempo, a voracidade cresce de novo — o tesão pela morte — então, vão à procura de alguém novo. Esse padrão comportamental explica a natureza "em série" do fenômeno. Toda vez que um desses monstros é dominado por uma necessidade sexual intensa, outra pessoa tem que morrer.

O crédito ao real criador do termo "serial killer" é uma questão polêmica (boa parte das vezes, é creditada ao ex-agente do FBI Robert K. Ressler, apesar de alguns criminologistas apontarem o uso anterior em um livro de 1966, *The Meaning of Murder* [O Significado do Assassinato], do britânico John Brophy). De qualquer forma, o termo não se popularizou até os anos 1970, a década que testemunhou os ataques de Bundy, Gacy, Kenneth Bianchi, Angelo Buono (o maligno "Estrangulador de Hillside") e outros sociopatas de violência selvagem. Uma vez que o termo em si era uma novidade, não é difícil imaginar que tenha causado a impressão de que uma espécie nova e assustadora de criminoso (algo que não se tinha notícia na longa história de injustiças humanas) tinha surgido de repente: o assassino em série.

Na verdade, criaturas como Gacy e outros semelhantes existem desde tempos imemoriáveis. Qualquer um que acredite que os *sex-killers* e suas ações cruéis são uma exclusividade do nosso tempo (um sintoma da "podridão social" que os demagogos políticos sempre evocam como culpada pelos tiroteios em Hollywood, pelo rap e pelo banimento das orações em salas de aula), deveria dar uma olhada no livro *Psychopathia Sexualis*, do dr. Richard von Krafft-Ebing. Publicado em 1886, esse trabalho pioneiro analisa grande variedade de comportamentos aberrantes, que vão de fetiche por pés a necrofilia, e inclui estudos de caso dos sádicos mais assustadores que se pode imaginar.

Entre os monstros citados por Krafft-Ebing está "um tal Gruyo, 41 anos", que estrangulou seis mulheres e, depois, "arrancou os intestinos e os rins pela vagina"; um húngaro de 55 anos chamado Tirsch que "emboscou uma velha miserável" na floresta, sufocou-a até a morte e, então, "cortou os seios e a genitália da vítima com a faca, cozinhou em casa e, nos dias seguintes, os comeu"; e um francês de 24 anos, funcionário de vinícola, chamado Leger que, depois de vagar pela floresta durante oito dias em busca de uma vítima, "pegou uma menina

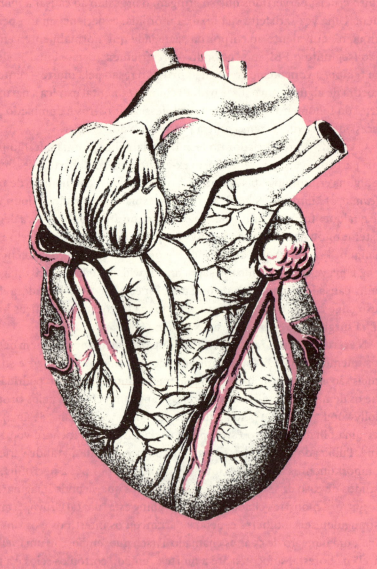

de 12 anos, a estuprou, mutilou a genitália dela, arrancou o coração e o comeu, bebeu o sangue dela e enterrou o cadáver". Há, também, o caso de "Alton, um escriturário na Inglaterra", que atraiu uma garotinha para um matagal, "a esquartejou", depois, retornou ao escritório com tranquilidade e fez o seguinte registro no caderno: "matei uma jovem hoje; estava boa e quente".

Esses e outros exemplos de assassinatos sexuais de sadismo tão horrendo são classificados por Krafft-Ebing em uma categoria antiquada, mas muito representativa: "assassinato por luxúria". O termo captura bem a combinação particular de crueldade selvagem e excitação sexual frenética que caracteriza o crime e impulsiona seus autores a comportamentos impronunciáveis de tão extremos — "estrangular, cortar a garganta e rasgar o abdômen, mutilar cadáveres, em especial as genitais, (e) satisfazer a luxúria sexual no cadáver" (nas palavras de Krafft-Ebing).

Ainda hoje, *Psychopathia Sexualis* é um trabalho muito instrutivo (e de uma morbidez empolgante), cujo enorme catálogo de perversões do século XIX deixa muito claro que o *sex-murder* psicopata não surgiu com Ted Bundy nem com Jeffrey Dahmer. Na verdade, não começou nem com Jack Estripador, que, muitas vezes, é considerado o protótipo do assassino psicopata contemporâneo. O próprio Krafft-Ebing faz menção ao monstro do século XV, Gilles de Rais, "executado em 1440, sob acusação de mutilações e assassinatos que praticou ao longo de oito anos com mais de 800 crianças". E, embora esses casos não sejam mencionados em *Psychopathia Sexualis*, há outros açougueiros medievais cujas atrocidades poderiam lhes garantir facilmente um espaço na enciclopédia de perversidades de Krafft-Ebing: Gilles Garnier, por exemplo, maníaco francês do século XVI que estraçalhava as vítimas com ferocidade tão bestial que se pensava ser ato de um lobisomem; e seu contemporâneo germânico, Peter Stubbe, outro de licantropia ostensiva que caçava principalmente crianças e foi culpado, entre outras abominações, de canibalizar o próprio filho.

A história de assassinos mutiladores sádicos, é claro, começa muito antes da Era Medieval. O próprio Gilles de Rais alega ter sido inspirado pelas leituras de Suetónio, o historiador romano que registrou os atos degenerados de loucos poderosos como Nero (que, como nos é contado, gostava de se vestir com peles de animais selvagens e desmembrar crianças com as próprias mãos). De fato, evidências científicas recentes sugerem que o gosto pela selvageria está gravado em nosso DNA, uma herança evolucionária dos nossos ancestrais primatas. No livro *O Macho Demoníaco: As Origens da Agressividade Humana*, o antropólogo de Harvard, Richard Wrangham, demonstra que chimpanzés ("geneticamente mais próximos de nós até do que os gorilas") cometem atos rotineiros de tortura e massacre tão apavorantes quanto qualquer um registrado por Krafft-Ebing. Além de caçarem os membros mais vulneráveis da espécie deles, os ataques "são marcados por crueldade gratuita (rasgar pedaços de pele, por exemplo, torcer membros até quebrarem ou beber o sangue das vítimas), reminiscências de atos que, entre os humanos, são considerados crimes abomináveis em tempo de paz e atrocidades em tempos de guerra".

Em outras palavras, serial killers são, em sua maioria, psicopatas sexuais muito cruéis; pervertidos que só atingem o orgasmo ao causar a morte de alguém. Uma vez satisfeita sua luxúria mórbida, experienciam um período de calma, o equivalente ao torpor da saciedade que normalmente vem após o sexo (segundo o FBI, um "período de resfriamento emocional").

Dos chimpanzés africanos a John Wayne Gacy, contudo, um fato está claro. Como o título do livro de Wrangham indica, atos de violência letal e crueldade gratuita, do tipo que envolve tortura, estupro, mutilação, desmembramento, canibalismo etc., são endêmicos do sexo masculino. Na verdade, há paralelos inconfundíveis entre esse tipo de violência, de agressividade fálica, penetrante, violadora e indiscriminada (na medida que é comum que a satisfação se dê pelo corpo de estranhos), e o padrão sexual típico masculino. Por esse motivo, é possível ver o assassino mutilador sádico como uma distorção grotesca (ou de "intensidade patológica", nas palavras de Krafft-Ebing) da sexualidade masculina normal padrão. O assassinato por luxúria, em resumo, é um fenômeno especificamente masculino.

O assassinato por luxúria, contudo, não é sinônimo de assassinato em série. Em vez disso, e esse é um ponto que quero enfatizar, o assassinato por luxúria é a *forma masculina por excelência* do assassinato em série. Quando a polícia descobre um corpo com a garganta cortada, o torso aberto, as vísceras removidas e as genitais extirpadas, sempre há uma justificativa para fazer a pressuposição básica: o criminoso é um homem. Como a crítica cultural Camille Paglia disse: "não há versão feminina do Jack Estripador".

Mas se o assassinato por luxúria é exclusivo dos homens, uma expressão monstruosa da sexualidade masculina, então, qual é a forma *feminina* equivalente? As sociopatas não são menos depravadas do que as contrapartes masculinas. Como regra, contudo, a penetração brutal não é o que as excita. A excitação não vem da violação do corpo de estranhos com objetos fálicos, mas do sadismo grotesco travestido de intimidade e amor: servir colheradas de remédio envenenado na boca do paciente que confia nelas, por exemplo, ou sufocar uma criança que dorme. Resumindo, vem da transformação cuidadosa do amigo, parente ou dependente em um cadáver.

É claro que há outras motivações misturadas com o sadismo — o ganho monetário, por exemplo. Na verdade, algumas assassinas em série podem nunca admitir, nem mesmo para si mesmas, a natureza real ou a extensão do prazer que sentem com os crimes. No entanto, suas ações falam por si. Sejam quais forem os outros benefícios que podem advir das atrocidades (uma cachoeira de dinheiro de apólice de seguro, por exemplo, ou livrar-se da maternidade), há, no fundo, apenas uma razão pela qual uma mulher mataria, ao longo de anos, as pessoas mais próximas, uma a uma, de formas que garantam um sofrimento terrível às vítimas: porque ela sente prazer em fazer isso.

Não há dúvida que um assassino sexual em série tende a ser mais sinistro, mais brutal, do que a versão feminina. Se são mais *malignos* é outra questão. Afinal, o que é pior: desmembrar uma transeunte depois de cortar a garganta dela ou acariciar na cama um amigo próximo que você acabou de envenenar e gozar repetidas vezes enquanto sente o corpo ao seu lado sucumbir à morte? Em última instância, é claro, essa é uma questão impossível de ser respondida. Ainda assim, houve épocas em que as assassinas em série inspiraram um temor especial.

Esse, com certeza, foi o caso na América do Norte no final do século XIX.

Cada era é assombrada por monstros únicos, figuras sombrias e perturbadoras que refletem as ansiedades dominantes do período. Durante a Grande Depressão dos anos 1930, por exemplo, os gângsteres míticos dos filmes (os Scarfaces, Inimigos Públicos e Little Caesars) foram encarnações brutais de um sistema social que se perdeu de forma terrível: uma América em que apenas a ambição assassina impulsionaria alguém ao topo e em que as virtudes antiquadas do trabalho duro e honesto não levavam a nenhum lugar além da fila da sopa. Duas décadas depois, o delinquente juvenil, o malandro empunhando canivete, de costeletas, calça jeans azul e rock 'n' roll estridente, tornou-se o bicho-papão nacional: a jaqueta de couro simbolizava a cultura adolescente pós-guerra que balançava as estruturas sociais. E as ansiedades obsessivas de hoje, nossas preocupações com a ruína social, com a violência sexual e a fragilidade repugnante da carne, são destiladas no nosso próprio demônio, que nos define, o serial killer.

Cem anos atrás, a figura que assombrou a América foi a mulher envenenadora em série. Como Ann Jones ressalta em seu estudo, *Women Who Kill* [Mulheres que Matam] (1980), o movimento feminista do final dos anos 1800, quando as mulheres começaram a se organizar para exigir igualdade política e social, acionou ansiedades poderosas nos homens norte-americanos, que projetaram seus medos no monstro de pesadelos que era a assassina do lar, o anjo doméstico da morte. "Conforme a agitação pelos direitos femininos crescia", Jones escreveu, "os homens berravam que o relacionamento matrimonial tradicional estabelecido por Deus seria destruído. As mulheres não os respeitariam mais, não os serviriam mais nem obedeceriam mais aos maridos. Podiam até se voltar contra eles. Eram os direitos das mulheres que estavam em questão, mas o medo da mulher nunca esteve longe da superfície de qualquer debate. A esposa envenenadora se tornou o fantasma do século, a bruxa que se escondia na esfera feminina."

De acordo com Jones, a assassina se tornou uma personagem frequente na cultura popular, o que fez surgir todo um gênero de ficção policial dedicado aos feitos impronunciáveis de uma série de "demônios domésticos". As protagonistas de trabalhos como *The Life and Confession of Ann Walters, the Female Murderess!* [A Vida e Confissão de Ann Walters, a Mulher Assassina!] e *Ellen Irving, the Female Victimizer* [Ellen Irving, a Mulher Vitimizadora] deleitam-se com a maldade e não sentem "prazer com nada que não seja atos da maior sanguinolência e de natureza desumana" ou que não se tratasse das "atrocidades [mais] cruéis e atrozes, e dos crimes e assassinatos mais terríveis". O público não parecia se cansar nunca de ler sobre os feitos letais dessas e de outras "assassinas múltiplas" (como serial killers às vezes são chamados).

Muito mais perturbadores, é claro, foram os casos da vida real de mulheres que exterminaram com prazer muitos de seus entes queridos. Jane Toppan, uma matriarca sociopata da Nova Inglaterra cuja contagem de vítimas foi mais de cinco vezes maior do que de Jack Estripador, era, na visão dos contemporâneos dela, a pior dessas criaturas. Mas ela não foi, de forma alguma, a primeira. Nos Estados Unidos pós-guerra civil, um conjunto de "demônios domésticos" surgiu na Nova Inglaterra: maníacas homicidas transvestidas de donas de casa, mães e cuidadoras amáveis, as encarnações vivas dos maiores medos da cultura da época.

THE POISON FIEND!

LIFE, CRIMES, AND CONVICTION

OF

LYDIA SHERMAN,

(THE MODERN LUCRETIA BORGIA,)

RECENTLY TRIED IN NEW HAVEN, CONN., FOR

POISONING

THREE HUSBANDS AND EIGHT OF HER CHILDREN.

By Rev. Lippard Barclay.

HER LIFE IN FULL!

EXCITING ACCOUNT OF HER TRIAL—THE FEARFUL EVIDENCE.

THE MOST STARTLING AND SENSATIONAL SERIES OF CRIMES
EVER COMMITTED IN THIS COUNTRY.

HER CONVICTION

AND

CONFESSION.

PHILADELPHIA:
BARCLAY & CO., PUBLISHERS,
21 N. SEVENTH STREET.
1873.

HAROLD SCHECHTER
JANE TOPPAN
LADY KILLERS PROFILE

01
CAPITULUM

FATAL

SEGREDOS DE LYDIA

> *Então, minha filhinha Ann Eliza começou a ter calafrios e febre e não melhorava nunca. Isso me deixou com o coração partido e desanimada de novo. Tinha um pouco de arsênico em casa, comprado no Harlem, e o coloquei no remédio que comprei para curar os calafrios dela. Dei-lhe duas vezes e ela ficou tão doente quanto os outros e morreu por volta do meio-dia depois de quatro dias. Ela era a criança mais feliz que já vi.*
>
> EXTRAÍDO DAS CONFISSÕES DE LYDIA SHERMAN

Nunca saberemos exatamente o que transcorreu naquele dia, há muito tempo, quando Edward Struck perdeu o emprego e caiu em desgraça. Alguns fatos, contudo, são inquestionáveis.

Tudo aconteceu em uma tarde no final do outono de 1863, quando um bêbado armado de faca, descrito nos relatos existentes como "perturbado", atacou o barman no Hotel Stratton na Bloomingdale Road com a 125th Street em Manhattan. Gritos de "assassinato!" e urros frenéticos pedindo ajuda vieram do bar. Struck, membro da Polícia Metropolitana que trabalhava em Manhattanville, apareceu minutos depois. Quando chegou, o bandido já estava morto, alvejado por um detetive que, por acaso, passava pelo hotel quando ouviu a comoção.

Essa parte é a certeza. A grande questão sem resposta é: por que o oficial Struck não chegou antes?

Vários funcionários do hotel testemunharam que Struck estava, na verdade, bem na frente do estabelecimento quando o tumulto começou, mas se recusou a intervir. Ele acreditava que o bêbado enfurecido estava com uma pistola enquanto Struck, como todos os policiais da cidade de Nova York na época, estava armado com um mero cassetete. Ele deu meia-volta e saiu em disparada na direção oposta para pedir ajuda, ao que tudo indica.

Nunca saberemos exatamente o que transcorreu naquele dia, há muito tempo, quando Edward Struck perdeu o emprego e caiu em desgraça. Alguns fatos, contudo, são inquestionáveis.

Quando os superiores de Struck, na base de Manhattanville, souberam dessa acusação de covardia, agiram de imediato. Sem nem mesmo uma audiência, o oficial Struck foi demitido sumariamente da força.

O relato de Struck sobre o evento é bem diferente. De acordo com a história que contou para a esposa, Lydia, ele estava a vários quarteirões do hotel, fazendo sua ronda, quando ouviu que alguém tinha acabado de surtar no bar do Stratton. De imediato, pegou um bonde e foi em disparada para o local da cena, apenas para descobrir que a confusão já tinha acabado.

Ele insiste que foi demitido não por ser covarde, mas pelo contrário, porque era um homem de princípios. O distrito de Manhattanville era tomado pela corrupção, e Struck, segundo alega, era simplesmente honesto demais para seu próprio bem. Sabia de coisas que deixavam os superiores muito nervosos. A suposta conduta covarde no caso do bar do Stratton não passou de um pretexto conveniente para que se livrassem dele.

Lydia acreditou na versão do marido, já que era, afinal, esposa e mãe devotada. Pelo menos, era assim que se considerava. Essa autoimagem, uma ilusão insana, na verdade, não passava de sinal de sua loucura absoluta, pois

Lydia Struck pertencia àquela espécie de sociopatas que cometem as mais terríveis atrocidades enquanto dizem a si mesmas que só estão agindo pelo bem das vítimas.

Seja qual for a verdade por trás da demissão de Struck, foi um golpe duríssimo. Ele trabalhara com dedicação por toda a vida adulta para receber um salário honesto, movido por uma fé profunda. Ele e a esposa eram cristãos devotos e se conheceram porque frequentavam a mesma igreja metodista em New Brunswick, New Jersey, vinte anos antes.

Struck tinha quase quarenta anos na época, viúvo e com seis filhos pequenos. Lydia, que trabalhava como costureira, tinha apenas 17: uma jovem atraente com cabelos castanhos volumosos, grandes olhos azuis e pele clara. Apesar da diferença de idade, aceitou de pronto quando Struck lhe pediu em casamento pouco tempo depois de se conhecerem. A cerimônia ocorreu na casa do irmão dela, Ellsworth. Com menos de um ano de casados, Lydia deu à luz uma menina saudável, e outros seis bebês vieram na sequência.

Com a esposa e treze crianças para sustentar, sete com Lydia e seis do casamento anterior, Struck, um ferreiro de carruagens, labutava na profissão, primeiro em Yorkville e depois na Elizabeth Street, na parte baixa de Manhattan, logo ao norte do distrito miserável de Five Points. Com o passar do tempo, mudou-se com a família para a parte alta, onde alugaram o primeiro andar de uma casa pequena na 125th Street. Foi então que uma oportunidade de ouro surgiu.

Depois de anos de disputas políticas, a cidade de Nova York estava no processo de reorganização da força policial. Em janeiro de 1857, Struck se candidatou e foi designado para a Polícia Metropolitana recém-criada. Por seis anos, patrulhou o distrito de Manhattanville, cheio de orgulho de usar aquele uniforme: sobrecasaca azul, colete escuro, pantalonas azuis e distintivo de cobre em forma de estrela. Ele se considerava um bom representante da força.

Então ocorreu o fiasco no bar do Stratton e Struck se viu não só desempregado, mas tachado também de covarde.

Nessa época, houve uma redução significativa no tamanho do lar dos Struck. Os seis filhos do primeiro casamento de Edward tinham crescido e saído de casa. E a pequena Josephine, a filha que Lydia tivera menos de dois anos antes, morreu depois de um surto terrível de dores intestinais. Por causa de eventos posteriores, é razoável especular que a garotinha não faleceu de causas naturais. O médico que lhe atendeu, contudo, não tinha motivos para suspeitar de qualquer maldade, e atribuiu a morte a "inflamação dos intestinos".

Mesmo com sete bocas a menos em casa, os Struck ainda tinham seis filhos para sustentar. Vivendo com a família inteira amontoada em poucos cômodos precários e nenhum centavo para alimentá-la, Edward se afundou em grande desânimo, que tinha todas as características do que chamamos atualmente de depressão clínica. Ele não saía à procura de trabalho nem para ver os amigos antigos. Depois de um tempo, não saía para mais nada. Tinha vergonha de ser visto em público, pois estava convencido de que era motivo de chacota para todos. Comportava-se da maneira mais errática possível; ficava acordado durante a noite, certo de que estava prestes a ser preso. Certa vez, pegou a pistola em uma gaveta da escrivaninha, colocou na boca e ameaçou explodir a cabeça. Com o passar do tempo, parou de sair da cama.

Lydia sofria muito ao ver o marido se afundando em estado tão degradante. Cada dia que passava, ele se tornava um fardo ainda mais pesado. "Nessa época, ele me causou muitos problemas", disse Lydia depois. Ela pediu o conselho do Capitão Hart, o superior imediato do marido na base em Manhattanville. Hart, um sujeito decente que tentou em vão reintegrar Struck, balançou a cabeça diante do relato chocante da mulher sobre o comportamento do marido. Estava claro que o homem perdera a cabeça. Na visão de Hart, só havia uma coisa a ser feita. O marido dela precisava "deixar a casa", disse Hart de forma gentil, um conselho que foi repetido por várias pessoas que ela consultou.

A real intenção por trás dessa sugestão não é clara, apesar de parecer que Hart queria dizer que Struck deveria ser internado em um hospício antes que fizesse mal a si mesmo ou às pessoas que amava. Lydia, contudo, optou por uma interpretação diferente.

Com dez centavos que conseguiu juntar nas economias domésticas mirradas, ela se dirigiu a uma farmácia no Harlem e comprou 28 gramas de arsênico em pó.

O farmacêutico que vendeu o veneno nem deve ter desconfiado do pedido de Lydia. Arsênico era um item popular, vendido sem receita na época. Estava à disposição em diversas formas e era usado, por mais bizarro que pareça, como pesticida e produto de beleza. Uma dona de casa cuja moradia estivesse infestada de roedores poderia resolver o problema espalhando no chão um composto de arsênico chamado "*Rough on Rats*".[*] Ao mesmo tempo, a filha adolescente poderia desejar melhorar a pele tomando os comprimidos de arsênico para beleza "Bellavita", com garantia absoluta (de acordo com anúncios de jornal) de que eliminaria "espinhas, manchas, sardas, queimaduras de sol, descoloração, eczema, cravos, aspereza, vermelhidão e que restauraria o brilho da juventude em rostos desbotados!".

---

[*]   [Nota da tradução, NT daqui em diante] Marca de veneno contra ratos criada pelo farmacêutico Ephraim Wells, em português significa "Brutal contra os Ratos".

Pode parecer inacreditável que a mulher norte-americana ingeria com voracidade veneno de rato por suas supostas propriedades cosméticas, o equivalente a tratar um caso grave de acne engolindo algumas doses de inseticida. Mas isso era algo típico daquela época, anterior à regulação pelas agências de vigilância sanitária, quando os mercados eram inundados por medicamentos que curavam de tudo e que eram fabricados com todo tipo de composto, de cocaína e clorofórmio até morfina e mercúrio.

> **Com dez centavos que conseguiu juntar nas economias domésticas mirradas, ela se dirigiu a uma farmácia no Harlem e comprou 28 gramas de arsênico em pó.**

Assim, o farmacêutico teria vendido para Lydia todo o veneno que ela desejasse sem questionar. Ela pediu 28 gramas, mas é provável que tenha voltado com mais, uma vez o que arsênico era tão barato que a maioria dos farmacêuticos não o pesava com precisão, apenas despejava uma colherada no papel e depois o transferia para um vidro ou embrulhava em um pacotinho.

Uma dose de 130 a 260 miligramas de arsênico branco (uma fração de colher de chá) é o suficiente para matar um humano adulto. Por dez centavos de dólar, Lydia Struck, uma das sociopatas mais impiedosas que os Estados Unidos já produziram, comprou veneno suficiente para matar várias vezes cada membro da própria família.

Nessa época, Struck, com 59 anos, tinha parado de executar as funções mais básicas. Ele não parecia mais capaz de tomar banho, de se vestir nem de se alimentar. Ao voltar para casa, Lydia preparou para o marido uma bela tigela de mingau de aveia e, usando um dedal de costura como medidor, salpicou uma porção pequena, mas mortal, de arsênico em pó e misturou. Sentada ao lado dele, ajudou-o a beber a mistura tóxica. Conforme a tarde avançava, ofereceu-lhe várias porções adicionais. Não há qualquer evidência que sugira que, enquanto matava o marido com quem estava casada havia dezoito anos, Lydia tivesse sentido algo diferente de uma profunda satisfação. Era, ela pensou, a atitude piedosa que lhe cabia. Afinal, como disse depois, estava claro que ele "nunca mais faria nenhum bem a mim ou a si mesmo de novo".

Há uma característica peculiar, como no filme *Este Mundo É Um Hospício*, que tendemos a associar a crimes cometidos por envenenadoras, que faz parecer que se livrar das pessoas alimentando-as com mingau ou chocolate quente com veneno é uma forma mais gentil de assassinato. A verdade é que, em comparação à agonia sofrida pela maioria das vítimas de envenenamento, as mortes causadas por assassinos em série como Jack Estripador, "Filho de Sam", ou o Estrangulador de Boston (execuções repentinas por lâmina de faca, bala ou garrote) parecem bem mais humanas.

Na maioria dos casos de ingestão de arsênico, os sintomas começam a aparecer em menos de uma hora. O primeiro sinal é uma sensação incômoda na garganta. A náusea se estabelece, ficando mais insuportável a cada instante. Então, os vômitos começam e continuam por um bom tempo depois do estômago estar vazio, até que as vítimas passam a expelir um fluido esbranquiçado manchado de sangue. A boca fica seca, a língua, pegajosa, e a garganta, fechada. A vítima é tomada por uma sede terrível, mas, qualquer coisa que bebe, mesmo que apenas alguns goles de água gelada, só piora os vômitos.

Uma diarreia incontrolável, muitas vezes hemorrágica e sempre seguida por dor abdominal excruciante, acompanha o vômito. Algumas vítimas sentem uma queimação violenta que vai da boca até o ânus. A urina é escassa e avermelhada. Conforme as horas passam, o rosto da vítima, que antes tinha palidez mortal, é tomado pela vermelhidão. Os olhos ficam fundos. A pele fica grudenta com transpiração que gera um odor incomum, fétido e denso. A respiração da vítima se torna pesada e irregular, as extremidades do corpo perdem calor e os batimentos cardíacos ficam tênues. Pode haver convulsões nos membros e câimbras excruciantes nos músculos das pernas. Dependendo da quantidade de veneno consumido, esse tormento pode levar de cinco a seis horas ou até mesmo vários dias.

No caso de Struck, durou até o começo da manhã seguinte. Lydia permaneceu sentada ao lado dele durante a noite, enquanto o marido passava pela angustiante desintegração diante da curiosidade vaga dos olhos dela.

A morte dele, quando, por fim, aconteceu por volta das 8 horas na manhã de 24 de maio de 1864, foi, assim como Lydia pretendia, um ato de misericórdia.

O médico de plantão, dr. N. Hustead, concluiu que Edward Struck faleceu de causas naturais. No atestado oficial, como causa da morte, ele preencheu "tuberculose".

Lydia Struck se tornou, então, uma viúva de 42 anos sem meios de obter sustento e com seis crianças para cuidar, mas não permaneceria naquelas condições por muito tempo. Poucos anos depois da morte do marido, ela já não era mais viúva.

Nem mãe.

Nos dias de hoje, o caso de Susan Smith, "A Medeia Moderna", como a mídia a apelidou, horrorizou os Estados Unidos. Em outubro de 1994, a mãe de 23 anos guiou seu Mazda Protegé até a margem do lago John D. Long, em Union, Carolina do Sul, e deixou o carro descer pela rampa de barcos com os dois filhos, de 1 e 3 anos de idade, presos no banco de trás. Smith assistiu por mais de cinco minutos enquanto o carro balançava na superfície, enchia de água aos poucos e, então, afundava com suas crianças dentro. O crime era tão inimaginável que, como um paradoxo perverso de tal atrocidade, tornou-se uma obsessão nacional, algo impossível de esquecer. Como uma mãe poderia fazer algo assim, preparar a morte dos próprios pequenos e ficar parada olhando enquanto as vidas desamparadas se extinguiam diante de seus olhos?

Cento e trinta anos antes de Susan Smith cometer o filicídio que a tornou (de acordo com o julgamento dos tabloides) "A Mulher Mais Odiada da América", Lydia Struck causou um horror similar. Contudo, ela não matou dois filhos.

Matou todos os seis.

Ao final de junho, apenas um mês depois de se livrar do marido, Lydia estava se sentindo "muito desanimada e com o coração partido" por causa da dificuldade de sustentar os filhos. Os três mais novos, Martha Ann, de 6 anos, Edward Jr., 4 anos, e o bebê William, com 9 meses e meio, eram um fardo maior, uma vez que "não podiam [fazer] nada por conta própria". Assim, ela "pensou sobre a questão por vários dias" antes de chegar à conclusão inevitável de "que seria melhor se eles estivessem fora do caminho".

Na primeira semana de julho, ela envenenou os três com arsênico. As mortes das crianças estão descritas na confissão que Lydia fez às autoridades. É um documento de impacto que oferece uma visão arrepiante do trabalho de uma mente com doença profunda. Nele, Lydia se revela um exemplo categórico de psicopata, um monstro voltado para a satisfação pessoal que vislumbra e conduz os horrores mais inimagináveis sem apresentar o menor sinal das emoções humanas esperadas normalmente.

Martha Ann foi a primeira. "Ela começou a vomitar logo depois que dei o arsênico", escreveu Lydia, "e seguiu vomitando até morrer. Os médicos não disseram nada que indicasse saberem o motivo."

Edward se foi logo depois, no mesmo dia. "Teve dor de estômago e vomitou com frequência", Lydia relatou em tom de frieza assustador.

Durante a noite, Edward morreu. Era um garoto bonito e não reclamou no transcorrer da doença. Ele foi muito paciente. Na tarde antes de ele morrer, minha enteada, Gertrude Thompson, veio ver meus filhos e falou com ele, "Eddy, você está doente?".

Ele respondeu, "sim".

Então ela disse, "você vai melhorar" e ele retrucou, "não, nunca ficarei bem".

Os médicos não suspeitaram nesse caso também e não soube de ninguém que suspeitou.

Logo após o último e atormentado suspiro de Edward, o bebê William também faleceu em agonia extrema. Nos registros oficiais do Escritório de Estatísticas Vitais, as mortes deles foram atribuídas a "febre remitente" e "bronquite", respectivamente.

Da nossa perspectiva atual privilegiada, parece inconcebível que três crianças saudáveis sofressem mortes terríveis em menos de 24 horas sem levantar suspeitas médicas. Mas, na época da Guerra Civil, em que a aplicação de um punhado de sanguessugas vivas ainda era uma prática comum, a medicina não tinha saído da era das trevas. Doenças que hoje são tratadas com facilidade podiam dizimar famílias inteiras (sobretudo, as mais pobres) em um tempo assustadoramente curto. Enquanto isso, os médicos da família podiam fazer pouco além de dar conselhos que aprenderam, em grande parte inúteis, com outros remédios que, na melhor das hipóteses, não fariam o paciente ficar mais doente.

Como Lydia enfatizou repetidas vezes, os três filhos mais novos eram um fardo bem grande para ela, um ralo sem fim de recursos. Assim que "saíram de casa" de modo permanente, a situação dela melhorou muito, em especial depois que o filho de 14 anos, George Whitfield, conseguiu um emprego como auxiliar de pintor com um rendimento fixo semanal de 2,50 dólares. Enquanto George estivesse contribuindo financeiramente em casa, a existência dele estava garantida. Infelizmente, o menino em pouco tempo desenvolveu uma doença conhecida como "cólica de pintor" (intoxicação por chumbo) e foi obrigado a parar de trabalhar. A mãe lhe deu algum tempo para se recuperar, mas, depois de uma semana inteira sem sinais de melhora, ela "desanimou", um estado de espírito que sempre era um presságio muito ruim para seus entes queridos.

"Pensei que ele se tornaria um peso", explicou Lydia depois, "então, misturei um pouco de arsênico no chá dele. Acho que morreu na manhã seguinte."

A essa altura, ela já conhecia bem o médico da vizinhança, L. Rosenstein, que fora chamado para tratar de vários de seus filhos moribundos. Por razões inexplicáveis — talvez por causa do cuidado excepcional que ela dispensava aos pequenos, já que nunca se afastava deles até sofrerem as últimas convulsões agonizantes e morrerem — Rosenstein ficou tão impressionado com Lydia que lhe ofereceu emprego. E assim, no outono de 1864, Lydia Struck, cuja experiência em cuidados médicos se resumia exclusivamente a ter induzido doenças mortais em seis membros da própria família, tornou-se enfermeira em tempo integral.

Sob a luz do que os contemporâneos de Lydia depois descreveriam com a "mania de tirar vidas", é totalmente possível que uma quantia indeterminada dos pacientes que morreram sob os cuidados do dr. Rosenstein durante esse período tenha sido arrastada para o túmulo pela nova enfermeira gentil, a sra. Struck. Essa parte da carreira dela, no entanto, permanece sob o manto da escuridão, já que ela não revelou muito a respeito da vida profissional na confissão publicada.

Cinco dos filhos de Lydia agora estavam ao lado do pai sob o solo do cemitério Trinity. Dois ainda se mantinham sobre a terra: a filha de 18, também batizada de Lydia, e a pequena Ann Eliza, de 12 anos, descrita pela mãe como "a criança mais feliz que ela já vira".

A Lydia mais jovem, segundo todos os relatos, era uma garota adorável, rotineiramente cortejada por um pretendente chamado John Smith, e que trabalhava como balconista em uma loja de secos e molhados no Harlem. No entanto, por várias vezes ela era obrigada a faltar o trabalho. Aquele inverno fora de severidade anormal, e a pequena Ann Eliza ficava doente com frequência, com febre e calafrios. Com a mãe auxiliando o dr. Rosenstein o dia todo, sobrava para a menina de 18 anos ficar em casa e cuidar da irmã doente. Isso acontecia com tanta frequência que, conforme o inverno avançava, a jovem Lydia teve que desistir do emprego de balconista e passou a trabalhar em casa, ganhando uma ninharia, costurando armações de boné.

Mais uma vez, Lydia Struck, como relatou na confissão, ficou "abatida e muito desanimada". A saúde frágil da filha pequena estava abalando muito a renda familiar. Do ponto de vista dela, havia uma única solução: "pensei que se me livrasse dela, Lydia e eu poderíamos nos manter".

O frasco de arsênico que comprara no Harlem na primavera anterior ainda tinha mais da metade do conteúdo. Em 2 de março de 1864, voltou para a mesma farmácia e comprou um dos incontáveis remédios patenteados que prometiam a cura para tudo, de catarro até câncer. Voltou para casa, misturou alguns miligramas de arsênico no remédio e deu para a filha. Quando a garotinha foi tomada por um surto violento de vômito, Lydia lhe deu uma segunda-dose da panaceia envenenada. E, depois, mais um pouco.

Demorou quatro dias para a Ann Eliza, de 12 anos, morrer. O dr. Rosenstein, que atendeu a criança agonizante, diagnosticou a causa como "febre tifoide".

Pelas seis semanas seguintes, as duas Lydias, mãe e filha, viveram juntas em um pequeno apartamento na parte alta da Broadway. No começo de maio, depois de passar a noite na casa da meia-irmã na parte baixa de Manhattan, a jovem voltou para casa com febre e ficou de cama. A mãe, de acordo com a confissão, foi até o farmacêutico local e comprou "algum remédio para dar à filha". De algum modo, a medicação só deixou a filha mais doente, e Lydia "teve que passar a noite toda ao lado dela".

Do ponto de vista dela, havia uma única solução: "pensei que se me livrasse dela, Lydia e eu poderíamos nos manter".

Na manhã seguinte, chamou o dr. Rosenstein, que, como no caso da jovem Ann Eliza, diagnosticou a doença como "febre tifoide". À tarde, a Lydia mais jovem estava em um estado tão profundo de perturbação, que sentiu a necessidade de socorro espiritual e pediu para ver o pastor da igreja que frequentava, o reverendo Payson.

Porém nada, nem os remédios do dr. Rosenstein, nem as orações do reverendo Payson e, com certeza, nem os pós de gosto amargo que a mãe continuava dando, pôde salvar a jovem. Ela sofreu a agonia final na manhã de 19 de maio de 1866 e foi enterrada no mesmo dia no cemitério Trinity, ao lado dos corpos do pai e dos cinco irmãos.

Na confissão, Lydia Struck, que admitiu espontaneamente todos os outros assassinatos, insistiu que a filha mais velha, que tinha o mesmo nome dela, morreu de causas naturais. E, talvez, isso de fato tenha ocorrido. Mesmo na época, contudo, houve aqueles que suspeitaram. Um deles foi o reverendo Payson. Pastor de longa data da Primeira Igreja Presbiteriana, foi chamado a muitos leitos de morte, incluindo os de vários suicidas, almas pobres e desesperadas que recorreram ao arsênico como forma de libertação. Os últimos momentos horríveis da Lydia de 18 anos foram de uma semelhança desconcertante com as mortes agoniantes daqueles infelizes.

As suspeitas mais sombrias de Payson aumentaram várias semanas depois, quando recebeu a visita inesperada de Cornelius Struck, o enteado já adulto de Lydia. Cornelius havia muito tinha dúvidas a respeito da madrasta. Naquele momento, depois de conversar com Payson e ouvir o relato comovente do pastor sobre os tormentos que Lydia sofreu em seus últimos momentos, ele decidiu agir. Logo depois, encontrou-se com o promotor distrital Garvin e solicitou a exumação de todos os sete corpos no lote da família Struck no cemitério. Apesar de relutar em tomar atitude tão drástica, Garvin prometeu iniciar a investigação. Pela primeira vez, Lydia Struck atraiu a atenção da lei.

Mas, a essa altura, ela não vivia mais em Nova York e já não era mais Lydia Struck.

Do seu próprio modo grotesco, a ex-esposa e ex-mãe era uma norte-americana autêntica: alguém que acreditava de verdade na possibilidade de se renovar infinitas vezes, de abandonar o passado e reinventar a vida. Nos meses após a morte da filha mais velha, ela foi tomada por um senso de bem-estar que não lhe era costumeiro. Pela primeira vez em anos (como declarou na confissão) "se sentiu bem... não tinha nada para me preocupar nem para me atrapalhar". Agora que o marido e os seis filhos tinham virado carniça, sentia uma leveza maravilhosa.

Por um tempo, trabalhou como ajudante de serviços gerais e balconista na Cochran, uma loja de máquinas de costura na Canal Street. Um dos clientes, um cavalheiro chamado James Curtiss, ficou muito encantado com Lydia que, como outros sociopatas famosos (Ted Bundy, por exemplo), possuía um charme envolvente que mascarava por completo a degeneração monstruosa. Quando a loja faliu, Curtiss ofereceu a Lydia um emprego como enfermeira particular da mãe, uma senhora idosa e inválida que vivia em Stratford, Connecticut. O salário era de 8 dólares por mês, além de moradia e alimentação. Lydia agarrou a oferta. Afinal, não tinha outra perspectiva. E, com a família enterrada, não havia nada que a prendesse à cidade.

O trabalho como cuidadora da sra. Curtiss não durou muito. Poucas semanas depois de chegar em Stratford, Lydia ouviu falar de um velho chamado Dennis Hurlburt, um fazendeiro da região de riqueza considerável e reputação de pão-duro notório. O "velho Hurlburt", como era conhecido pela cidade, pouco tempo antes havia perdido a esposa com quem fora casado muitos anos e queria contratar uma faxineira confiável. Em pouco tempo, Lydia não só garantiu o cargo como, de alguma forma, também deu um jeito de ganhar o coração do avarento.

"Fiquei lá só por alguns dias", relatou ela na confissão, "até que ele quis casar comigo." Lydia agiu de um modo recatado e adequado até que Hurlburt prometeu "que se me casasse, tudo que ele tinha seria meu". O casamento ocorreu no dia seguinte, na casa do reverendo, sr. Morton.

Logo depois, Lydia garantiu que o velho Hurlburt cumprisse a promessa e assinasse um novo testamento lhe deixando todas as propriedades.

Por pouco mais de um ano, o velho e a nova esposa viveram uma rotina que parecia idílica. Os vizinhos a viam cumprimentá-lo na porta com um beijo sempre que ele voltava para casa. Ela cuidava de tudo, cozinhava as refeições e até fazia a barba dele. Como Hurlburt tinha as mãos trêmulas demais para que ele próprio manuseasse a lâmina, Lydia fazia a tarefa, raspando com cuidado os pelos do queixo eriçado do marido três vezes por semana.

Justamente enquanto era barbeado, em uma manhã de domingo, antes de ir para a igreja, que o velho começou a morrer.

Lydia tinha acabado de ensaboar o rosto dele e de posicionar a navalha no queixo quando, conforme escreveu depois, "ele foi tomado por tontura". Ele decidiu que precisava de ar fresco e saiu para alimentar o cavalo. Voltou dez minutos depois, aparentemente recuperado, mas quando ela começou a barbeá-lo de novo, ele foi tomado por outra onda de tontura. Decidiram não ir à igreja aquele dia. Estava claro que o velho estava passando pelo que a esposa chamou de uma "doença repentina". E, de fato, conforme o dia avançou, ele "continuou muito fraco".

Na manhã seguinte, ao ouvir que Hurlburt estava doente, um vizinho trouxe um balde de mariscos recém-recolhidos. Lydia preparou um belo prato de sopa, temperado com um ingrediente especial. Diante da insistência da esposa, ele foi capaz de consumir uma tigela inteira no jantar com um copo de cidra, também preparada com o pó especial que Lydia escondia na escrivaninha.

Naquela noite, Hurlburt estava passando muito mal, com náusea e vômito, dores intensas no intestino, diarreia hemorrágica, dor de cabeça intensa, febre alta e sede torturante. Sentia queimação intensa no fundo do estômago e tinha uma lividez sinistra na pele. Pela manhã, embora a garganta estivesse tão inchada que ele mal conseguia falar, foi capaz de tomar uma dose do remédio patenteado preferido dele, o Bitter Estomacal Hostetter.

O velho não estava sozinho em sua predileção por Hostetter. No decorrer da metade do século XIX, os estado-unidenses consumiram tanto desse preparado que o charlatão que o criou morreu multimilionário. E, de fato, apesar do valor medicinal nulo do produto, as pessoas *realmente* tendiam a se sentir mais animadas depois de alguns tragos, principalmente porque a graduação alcoólica de Hostetter era de, aproximadamente, 45%.

Antes de dar um gole ao marido, Lydia deixou o preparado ainda mais potente ao misturar uma dose pequena de seu pó branco secreto.

A panaceia contaminada só redobrou o tormento do velho. Na terça-feira, ele implorou para que a esposa chamasse um médico. Quando um profissional chamado Shelton enfim chegou, estava claro à primeira vista que Hurlburt não tinha mais salvação. Lydia ficou ao lado do marido, alisando a testa encharcada de suor até que ele foi "tomado por um declínio repentino", como ela descreveu. Ele morreu da mesma forma que as outras vítimas, depois de passar vários dias na mais extrema agonia. Apesar de Shelton não poder dizer exatamente o que matou o velho, atribuiu a morte à "*cholera morbus*".

A viúva de 46 anos recebeu uma herança considerável para os padrões de 1868: 20 mil dólares em propriedades e 10 mil dólares em dinheiro. Pela primeira vez na vida, Lydia estava livre de preocupações financeiras. Se a motivação dela tivesse sido apenas mercenária, poderia ter jogado fora o arsênico e nunca mais matar. Mas, apesar de ficar feliz em lucrar com os crimes, o dinheiro não era, em última instância, o que a motivava. Como outros de sua espécie, era uma predadora inveterada, viciada na crueldade e na morte. Fazer outras pessoas morrerem e obter satisfação sádica com o tormento deles era um prazer do qual não podia abrir mão com facilidade.

Depois de alguns meses da morte de Hurlburt, Lydia se viu cortejada por um certo Horatio N. Sherman, um mecânico industrial trabalhador, de personalidade violenta e gosto por bebida. A primeira esposa de Sherman morrera no ano anterior, deixando-o com quatro filhos e a sogra que, seguindo a estrutura consagrada desse vínculo, estava levando o homem à loucura. Ele precisava com urgência de uma nova esposa para cuidar de seu lar. Apesar de ser um patife típico, Sherman era popular na região, famoso pelo charme exuberante. Lydia não apenas aceitou a proposta como concordou em livrá-lo das dívidas na quantia considerável de 300 dólares. Casaram-se em 2 de setembro de 1870, na casa da irmã de Sherman, em Bridgeport.

A mulher que nascera Lydia Danbury, tornara-se Lydia Struck com o primeiro casamento e Lydia Hurlburt com o segundo, assumira, então, o nome com o qual obteria um posto maldito perpétuo nos anais do crime dos Estados Unidos: Lydia Sherman.

Em meados de novembro de 1870, apenas alguns meses depois do casamento, Lydia colocou um pouco de arsênico no leite do filho caçula de Sherman, um bebê de 4 meses chamado Frankie. A criança, doente desde que nascera, precisou apenas de uma única dose do veneno. E, depois de um surto selvagem de dores estomacais e vômitos, morreu na mesma noite.

No mês seguinte, Ada, de 14 anos, uma garota de beleza excepcional e temperamento doce, muito amada no vilarejo, sofreu um ataque de náusea enquanto ajudava a colocar a decoração de Natal na igreja. Ao voltar para casa, Lydia lhe deu um chá envenenado e observou a enteada, para se certificar de que ela beberia tudo. Mais tarde naquele dia, depois que Ada piorou, Lydia a fez engolir uma segunda xícara. Diferente do frágil irmãozinho, Ada era forte. Não morreu até a noite de Ano-Novo, após vários dias de uma doença terrível.

A morte repentina dos dois filhos, especialmente da filha Ada, por quem tinha um amor especial, arrasou Sherman. Ele, que sempre bebera muito, passou a consumir mais álcool do que nunca, saindo para bebedeiras que às vezes duravam dias. No final de abril, ele e vários camaradas partiram para New Haven. Uma semana depois, ainda não tinha voltado para casa. Seu filho de 17 anos, Nelson, decidiu procurar o pai indócil.

Lydia, cujo relacionamento com Sherman deteriorou de forma tão drástica que passaram a não compartilhar mais a mesma cama, concordou em pagar a viagem do enteado. Nelson encontrou o pai em um "antro de degenerados" e o arrastou para casa. Como não era de estranhar, Sherman não estava se sentindo bem. Ele ficou de cama por vários dias antes de voltar ao trabalho na segunda, 8 de maio. Quando retornou da fábrica naquele dia, Lydia o esperava com uma bela xícara de chocolate quente.

Logo depois, Lydia garantiu que o velho Hurlburt cumprisse a promessa e assinasse um novo testamento lhe deixando todas as propriedades.

Naquela noite, Sherman ficou muito doente: náusea severa, dores intestinais terríveis e diarreia. Na manhã seguinte, diante a súplica do marido, Lydia chamou o dr. Beardsley, o médico da família. Beardsley, que fora chamado para cuidar de Sherman em outra ocasião em que estava sofrendo de ressaca brutal, ficou intrigado com os sintomas que tinham pouca semelhança com os "mal-estares" anteriores do paciente, induzidos pelo álcool. Ele prescreveu oito miligramas de morfina e uma "pílula azul", composta, principalmente, de mercúrio, para ser tomada a cada duas horas. Lydia administrou a medicação com rigor, ajudando o marido a engolir com alguns goles de uma das "bebidas tranquilizantes" dela.

Beardsley voltou logo cedo na manhã seguinte e encontrou Sherman ainda pior. A respiração dele estava muito pesada, a garganta tão fechada que mal podia falar. Foi tomado por uma sede terrível e uma sensação de queimação no fundo do estômago. Vomitava tudo que ingeria. Beardsley prescreveu conhaque e água e partiu para sua ronda diária, deixando Sherman aos cuidados sempre prestativos de Lydia.

Quando o médico apareceu na manhã seguinte, era evidente que Sherman não sobreviveria muito mais tempo. O pulso dele estava quase imperceptível, as extremidades frias, a pele com um tom cinza assustador, em especial sob os olhos. Beardsley examinou o homem moribundo com preocupação crescente. Como testemunharia depois, nem uma "orgia" alcoólica nem qualquer "doença comum" poderiam explicar a condição de Sherman. Para enorme consternação do médico, os sintomas tinham semelhança inconfundível com "aqueles originados de envenenamento por arsênico", como vários outros casos que Beardsley testemunhara durante a carreira profissional.

Quando o médico se sentou ao lado de sua cama naquela manhã de quinta-feira, Sherman abriu os olhos e, reunindo todas as forças que restavam, conseguiu sussurrar uma pergunta: estava morrendo?

"Temo que esta seja sua doença fatal", respondeu Beardsley com gentileza.

"Também temo", falou Sherman com uma voz quase inaudível.

Beardsley balançou a cabeça devagar: "Não entendo", confessou. "Diga, você tomou alguma coisa além do que eu prescrevi?"

"Só o que a minha esposa me deu", confessou Sherman. Essas foram as últimas palavras registradas dele. Ao emiti-las com um grunhido agoniante, fechou os olhos e afundou no travesseiro encharcado de suor.

Ele morreu por volta das 8 horas da manhã seguinte, sexta-feira, 12 de maio de 1871.

Via de regra, assassinos em série continuam a cometer atrocidades até que sejam forçados a parar. A razão é simples: para eles, matar e torturar são o ápice do prazer. Por quase uma década, Lydia Sherman foi capaz de se safar de mais de uma dezena de assassinatos horrendos (três maridos e oito crianças) graças, em grande parte, à incompetência cega de vários médicos que atenderam as vítimas sem nunca suspeitarem de alguma maldade. No caso de Sherman, contudo, o médico que o acompanhou, por fim, encerrou o horror.

Depois de compartilhar suas suspeitas com um colega chamado Kinney, Beardsley conseguiu permissão para conduzir a necrópsia em Sherman. No sábado, 20 de maio, os dois dissecaram o cadáver, removeram o estômago e o fígado e enviaram os órgãos para a análise de um professor de toxicologia em Yale. Três semanas depois, receberam os resultados. O fígado de Sherman estava saturado por completo com arsênico. A quantidade de veneno no organismo dele era suficiente para matar três homens.

Um mandado foi expedido de imediato para a prisão de Lydia Sherman.

A essa altura, contudo, ela já não estava mais em Connecticut. Ao perceber que a polícia estava em seu encalço, fugiu para New Brunswick. Vários policiais foram enviados depressa para New Jersey para mantê-la sob vigilância.

Enquanto isso, os corpos de Frankie e Ada Sherman foram exumados. Fizeram o mesmo com o cadáver de Dennis Hurlburt. Detectaram, em todos eles, traços significativos de arsênico. Ao interrogar os farmacêuticos locais, a polícia descobriu que, na primavera de 1870, Lydia comprara 28 gramas de arsênico branco de um farmacêutico chamado Peck, explicando que precisava do veneno porque a casa dela estava "tomada por ratos". Também souberam da série bizarra de tragédias que recaíram sobre Edward Struck e os seis filhos vários anos antes, quando o ex-policial desafortunado se casou com Lydia.

Em 7 de junho de 1871, as autoridades decidiram que chegara a hora de colocar o mandado em ação. Lydia, seguida por uma dupla de detetives, tinha ido para a cidade de Nova York fazer compras. Quando retornou para New Brunswick naquela noite, foi recebida na estação de trem por um detetive e um vice-xerife, que a levaram em custódia e a transportaram de volta para New Haven, onde foi indiciada pelo assassinato de Horatio Sherman.

O julgamento dela causou comoção, gerando manchetes em diversos jornais, do *New Haven Register* até o *New York Times*. De acordo com a imprensa, os crimes de Lydia eram sem precedentes; o mundo não testemunhara tamanhos horrores desde a época de Lucrécia Bórgia, a nobre e perversa italiana, notória envenenadora em série cujo nome se tornou sinônimo para essa traição letal. Quando o julgamento iniciou em New Haven, em 16 de abril de 1872, havia espectadores de lugares distantes para ter um vislumbre daquele prodígio do mal, "a assassina astuta de Connecticut". O que viram não foi o ogro que esperavam, mas uma mulher empertigada, decente, de aparência perfeitamente comum em vestido preto de alpaca, xale preto e branco, chapéu de palha branco e luvas de pelica pretas.

A visão de Lydia, então aos 48 anos, de semblante calmo, até mesmo um pouco alegre, sob o véu fino de renda, fez com que todos ficassem confusos. Como uma mulher tão trivial em todos os aspectos poderia ser culpada de tais atrocidades? A resposta, é claro, era simples. Como acontece com a maioria dos assassinos em série, havia uma disparidade assustadora em Lydia com relação à aparência mundana e a anormalidade monstruosa de sua mente. Mas, na época, as pessoas não estavam familiarizadas com o funcionamento grotesco da personalidade sociopata. O termo "*serial killer*" levaria ainda uma centena de anos para ser inventado.

O julgamento durou oito dias. A defesa tentou persuadir o júri de que a morte de Horatio Sherman fora acidental, possivelmente causada ao ingerir água contaminada de um poço em que um rato envenenado se afogou. Ou, talvez, tinha tirado a própria vida, levado ao suicídio por estar deprimido em razão de problemas financeiros, de infortúnios matrimoniais e da morte recente dos dois filhos.

A evidência contra Lydia, no entanto, era avassaladora. No final, foi considerada culpada de assassinato em segundo grau e sentenciada à prisão perpétua na cadeia estadual em Wethersfield.

O fascínio do público com o caso de Lydia não terminou com a condenação. Pelo contrário. Na época, assim como hoje, as pessoas tinham um apetite voraz por crimes sensacionalistas e livros instantâneos como *The Poison Fiend: Life, Crimes, and Conviction of Lydia Sherman (The Modern Lucretia Borgia)* [O Demônio Venenoso: a Vida, os Crimes e a Condenação de Lydia Sherman (A Lucrécia Bórgia Moderna)] foram publicados às pressas. A confissão de Lydia, escrita na cadeia enquanto aguardava pela sentença e lançada de pronto em forma de panfleto, também foi um sucesso de vendas. Ela foi até mesmo imortalizada em uma balada:

> Lydia Sherman está cercada de ratos.
> Mas a Lydia não confia nos gatos.
> E Lydia compra um vidro de arsênico,
> E logo o marido dela adoece anêmico;
> E logo o marido de Lydia, ele morre,
> E os vizinhos dela querem saber o que ocorre.
>
> Lydia se muda, mas ainda tem ratos;
> E ela ainda não confia nos gatos;
> E, de novo, compra mais arsênico,
> Agora, cada filho adoece anêmico,
> Agora, cada filho de Lydia, ele morre,
> E os vizinhos dela querem saber o que ocorre.
>
> Lydia em Wethersfield, na cadeia
> E ela geme alto e pranteia.
> Joga toda a culpa nos ratos;
> Seu destino foi preguiça dos gatos.
> Mas dos vizinhos ela não pode se esquivar,
> Agora, é na cadeia que Lydia vai morar.

Para os contemporâneos dela, o caso de Sherman gerou um interesse único, "o horror do século", como um jornal o chamou. Nos cem anos de história da república, nada parecido com a "Bórgia Americana" fora visto e seus compatriotas tinham certeza de que nunca mais veriam um monstro assim.

Mas estavam errados.

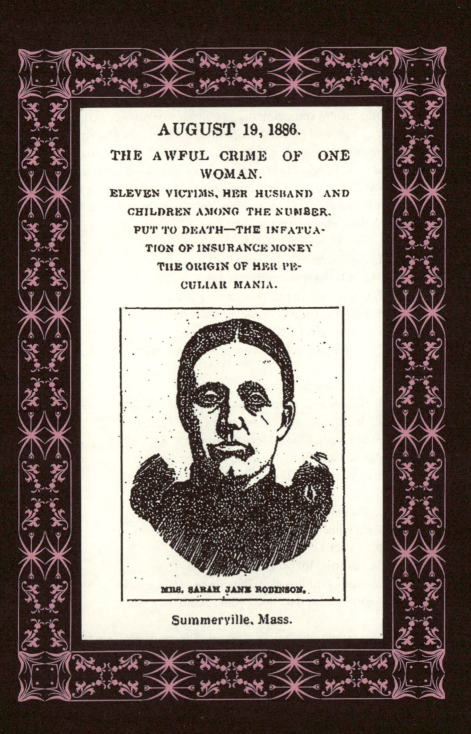

HAROLD SCHECHTER

JANE TOPPAN

LADY KILLERS PROFILE

02
CAPITULUM

FATAL

VENENO EM FAMÍLIA

> Vocês podem se perguntar: como é possível que uma mulher como essa cometa tal crime? A resposta é, por causa da corrupção que, às vezes, descobre-se existir no coração humano, no coração da mulher, bem como no do homem. Da mesma forma que o sexo feminino, no geral, está acima do masculino na moralidade, na bondade e na gentileza, algumas vezes afunda nas profundezas da crueldade e da maldade.
>
> DO JULGAMENTO DE SARAH JANE ROBINSON

Somente o sentimentalismo da época salvou Lydia Sherman da forca. A ideia de enforcar uma mulher, mesmo com atestado de maldade, era repugnante para as sensibilidades vitorianas. Ainda assim, havia muitos moradores da Nova Inglaterra que tinham forte convicção de que a sentença foi um erro judiciário. Proclamavam que um monstro como Lydia não deveria ter permissão de viver.

43

O desejo deles se realizou em pouco tempo. Em maio de 1878, apenas cinco anos após o encarceramento dela em Wethersfield, Lydia Sherman morreu de uma doença rápida. A "rainha do veneno" da América, como passou a ser conhecida, partira. Mas o trono não permaneceria vago por muito tempo.

De acordo com o clichê, toda mulher sonha em se casar com um príncipe. Para Annie McCormick, viúva jovem de South Boston, esse desejo se realizou, de certa forma. Depois de vários anos de solidão, ela foi resgatada da viuvez por um homem de nome incomum, Prince Arthur Freeman.* Eles se casaram em 1879.

A vida que ele ofereceu a Annie, contudo, não tinha nada de majestosa. Por ser um trabalhador pouco habilidoso, que passava os dias dando duro em uma fundição de ferro, Prince Arthur ganhava alguns poucos dólares por semana. Para fechar as contas, a moça continuou a trabalhar de costureira. Mesmo com o dinheiro extra que ganhava, eles mal conseguiam sobreviver. A comida era escassa, o apartamento em um cortiço era sombrio e mal aquecido. Não é de se admirar que em fevereiro de 1885, apenas algumas semanas depois do nascimento do segundo filho do casal, a mulher, exausta de trabalhar, tenha contraído pneumonia.

Foi a mãe de Prince Arthur, a sra. Freeman, que arcou com as despesas médicas. Além de pagar o médico da família, Archibald Davidson, ela contratou uma mulher de idade, chamada sra. Randall, para ajudar a cuidar da nora acamada. Depois de dez dias na cama, Annie começou a mostrar sinais claros de melhora, para alívio da família. Por volta da segunda semana de fevereiro, o dr. Davidson previu com confiança que, "com uma alimentação adequada", era quase certo que a paciente teria recuperação completa.

E, então, a irmã de Annie apareceu.

O nome dela era Sarah Jane Robinson. Como Annie, era costureira habilidosa, apesar de também já ter trabalhado um tempo como enfermeira. É claro, seus pacientes tinham o desafortunado hábito de morrer. Poucos anos antes, por exemplo, havia cuidado do senhorio dela, Oliver Sleeper, durante o que acabou se mostrando uma doença fatal. A morte dele pegou os amigos de surpresa. Até ser acometido por um problema intestinal repentino, Sleeper, 70 anos, parecia ter uma saúde perfeita. Ainda assim, era um senhor de idade. Com certeza, a sra. Robinson lhe prestou cuidados zelosos, permanecendo ao

---

* [NT] A tradução literal do nome é Príncipe Arthur Livre.

lado do leito dia e noite e garantindo que ele engolisse até a última gota da medicação. Pelos serviços dela, cobrou do espólio 50 dólares após a morte precedida de dores intensas — uma conta que os herdeiros de Sleeper acabaram quitando com o perdão dos aluguéis atrasados da sra. Robinson.

Alguns anos depois, o marido dela, Moses Robinson, morreu de uma doença cujos sintomas tinha uma semelhança notável aos manifestados pelo velho sr. Sleeper em seus últimos e agonizantes dias: náusea e vômitos violentos, diarreia hemorrágica e queimação no estômago. Ela também perdera três dos oito filhos para a mesma doença devastadora, incluindo os dois gêmeos, que morreram com uma semana de diferença entre um e outro, antes de completar 8 meses de idade.

Dessa vez, ela fora cuidar da irmã.

Não era novidade para Sarah: cuidava de Annie desde que eram crianças na Irlanda. Quando os pais, um casal pobre de fazendeiros chamados Tennent, morreram em um intervalo de meses em 1853, foi Sarah, então com 14 anos, que, por conta própria, levou a irmã de 9 anos para os Estados Unidos, do outro lado do oceano. Mais tarde, depois de o primeiro marido de Annie cortar a mão com uma serra e sucumbir por infecção no sangue (sepse), foi Sarah quem abriu a casa para receber a viúva jovem enlutada.

Para aqueles que a conheciam, portanto, não foi surpresa que Sarah tenha corrido para ficar ao lado da irmã assim que soube da doença de Annie. É claro que, em sentido mais profundo, ninguém conhecia Sarah Jane Robinson. Mesmo as pessoas mais próximas foram iludidas por sua aparente normalidade. Vários anos se passariam até que o mundo descobrisse que ela era dona de personalidade virulenta que hoje descrevemos como psicopatia criminal. Apesar de ser capaz de fingir emoções humanas costumeiras, esses seres carecem de qualquer traço de sentimento pelos demais. Como Sarah Jane Robinson, podem ser adeptos a dar demonstrações convincentes de simpatia e preocupação. No fundo, contudo, não se importam com nada além das suas próprias necessidades monstruosas. E sacrificariam com alegria qualquer um (marido, filho ou irmã mais nova doente) para garantir que essas necessidades sejam satisfeitas.

Quando Sarah chegou ao cortiço dos Freeman, encontrou uma amiga da família, Susan Marshall, sentada ao lado da cama de Annie. A irmã estava bem melhor, com uma cor mais saudável do que estivera por muitos dias, e a tosse reduzira de forma significativa. Reclinada no travesseiro, Annie cumprimentou a irmã com um sorriso afetuoso.

Sarah, no entanto, pareceu sentir um desânimo estranho ao se deparar com a irmã. Depois de passar alguns minutos conversando com Annie sobre sua saúde, pediu para falar com a sra. Marshall em particular.

Ao ir para a cozinha, Sarah contou a sra. Marshall o sonho terrível que teve na noite anterior. Nele, Annie ficava cada vez mais doente até que restava apenas um esqueleto.

"Simplesmente soube que ela nunca melhoraria", exclamou Sarah ao terminar de descrever o pesadelo.

"Mas ela *tem* melhorado", respondeu a sra. Marshall, tentando acalmar a mulher mais velha que estava em um estado óbvio de perturbação.

Mas Sarah não se consolava: "Toda a vez que tenho um sonho desse, sempre alguém da família morre".

Mais tarde naquele dia, depois que Prince Arthur chegou do trabalho, Sarah o convenceu a demitir a sra. Randall. Para que gastar dinheiro com uma enfermeira se ela mesma poderia cuidar de Annie? Para demonstrar que tinha razão, preparou para a irmã uma bela tigela de mingau de aveia e uma xícara de chá fresquinho. Para Annie, ambos pareceram ter um sabor estranhamente amargo, embora seu paladar estivesse tão abalado por causa da doença que não era capaz de ter certeza.

A "rainha do veneno" da América, como passou a ser conhecida, partira. Mas o trono não permaneceria vago por muito tempo.

Naquela noite, Annie teve uma piora repentina e duradoura. Foi tomada pela náusea e sentiu dores estomacais terríveis. Ela passou a noite inteira acordada, alternando entre vomitar no penico e se contorcer na cama em agonia. Quando o dr. Davidson chegou para a visita matinal, ficou chocado com a mudança no estado de saúde dela. Um dia antes a paciente estava com a recuperação bem encaminhada. E, naquele momento, não tivera apenas uma recaída; ela exibia novos sintomas. Davidson prescreveu um remédio comum do século XIX para dores gástricas agudas: fosfato de bismuto, em que cada dose deveria ser dissolvida em três partes de água e tomada de forma regular.

Apesar de tomar o remédio, administrado com zelo por Sarah, que se certificava de que a irmã engolisse até a última gota da água adulterada, Annie continuou a piorar. Além dos outros sintomas, foi acometida por uma queimação feroz no fundo do estômago. Implorou por qualquer coisa que aliviasse a dor. Sarah comprou um pouco de sorvete e lhe deu algumas colheradas por vez, mas o sorvete só aumentou a náusea de Annie e intensificou os vômitos, até que regurgitasse apenas um fluído ralo manchado de sangue.

Quando Susan Marshall fez uma visita vários dias depois, ficou chocada diante da transformação da amiga. A última vez que a visitara, estava claro que Annie se recuperava bem; as forças tinham voltado e a aparência melhorado. Agora, como a sra. Marshall testemunhou depois, a "face dela estava muito inchada", e a pele tinha um tom "descolorado" fantasmagórico. Ficou claro para a sra. Marshall que a amiga não estava sofrendo com "qualquer doença comum". A garganta estava tão fechada que mal conseguia falar, apesar de ter conseguido expressar uma súplica desesperada para beber algo gelado que aliviasse a queimação medonha no estômago. Ela sofria com dor de cabeça cegante, náusea avassaladora e outro sintoma muito misterioso: câimbras terríveis nas panturrilhas. Mesmo com o ópio que o dr. Davidson prescrevera para amenizar o sofrimento da mulher desafortunada, ela permanecia em estado de agonia quase constante, gemendo de dor e rolando de um lado para o outro no colchão.

Totalmente horrorizada, a sra. Marshall questionou Sarah sobre esse retrocesso repentino e inexplicável do quadro de Annie: "Estamos fazendo tudo que podemos por ela", respondeu Sarah, balançando a cabeça com tristeza. "Não acho que sairá da cama." Então, depois de uma pausa rápida, deu um suspiro longo e acrescentou: "É como no meu sonho".

Em 27 de fevereiro de 1885, pouco mais de uma semana depois de Sarah começar a cuidar da irmã, Annie Freeman morreu na presença do marido choroso, de vários amigos tomados pelo luto e da irmã mais velha de olhos secos.

O sonho de Sarah Jane Robinson se realizou.

Tão logo Annie deu o último e sofrido suspiro, Sarah pediu para falar com a sra. Marshall e outra amiga da família, a sra. Mary L. Moore. Para grande consternação das duas mulheres inconsoláveis, Sarah, que parecia sentir uma indiferença bizarra diante da morte da irmã, queria discutir uma questão que obviamente era de extrema importância para ela: queria que elas usassem a influência que possuíam para convencer Prince Arthur a ir viver com ela, junto dos dois filhos. Declarou ser o último desejo da irmã. Com certeza, ninguém ouvira Annie expressar tal desejo nos últimos dias de vida. Mas, até aí, ninguém tinha passado tanto tempo na companhia da moribunda quanto Sarah, que permaneceu ao lado da irmã dia e noite, sem permitir que outra pessoa alimentasse e medicasse a irmã.

A sra. Marshall e a sra. Moore prometeram fazer o possível para que o último desejo de Annie fosse honrado.

A última pá de terra mal tinha sido jogada no túmulo de Annie Freeman e a própria Sarah logo foi falar com Prince Arthur, contando-lhe a mesma mentira descarada que dissera à sra. Marshall e à sra. Moore: que Annie expressara seu desejo de que ele e as crianças fossem viver na casa de Sarah. O homem abalado, que acabara de ver a amada esposa desaparecer para sempre sob a terra, parecia confuso demais para pensar com clareza sobre o assunto, mas naquela noite permitiu que Sarah levasse os dois filhos pequenos para casa com ela em Boylston Street. Ele seguiu o mesmo caminho algumas semanas depois, mudando-se para a casa de Sarah Jane Robinson no começo de abril de 1885.

Três semanas depois, Prince Arthur sofreu um segundo golpe arrasador quando sua filha de 1 ano, Elizabeth, desenvolveu um caso repentino de "catarro intestinal". Sarah dispensou à pequena Elizabeth o mesmo zelo que tivera com a mãe do bebê e com o mesmo resultado. Na última semana de abril, Elizabeth morreu em agonia intensa e foi enterrada ao lado da mãe.

Logo após o funeral da criança, Sarah se sentou com o cunhado na mesa da cozinha e explicou o que deveria ser feito. Como outros trabalhadores da época, Prince Arthur pertencia a uma "sociedade mutuária e cooperativa", a United Order of Pilgrim Fathers of Boston [Ordem Unida dos Pais Peregrinos de Boston], cuja função principal era oferecer apólices baratas de seguro de vida para os membros da classe trabalhadora. Ele tinha uma apólice no valor de 2 mil dólares. Annie, é claro, era a beneficiária. Com a morte da esposa e a mudança de Prince Arthur e o filho de 6 anos chamado Thomas para a casa de Sarah, era bem razoável que *ela* se tornasse a beneficiária. Dessa forma, era certo que o pequeno Thomas seria bem cuidado, no caso de qualquer imprevisto vir a ocorrer com Prince Arthur.

Um mês depois, em 31 de maio de 1885, a apólice de seguro de 2 mil dólares de Prince Arthur já estava no nome da cunhada, a sra. Sarah Jane Robinson.

Quase de imediato, as pessoas ao redor de Sarah começaram a notar a mudança drástica na atitude dela em relação a Prince Arthur. Desde as mortes da esposa e da filha dele, ela o tratava com o máximo carinho e consideração. De repente, ele se tornou uma fonte constante de irritação, como se ele não tivesse mais a menor utilidade. E ela não hesitava em deixar os outros saberem exatamente como se sentia.

Durante a primeira semana de junho, por exemplo, uma amiga chamada Belle Clough apareceu no apartamento de Sarah para uma xícara de chá de camomila e para fofocar sobre a vizinhança. Assim que se sentaram à mesa da cozinha, Sarah desatou, de repente, a reclamar com amargura do cunhado. Ele era "inútil", "imprestável", "preguiçoso demais para se sustentar". O salário dele não passava de míseros 6 dólares por semana, metade dos quais gastava com transporte. Ela encerrou a arenga com um comentário cuja veemência absoluta fez com que a sra. Clough franzisse a testa de surpresa: "Queria", disse Sarah, praticamente cuspindo as palavras, "que *ele* tivesse morrido em vez da minha pobre irmã".

Alguns dias depois, Sarah estava sentada à mesma mesa, dessa vez com a filha de 25 anos, Lizzie. Estavam se servindo de um jantar modesto de beterrabas cozidas e bacalhau. De repente, Sarah sentiu um arrepio violento e ficou com uma palidez mortal.

"Mamãe, qual o problema?", gritou Lizzie, assustada.

Sarah passou as mãos nos olhos e disse: "Senti um fantasma no meu ombro", respondeu.

Apesar de Lizzie nunca ter experienciado pessoalmente esse tipo de visitação sobrenatural, sabia que a mãe tinha essa propensão especial. Sarah era possuída com frequência por pressentimentos sombrios a respeito dos membros da família e suas premonições tinham o hábito espetacular de se realizarem.

"Ele falou alguma coisa?", perguntou Lizzie.

Sarah balançou a cabeça: "Disse que viria buscar alguém da família".

Nesse momento, ela emitiu um suspiro teatral antes de acrescentar com pesar: "Não me espantaria se algo acontecesse com o seu tio muito em breve".

O fantasma se provou de presciência notável. Poucos dias depois, em 17 de junho de 1885, Prince Arthur e Sarah estavam sentados na sala, quando, do nada, ela anunciou que seria uma boa ideia se ele fizesse uma visita surpresa à mãe. Dada a precariedade da existência humana, poderia ser a última chance dele de vê-la.

Prince Arthur estava propenso a seguir à risca as palavras da cunhada. Ele também acreditava que ela possuía um estranho dom profético, afinal, ela não tinha previsto a morte da esposa dele quando todos, até mesmo o dr. Davidson, estavam tão otimistas? Naquele momento, ela parecia ter sido visitada por alguma apreensão sombria no que se tratava da mãe dele. E, com certeza, era verdade que a velha senhora não estava muito bem desde que levara um tombo no inverno anterior e fraturara o quadril. Logo cedo no dia seguinte, ele partiu para Charlestown.

Quando chegou à casa da mãe, ficou aliviado ao encontrá-la em bom estado de saúde e bem animada. Apesar de ainda andar com a ajuda de bengala e de não poder viajar, ela parecia com mais energia do que meses antes. Quando ele explicou o motivo da visita inesperada, ela fez pouco caso da premonição sinistra de Sarah: "Por quê? Estou forte como um touro", declarou ela. Planejava continuar viva por muitos anos. Prince Arthur ficou tempo suficiente para fazer uma refeição com a mãe (presunto fervido no leite, batata cozida, picles doce) antes de dar um beijo de despedida e seguir para Cambridge.

Essa se revelou a última despedida dos dois, assim como Sarah Jane Robinson imaginara.

Na manhã de 22 de junho de 1885, depois de tomar uma tigela de aveia e melaço que Sarah tinha preparado para o café da manhã, Prince Arthur seguiu para o trabalho na Norwegian Steel and Iron Company [Companhia Norueguesa de Aço e Ferro] em South Boston. Não tinha ido muito longe quando foi tomado por uma náusea repentina. Cambaleou até o beco e vomitou o café da manhã. Sentindo-se um pouco melhor, seguiu seu caminho. Não demorou muito, contudo, para o mal-estar voltar.

Nesse instante, um conhecido chamado F. J. Hayes estava passando. Só de avistar Prince Arthur de relance, Hayes pôde perceber que algo estava errado: "Você está bem, sr. Freeman?", perguntou. "Você não parece nada bem."

"Estou sentido uma agitação terrível no estômago", confessou Prince Arthur.

"Bom, se eu fosse você", disse Hayes, "dava meia-volta e ia para casa."

"Não posso", falou Prince Arthur, contorcendo-se com os espasmos intestinais. "Já faltei uma quantia considerável de dias por causa de doenças e só recebo 6 dólares por semana. Tenho que cuidar da família."

Ele continuou no caminho para a fundição, mas, quando chegou ao destino, estava tão exausto que o chefe insistiu para que fosse para casa.

Pouco depois, ele chegou ao apartamento da cunhada em Boylston Street. Era estranho, mas Sarah não pareceu surpresa ao vê-lo, quase como se estivesse esperando que voltasse. Ela o colocou na cama e fez uma xícara de chá, que ele tomou, mas não conseguiu manter no estômago. Com o passar do dia, ela o fez beber doses pequenas de uma água com gosto estranho, dizendo que tinha misturado com fosfato de bismuto: "Aqui", disse segurando o copo nos lábios dele. "Isso fará você se sentir melhor."

Mas a náusea e as dores de estômago só pioravam.

Naquela noite, Sarah disse à filha, Lizzie, que a mensagem que recebera do fantasma do marido parecia estar se concretizando: "Temo que seu tio nunca mais saia da cama", disse, contorcendo o rosto em expressão sombria condizente.

Na tarde seguinte, Prince Arthur recebeu a visita do dr. John T. G. Nichols, médico que morava no mesmo quarteirão que Sarah. Nichols, como testemunharia depois, encontrou o paciente sofrendo de "dor de cabeça, vômitos, dor no estômago, sede, pulso acelerado e pequena elevação de temperatura". Ele prescreveu os remédios de costume: mostarda e leite, leite de cal, água com gás e ópio. Mesmo com essas medidas, os sintomas pioraram com o passar dos dias. Na quarta-feira, 24 de junho, o médico, perplexo, convocou o colega, dr. Driver, de Cambridge, que, como Nichols, não foi capaz de encontrar sinais de doenças orgânicas.

Foi Driver o primeiro a levantar a possibilidade de que o paciente pudesse ter sido exposto a algum tipo de "veneno irritante". Ao questionar a sra. Robinson, descobriram que Prince Arthur passava os dias na fundição imerso em barras de ferro e banho de ácido, um processo chamado de "decapagem". Os médicos, contudo, estavam inclinados a duvidar de que até mesmo a exposição prolongada aos vapores do ácido sulfúrico poderia produzir uma doença tão devastadora.

Inqueriram se seria possível que o homem tivesse ingerido arsênico por engano. Tais acidentes não eram incomuns. Pessoas que usavam a substância como veneno de rato muitas vezes a manuseavam com um descuido surpreendente, usando utensílios domésticos para espalhar o veneno no piso e, depois, negligenciando a lavagem adequada dos utensílios.

A sra. Robinson refutou a ideia de pronto. Ela nunca manteve arsênico em casa. Se os médicos quisessem, estavam convidados a examinar xícaras e utensílios. Nichols e Driver recusaram a oferta. Afinal, estava claro que a sra. Robinson era uma pessoa boa, tão franca e natural nas respostas que não havia razão para duvidar dela. Como Nichols afirmou depois, "não havia nada no comportamento dela que levantasse a menor suspeita".

Dois dias depois, a última esperança de sobrevivência de Prince Arthur chegou, sua irmã mais velha, sra. Catherine Melvin, que soubera havia pouco do estado desesperador dele. Assim que viu o irmão, fez uma expressão involuntária de espanto. Tinha ouvido que ele estava muito doente, mas não estava preparada para aquela imagem pavorosa de sofrimento absoluto. Com o rosto contorcido e uma fraqueza chocante no corpo, ele se jogava de um lado para o outro no colchão enquanto implorava por algo, *qualquer coisa*, que aliviasse aquela dor terrível no estômago.

Apesar dos protestos da concunhada, a sra. Melvin, de imediato, assumiu o papel de enfermeira. Ficou ao lado da cama de Prince Arthur durante a noite, acariciando a testa do irmão com uma compressa úmida e lhe dando golinhos de conhaque junto da medicação prescrita pelo dr. Nichols: tintura de nux vomica, duas gotas a cada hora.

Quando Nichols chegou logo cedo no dia seguinte para a visita matinal, sentiu-se aliviado ao ver que o estado de Prince Arthur não tinha piorado. Ficou ainda mais satisfeito quando voltou à tarde. Pela primeira vez desde o início da doença misteriosa, o paciente parecia melhorar um pouco.

À noite, Sarah insistiu que a concunhada dormisse um pouco. *Ela* voltaria a cuidar de Prince Arthur. A sra. Melvin, porém, insistiu em ficar com o irmão. Na manhã seguinte, ele estava se sentindo tão melhor que, pela primeira vez em dias, expressou o desejo de se alimentar.

Crente que o irmão tinha superado a enfermidade, a sra. Melvin, que tinha a própria família para cuidar, partiu naquela manhã, sentindo-se fisicamente exausta, mas esperançosa com a recuperação. Ela não tinha como saber que o devolveria aos cuidados malignos de uma louca, mais determinada do que nunca em apressá-lo para a morte.

Na mesma noite, depois de beber uma xícara de chá com gosto estranho preparado pela cunhada, Prince Arthur teve uma recaída violenta. Logo antes da meia-noite, no sábado, 27 de junho, começou a convulsionar e morreu enquanto Sarah Jane Robinson estava ao seu lado e olhava para ele com um interesse vago e distante.

Pessoas que usavam a substância como veneno de rato muitas vezes a manuseavam com um descuido surpreendente, usando utensílios domésticos para espalhar o veneno no piso e, depois, negligenciando a lavagem adequada dos utensílios.

O dr. Nichols, que ainda não conseguia adivinhar o que matara Prince Arthur Freeman, atestou a causa da morte como "doença estomacal".

Por mais terrível que tenha sido o sofrimento de Prince Arthur, pelo menos tinha o conforto de saber que o filho de 6 anos, Tommy, estaria bem provido. Dois meses depois do funeral, a United Order of Pilgrim Fathers cumpriu a apólice de seguro, pagando 2 mil dólares para a beneficiária, Sarah Jane Robinson. Ela, de imediato, pagou os credores, mudou-se para um apartamento maior, comprou mobília e roupas novas e viajou ao Wisconsin para visitar o irmão. Quando voltou, usou o dinheiro restante para fazer uma apólice de seguro de vida para sua filha de 25 anos, Lizzie.

Seis meses depois, em fevereiro de 1886, Lizzie foi acometida por uma doença catastrófica e morreu após várias semanas de sofrimento agudo.

Enquanto isso, o pequeno Tommy Freeman não tinha recebido nenhum benefício de todo o dinheiro deixado pelo pai. A tia dele, Sarah, que fora tão boa enquanto o pai estava vivo, passou a agir como se não suportasse nem sequer vê-lo, tratando o menino como um fardo que tinha recaído sobre ela de modo injusto. Os visitantes da casa de Robinson ficavam chocados pela aparência pálida, magra e abandonada por completo da criança. Quando questionavam Sarah, ela explicava com um suspiro que o pobre garoto sentia uma saudade imensa dos pais: "Às vezes", comentou com um vizinho, "acho que seria melhor para ele seguir o mesmo caminho deles".

Em 19 de julho de 1886, um ano e três semanas depois da morte do pai, Tommy ficou doente com vômitos e diarreias incontroláveis. Sarah tivera uma das suas premonições, dizendo a vários conhecidos que o garoto nunca se recuperaria. Ele morreu quatro dias depois, em 23 de julho.

A fragilidade terrível da vida, a possibilidade de que qualquer um, não importa a idade ou o estado de saúde, possa ser derrubado a qualquer momento, era uma lição que os habitantes da casa dos Robinson não tinham como ignorar com facilidade. Talvez por essa razão o filho mais velho de Sarah, William, de 23 anos, fez seguro de vida com a United Order of Pilgrim Fathers logo depois da morte da querida irmã, Lizzie.

Um mês depois, em agosto de 1886, William, empregado em um galpão comercial, sofreu um pequeno acidente quando um caixote de madeira tombou da prateleira e o acertou entre as omoplatas. Ele ignorou o infortúnio: a caixa estava vazia e, apesar de ter ficado sem ar, não sofreu uma lesão séria. Pouco depois, no entanto, sentiu uma náusea repentina e vomitou o café da manhã que a mãe lhe preparara.

Naquele dia, no jantar, a mãe lhe preparou uma xícara com o chá especial dela. William tomou um gole e torceu o nariz. Tinha um gosto muito estranho. Ainda assim, diante do pedido da mãe, bebeu tudo. Assim que acabou de comer, a náusea voltou, pior do que nunca. Ele foi para a cama e ficou acordado a noite inteira se debatendo com cólicas e vômitos constantes.

Na manhã seguinte, a mãe chamou o dr. Emory White, médico local afiliado da United Order of Pilgrim Fathers. White sabia da sequência de tragédias estranhas que haviam recaído sobre o lar dos Robinson, a maioria envolvendo membros da família assegurados pela Order, e resolveu ficar de olho em William. Quando o jovem continuou a piorar, White enviou uma amostra do vômito dele para um toxicologista em Harvard chamado Edward Wood. Ele também informou o chefe de polícia Parkhurst a respeito de suas suspeitas para com Sarah Jane Robinson. Parkhurst enviou dois homens para vigiar a sra. Robinson. Dois dias depois, o dr. Wood obteve a resposta: o estômago de William Robinson estava saturado com arsênico. A essa altura, contudo, o jovem já não tinha mais salvação. Morreu na mesma tarde: "A velha me envenenou".

Foram as últimas palavras que o ouviram dizer.

Sarah Jane Robinson foi presa de imediato pelo assassinato do filho.

Nas semanas que se seguiram, as autoridades exumaram os corpos de outras seis vítimas: a filha, Lizzie; a irmã, Annie; o cunhado, Prince Arthur Freeman; o sobrinho, Tommy; o marido, Moses; e o ex-senhorio, Oliver Sleeper. Havia arsênico em todos.

Pela segunda vez na história conhecida, a Nova Inglaterra produziu uma "Bórgia" local, uma "envenenadora demoníaca" nos moldes monstruosos de Lydia Sherman. A agitação pública com o caso foi intensa, e os jornais não tiveram o menor interesse em evitar a cobertura sensacionalista. O *New York Times* definiu o número de vítimas em uma dúzia, enquanto uma matéria de alta circulação alegava que, certa vez, ela envenenara mais de cem pessoas em um piquenique.

O primeiro julgamento dela terminou com um impasse dos jurados, em grande parte por incompetência da promotoria. Ela foi indiciada novamente de imediato, dessa vez pelo assassinato de Prince Arthur Freeman. Durante o segundo julgamento, em fevereiro de 1886, o promotor alegou que a morte de Prince Arthur foi parte de uma trama elaborada para obter os 2 mil dólares da apólice de seguro, esquema que dependia, também, do assassinato tanto de Annie Freeman quanto de Tommy, de 7 anos de idade.

Algo interessante é que foi o advogado de defesa, John B. Goodrich, que fez um trabalho melhor ao identificar Sarah Jane Robinson como a maníaca homicida que ela claramente era. No argumento final dele, Goodrich alegou que o dinheiro não poderia explicar os horrores de que sua cliente era acusada: "A ideia é repulsiva; não é natural; não é razoável supor que isso seria motivo suficiente", insistiu.

Os crimes supostamente praticados pela cliente só poderiam ter uma causa: "uma depravação incontrolável". "Se fosse o caso", explicou ao júri, "vocês deveriam ter piedade dela. Não podem condená-la." Afinal, é preciso ser um "monstro" para cometer tais atrocidades, alegou Goodrich, e "pelo que eu sei, a lei não enforca monstros".

No final, o júri precisou de menos de um dia para ficar do lado da promotoria. Sarah Jane Robinson foi considerada culpada de assassinato em primeiro grau e condenada à forca, mas a sentença foi convertida em prisão perpétua. Ela viveu o restante de seus dias em uma cela estreita decorada com gravuras das vítimas, material recortado dos jornais locais.

Como no caso de Lydia Sherman, uma das características mais marcantes no caso de Sarah Jane Robinson foi a luz jogada sobre o estado da medicina do século XIX. Apesar de vários médicos terem sido chamados para examinar as vítimas no decorrer dos anos, nenhum deles teve suspeitas significativas de que houvesse qualquer maldade, até o dr. White aparecer. Mas a essa altura, praticamente não restavam membros da família Robinson para ela assassinar.

É claro que essa falha era, em partes, em função da própria Sarah parecer crível, da "máscara de sanidade" que ela, como outros psicopatas, apresentava com tanta habilidade para o mundo. Mas era também um reflexo das inadequações de médicos antiquados como os drs. Driver e John T. G. Nichols.

Para o dr. Nichols, pelo menos, havia algum consolo no aprendizado com a experiência. Ela lhe ensinou várias lições valiosas. Por exemplo, ele se tornou especialista nos sintomas de envenenamento por arsênico e achava que não teria nenhuma dificuldade em identificá-los no futuro, caso se deparasse com eles de novo.

Mais importante ainda, descobriu que a corrupção humana pode vir de formas diferentes, até mesmo na pele de uma matriarca de Boston aparentemente comum. Se, em uma situação muito improvável, ele se deparasse com outra criatura como Sarah Jane Robinson, não seria enganado mais uma vez.

Pelo menos, era o que pensava.

HAROLD SCHECHTER

JANE TOPPAN

LADY KILLERS PROFILE

03
CAPITULUM

FATAL

O ORFANATO

E indefesa, miserável, pobre criança,
Arrancada do fantasma do vício e devassidão,
Longe de maus exemplos para sua segurança,
Para compartilhar saberes e proteção.

Treinada nas boas maneiras da Sabedoria,
E ensinada a ser boa e discreta,
Nela, a virtude estará presente todo dia
Desde o hábito e até correta seleta.

HINO DAS ÓRFÃS DO ASILO FEMININO DE BOSTON,
DÉCIMO-TERCEIRO ANIVERSÁRIO DE CELEBRAÇÃO

Além do asilo para pobres, as únicas três instituições de caridade de Boston antes de 1800 eram: o Dispensário de Boston, a Sociedade Humanitária de Boston e, a mais antiga de todas, a Sociedade Marítima de Boston, fundada em 1742 para "auxílio dos marinheiros em apuros, suas viúvas e filhos". Somente depois de 1799 a ideia de um orfanato público para garotas destituídas foi proposta pela sra. Hannah Stillman, esposa do reverendo Samuel Stillman, da Primeira Igreja Batista de Boston, um dos clérigos mais amados da época.

Em setembro de 1800, o projeto de estimação da sra. Stillman ganhou vida quando o Asilo Feminino de Boston recebeu a primeira órfã, uma garotinha identificada em histórias posteriores apenas como "Betsey D". As circunstâncias do ingresso dela na instituição se tornaram parte da lenda da instituição, um tipo de mito sagrado que tinha intenção clara de mostrar que a própria mão divina auxiliou de forma ativa na fundação da sociedade. Como foi contado em panfleto de 1844, publicado pelo próprio Asilo, a história era a seguinte:

> Após perder os pais quando tinha cerca de 5 anos de idade, [Betsey] foi acolhida por uma tia afetuosa, mas pobre, que a adotou como filha. Logo depois, uma doença acometeu essa tia, que tinha poucas chances de sobreviver. Sua preocupação principal, então, tornou-se a criança desassistida. Nesse momento de tormenta, recebeu a visita de uma amiga que lhe contou sobre o recém-fundado lugar, administrado pelas damas de Boston para meninas órfãs e que, com certeza, receberiam a criança se assim lhes fosse pedido.
>
> Cheia de alegria com essa novidade inesperada, exclamou: "Obrigada, Deus, por prover esse lugar para minha garotinha!".

O asilo existia há apenas alguns poucos meses quando o Conselho Administrativo foi confrontado com um dilema imprevisto. Na quarta reunião, em dezembro de 1800, uma jovem mãe "em situação bem problemática" apareceu diante do conselho. Incapaz de sustentar a filha pequena, a mulher perturbada fez um apelo choroso aos administradores, suplicando-lhes que aceitassem a filha "por humanidade". Inicialmente concebido para ser apenas "para aqueles que não tinham mãe ou pai", esse pedido de admissão gerou um debate acalorado entre os membros do conselho.

No final, com votação de oito a seis, concordaram em aceitar a menina. Daquele dia em diante, o Asilo Feminino de Boston estava aberto não apenas para órfãos, mas para qualquer criança em sofrimento, mesmo com os pais vivos. Qualquer um que entregasse uma garota para a instituição, seja pai, guardião ou o parente mais próximo, era obrigado a assinar um "termo [oficial] de renúncia", no qual abria mão de "todos os direitos e reivindicações sobre ela e seus serviços", e precisava prometer que "não interferiria na gestão da vida dela em qualquer aspecto".

Nas décadas seguintes, o asilo continuou expandindo as operações. Próximo do meio do século, a sociedade foi capaz de comprar um terreno na parte sul da cidade e erguer um prédio novo bem bonito. Quase cem meninas com idades entre 3 e 10 anos residiam lá.

A refeição matinal delas consistia em mingau de cereais, arroz cozido com melaço ou mingau de leite engrossado com farinha, dependendo da estação. O cardápio do jantar era o mesmo em todas as semanas: sopa às segundas e quartas-feiras, carne cozida às terças, porco com feijão às quintas, caldo de cordeiro às sextas, peixe aos sábados e carne assada com bolinhos aos domingos.

A educação delas era restrita "àqueles temas úteis apropriados às idades, ao gênero e à posição social delas". Tratando-se de jovens do gênero feminino e de classe social bem baixa, as meninas (de acordo com os registros oficiais do asilo) eram ensinadas a ler, soletrar e decifrar apenas "o mínimo necessário". Na maior parte do tempo, eram instruídas em tarefas domésticas: costura, tricô, culinária e faxina.

> **Incapaz de sustentar a filha pequena, a mulher perturbada fez um apelo choroso aos administradores, suplicando-lhes que aceitassem a filha "por humanidade".**

Quando uma garota chegava aos 11 anos, era "enviada" para uma família. Apenas um grupo relativamente pequeno delas chegava a ser adotada de fato. A maioria virava serviçais contratadas, com uma obrigação legal (no geral por um período de seis a sete anos) para com as famílias que as recebiam. Na verdade, o Asilo Feminino de Boston servia a um propósito duplo: funcionava tanto como refúgio para crianças indigentes quanto fonte de mão de obra doméstica barata.

Em troca de moradia, comida e a promessa de "tratamento gentil", as matronas atarefadas com uma casa grande na Nova Inglaterra poderiam receber uma funcionária pessoal, uma auxiliar bem treinada, com a obrigação contratual de executar qualquer serviço que lhe fosse pedido. Está claro que muitas mulheres da região de Boston consideravam uma excelente barganha; uma forma de "conseguir o máximo de serviço pelo menor preço do mercado", como uma historiadora da instituição ressaltou. Foi em grande parte por isso que os "pedidos de crianças excediam, e muito, a quantia disponível para enviar".

O contrato durava até os 18 anos da garota, idade a partir da qual tinha direito de ganhar liberdade, junto de "dois conjuntos de roupa, um para os domingos e outro para trabalhos domésticos". Anos mais tarde, essa norma foi revisada. Em vez de roupas, a menina deveria receber 50 dólares quando fosse liberada. Em teoria, pelo menos, esse acordo era vantajoso para todos. As contratadas recebiam os "benefícios incalculáveis" do "lar permanente", "aprendizado minucioso das questões domésticas" e o tipo de orientação moral "necessária à juventude". Em retribuição, a dona da casa recebia "aprendizes" diligentes para ajudar com as tarefas domésticas.

Na prática, é claro, as coisas não se saíam sempre tão bem. Muitas "aprendizes" sofriam tratamento abusivo pelas mãos de donas de casa tiranas. E algumas das garotas davam às famílias adotivas motivos legítimos para reclamações. Mesmo com anos de instrução, havia aquelas que continuavam rebeldes inveteradas, causando "muitos problemas e ansiedades" para as novas famílias. De acordo com o regulamento, nenhuma criança podia ser devolvida ao orfanato assim que o contrato fosse assinado. Anos depois, contudo, parece ter havido um relaxamento nessa regra, e famílias insatisfeitas tinham a permissão de devolver as garotas depois de um curto período de experiência, era como se cada órfã viesse com um certificado de satisfação garantida ou seu dinheiro de volta em 30 dias. Os arquivos oficiais do asilo (preservados na Biblioteca Estadual de Massachusetts) contêm vários registros como os seguintes:

> O Comitê relatou que Agnes Alexander, que vivia em período de experiência com a sra. Josephson em Newton, foi devolvida para o Asilo no decorrer do mês, pois a sra. Josephson considerou impossível lidar com ela por mais tempo.

> O Comitê relatou que Louise Ostman foi devolvida para o Asilo pela sra. Bartlett, que fez reclamações sobre o temperamento da menina.

> Agnes Parker foi devolvida para o Asilo pelo dr. e pela sra. Mill, que reclamaram da estupidez e da falsidade dela.

Na média, porém, era consenso que o asilo cumpria sua missão com sucesso admirável. "É inquestionável", escreveu o historiador oficial, "que muita pobreza foi aliviada e muito sofrimento e exposição ao vício foram prevenidos." Se determinada porcentagem das garotas permanecia "imprestável", era algo esperado. Afinal, "que feito humano chegou a produzir todos os resultados positivos previstos pelos otimistas?". Além disso, o historiador acrescentou, quando todo o esforço investido fracassava em melhorar o caráter delas, é legítimo pensar que as meninas seriam piores sem ele; que tipo de criaturas malignas e depravadas se tornariam sem a influência elevada do Asilo Feminino de Boston?

O asilo vinha cumprindo sua missão caridosa por mais de meio século quando, no início de fevereiro de 1863, um azarado chamado Peter Kelley apareceu na instituição arrastando as duas filhas mais novas: Delia Josephine, de 8 anos, e a de 6 anos, Honora. Muito malvestido, Kelley, exalava um cheiro forte de podridão e queria se livrar das crianças, já que a esposa dele, Bridget, morrera de pneumonia vários anos antes.

Apesar de os fatos sobre ele serem esparsos, estava claro pelos registros existentes que Kelley era um bêbado crônico, propenso a surtos de violência e de excentricidade tão vasta que o apelido dele na vizinhança era "Kelley de Pedra" (lembrando "louco de pedra"). Nos anos anteriores, tornara-se tema de lendas bizarras e, de acordo com as mais estranhas, teria surtado quando trabalhava em uma alfaiataria e costurou os próprios olhos.

A história é, sem dúvida, apócrifa, apesar de aparentemente refletir a percepção dominante sobre ele como um indivíduo instável e assustador. Um fato, contudo, era inquestionável: era um péssimo pai. Bastou os administradores baterem o olho nas duas garotinhas para ver como a vida delas em casa fora dura. Em votação unânime, o conselho aprovou a admissão das meninas. No mesmo dia, Kelley assinou o formulário padrão de renúncia ou, para ser mais preciso, endossou o documento com uma rubrica, um "x" rabiscado com muito esforço. Ele nunca mais viu as crianças.

Sobre as experiências delas no Asilo Feminino de Boston, não há registros, mas uma análise dos documentos mostra que Delia e Honora jamais receberam qualquer dos prêmios periódicos por habilidade, obediência, sinceridade ou melhora. Mas a estadia de Honora no asilo foi de certa maneira breve, menos de dois anos. Em novembro de 1864, foi enviada para a sra. Ann C. Toppan de Lowell, Massachusetts, que impressionou o conselho por ser "muito respeitável" com "um lar que parecia oferecer muitas vantagens" para Honora. Delia permaneceria na instituição por mais quatro anos, até atingir a idade estipulada de 12 anos e ser entregue a um casal em Athol.

Do ponto de vista clínico, seria esclarecedor saber com exatidão como Peter Kelley maltratava as filhas. Embora os detalhes não tenham resistido ao tempo, é seguro presumir que elas eram sujeitas a abusos severos. A ciência moderna tem demonstrado de modo conclusivo que tal brutalização é sempre um fator importante no desenvolvimento da psicopatologia adulta. Às vezes, os abusos assumem a forma de castigos físicos extremos, chegando ao ponto da tortura. Outras vezes, são sexuais. Ou podem ser até verbais. (Um estudo recente lista os tipos de insultos paternos a que as sociopatas foram submetidas de forma constante quando crianças. "Você é uma gorda de merda inútil" e "por que não vai pra um canto e morre?" são comentários típicos.)

Mesmo que não possamos afirmar com exatidão o que aconteceu com Delia e Honora, é certo que, como foi registrado nos arquivos oficiais do Asilo Feminino de Boston, "foram resgatadas de um lar bem miserável". Infelizmente, aconteceu tarde demais. Mesmo com a instrução moral que receberam no asilo, bem como as muitas vantagens das casas para onde foram, as vidas de ambas terminaram mal. Delia, com o passar do tempo, tornou-se uma pária, afundou na bebedeira e na prostituição e morreu em circunstâncias deploráveis.

Já Honora, apesar de nunca ter sido formalmente adotada, assumiu o nome da família que a recebeu. Ficou conhecida como Jane Toppan. E, em uma era que já tinha produzido algumas das sociopatas mais impiedosas da história norte-americana, a pequena Jane Toppan cresceria para ser a pior de todas.

LK

JOLLY JANE

JANE TOPPAN

JANE

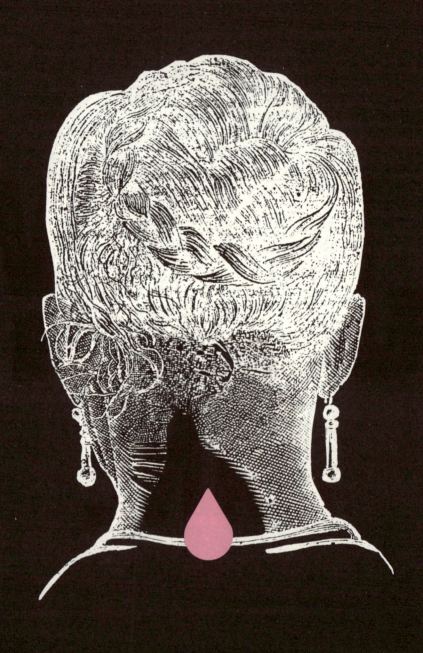

HAROLD SCHECHTER

JANE TOPPAN

LADY KILLERS PROFILE

04

CAPITULUM

FATAL

AS RAÍZES DE JANE

> O autodesprezo incessante e sem alento é, por si só, praticamente insuportável. Para sobrevivência psicológica e física, o sofredor deve, de algum modo, livrar-se dos sentimentos terríveis de ódio por si mesmo. Alguns sofredores tentam bravatas, realizam atos arriscados ou heroicos a fim de restaurar a autoestima. Se esse caminho falhar, é provável que ocorra o descaramento... o sofredor revidará, tornando-se o perpetrador da maldade.
>
> CARL GOLDBERG, *SPEAKING WITH THE DEVIL*

Com os olhos pretos grandes, cabelo escuro, nariz marcado e tom de pele suave quase esverdeado, a pequena Jane poderia ter vindo de Nápoles. E, de fato, havia pessoas em Lowell que acreditavam que ela era italiana, uma órfã cujos pais teriam morrido de tifo epidêmica enquanto imigravam para a América.

Em casa, é claro, nunca lhe foi permitido esquecer sua verdadeira origem. "Não é culpa sua ser irlandesa", ouvia com frequência da viúva Toppan, a mulher a quem Jane chamava de "Tia". "Mas isso não significa que você deve se comportar como um 'Paddy'."*

Italiana, irlandesa... não fazia diferença. No mundo branco, anglo-saxão e protestante que habitava, Jane era sempre colocada no lugar a que pertencia, um lembrete de sua condição de forasteira.

Para cair nas graças do mundo, ela desenvolveu personalidade vivaz e atraente. Era conhecida por ser uma contadora de histórias "inteligente e divertida". Nos piqueniques, como um conhecido de infância se lembraria, "se Jane Toppan estivesse lá, não era necessário qualquer outro entretenimento". É claro que tal facilidade em ser comunicativa era comum entre os "semelhantes dela". Afinal, mesmo uma "Paddy" nascida na mais extrema pobreza era conhecida por possuir um "dom [inato] da palavra".

A pesquisa criminal recente nos ensina que a vergonha e a humilhação são fatores comuns na gênese das personalidades malignas. Crianças tomadas por autoaversão, pelo sentimento de que são inúteis, o pior dos piores, podem se tornar adultos movidos por impulsos sinistros. Além do desejo de vingança, da vontade de contra-atacar um mundo que os tratou com tanto desdém, são tomados por uma necessidade perniciosa de provar sua superioridade sobre toda a humanidade. Ficam possuídos, nas palavras de um psicólogo criminal, "por compulsão demoníaca", ansiosos para mostrar que são pessoas confiáveis, seres dotados de poderes formidáveis, até mesmo aterrorizantes. E qual poder é mais assustador, mais próximo de um deus, do que ter a vida de um ser humano nas mãos e causar a morte por um mero capricho?

Nos primeiros seis anos de vida, Jane Toppan fora sujeita a maus tratos chocantes nas mãos do pai deplorável. Depois de ser resgatada da custódia dele, foi levada para uma casa em que era continuamente lembrada de sua inferioridade social. Fica claro, pelos comportamentos posteriores dela, que Jane foi criada para sentir vergonha da própria origem. Conforme crescia, ela apresentou sintomas clássicos de ódio contra a própria etnia e religião, mentia sobre suas origens para novos conhecidos e proclamava-se contra os irlandeses e os católicos, de forma ainda mais depreciativa do que os comentários preconceituosos dos círculos educados e protestantes em que andava.

---

* [NT] Termo pejorativo para irlandês. Deriva do nome tradicional irlandês Patrick que, originalmente, era escrito Padrick.

E então, é claro, havia a posição dela como serviçal presa por contrato. No fim das contas, Jane viveu com a família Toppan até os 28 anos sem nunca ter sido adotada. É claro que as circunstâncias materiais em que vivia eram infinitas vezes melhores do que a miséria que sofreu nos primeiros anos. Ao mesmo tempo, nunca deixaram que se esquecesse da sua posição subalterna. Era a irmã adotiva, Elizabeth, que, sem dúvida alguma era a filha amada e mimada da casa. Jane, apesar de compartilhar o nome Toppan, nunca foi mais do que uma empregada relativamente bem tratada.

> **Crianças tomadas por autoaversão, pelo sentimento de que são inúteis, o pior dos piores, podem se tornar adultos movidos por impulsos sinistros.**

Em última instância, é claro, não há como avaliar quais influências da infância podem transformar alguém em sociopata. As fontes da malignidade criminal são, a sua maneira, tão misteriosas quanto as da genialidade criativa. Ainda assim, é relevante notar que o exame do passado de Jane Toppan revela dois fatores comuns no início das vidas dos assassinos em série: maus tratos severos na infância pelas mãos de um pai calamitoso e humilhação incessante nos anos de formação. No caso de Jane, havia um terceiro fator: a aparente predisposição hereditária para os distúrbios mentais. Não foi só o pai que se mostrou um desequilibrado notório, mas outra irmã mais velha, chamada Nellie, enlouqueceu e passou a vida adulta confinada em uma sucessão de asilos.

Ainda assim, em nenhum ponto da vida Jane pareceu apresentar a loucura criminosa. Pelo contrário, para a maioria dos conhecidos, parecia ser de amabilidade excepcional e muito extrovertida. E é certo que foi capaz de ganhar a confiança de várias pessoas sadias e sensíveis que a recebiam em suas casas sem jamais suspeitar que confiavam suas vidas a um monstro.

Como outros da mesma laia, contudo, Jane tinha um "eu" oculto doentio em nível incurável e que se revelava de modos particulares e sintomáticos. "Apesar de uma bonomia superficial e disposição aparentemente plausível", escreve Edward Glover no seu estudo *The Roots of Crime* [Raízes do Crime], "o psicopata é um interesseiro notável, egoísta, teimoso e enganador, com necessidade insaciável de prestígio." Todos os traços mencionados por Glover (trapaça, egoísmo, necessidade insaciável de prestígio), estavam presentes em Jane Toppan desde o início. Embora a personalidade vivaz a tornasse popular entre algumas das colegas de escola, Jane era desprezada por outras por ser mentirosa incorrigível, propensa a invenções insanas que teimava serem verdade, mesmo quando se provavam de falsidade flagrante. Segundo ela, o pai teria navegado pelo mundo e vivera por muitos anos na China. O irmão lutara com tanto heroísmo em Gettysburg que o próprio presidente Lincoln lhe condecorara. A irmã era de beleza lendária, o que lhe garantira o coração de um lorde inglês.

Se algumas das mentiras eram alegações megalomaníacas patéticas de uma garotinha desesperada por atenção, outras tinham um objetivo mais insidioso: provar a superioridade dela ao fazer com que os demais parecessem piores. No colegial, Jane foi uma fofoqueira notória, espalhando rumores horríveis sobre os colegas que invejava ou de quem tinha rancor. Tornou-se a dedo-duro da escola, buscando a atenção dos professores ao delatar os colegas. Não que Jane em si fosse um modelo de bom comportamento. Pelo contrário, ela era uma bagunceira inveterada. Mas, com muita frequência, dava um jeito de escapar dos castigos, culpando outros pelas próprias travessuras.

É claro que nem sempre escapava das punições, sobretudo em casa. A mãe adotiva de Jane acreditava em conceitos antiquados de disciplina, e a garota não era poupada da palmatória. Mas os espancamentos que sofria não tinham os efeitos benéficos desejados. Pelo contrário, cada golpe apenas intensificava o senso amargo de mágoa e de injustiça que ela nutria contra o mundo.

Os sentimentos mais profundos de inveja eram reservados para a irmã adotiva, Elizabeth, que, do ponto de vista de Jane, aproveitava-se de tudo que ela havia sido privada de forma tão injusta: posição social, amor da família e, conforme Elizabeth amadurecia, se tornava uma jovem linda e interesse de um pretendente exemplar, o jovem diácono Oramel A. Brigham. A própria vida amorosa de Jane continuaria sendo uma frustração. De acordo com histórias não comprovadas, ela foi cortejada por um trabalhador que chegou até a lhe dar um anel de noivado, com a imagem de um pássaro gravada. O relacionamento acabou mal, contudo, quando o jovem se mudou para Holyoke, Massachussetts, alugou um quarto de pensão e se apaixonou pela filha da senhoria, com quem, depois, se casou.

Seja qual for a veracidade dessa história, não é surpresa que Jane Toppan nunca tenha se casado. Dotada de egoísmo monstruoso, comprometida com nada além da mais absoluta autogratificação, a personalidade psicótica é, como Edward Glover define, "incapaz de conexões profundas". Jane nunca se preocupou em atender ao físico padrão exigido para as mulheres de sua época: media 1,60 metro e pesava quase 80 quilos, pouco atraente, já que, de acordo com um guia, os "padrões reconhecidos de perfeição para a mulher" eram a estatura de 1,65 metro e o peso de 62,5 quilos ("se fosse para ter um corpo bem formado", aconselhava o livro, "ela não poderia ter outros 4,5 quilos sem que ficassem muito aparentes").

Os desejos eróticos frustrados da jovem encontraram a válvula de escape na ficção sentimental da época. Durante a vida adulta, Jane foi viciada nas fantasias românticas açucaradas vendidas em best-sellers populares como *The House of Dreams-Come-True* [A Casa dos sonhos Realizados], de Margaret Pedler; *Miss Marjorie of Silvermead* [Srta. Marjorie de Silvermead], de Evelyn Everett-Green; e *The Princess of the Purple Palace* [A Princesa do Palácio Roxo], de William Murray Graydon. Nem mesmo essa dieta de devaneios adocicados podia satisfazer seus desejos intensos; pois, como os acontecimentos provariam, havia outro lado bem mais sinistro na natureza erótica pervertida dela. Mas se passariam muitos anos até que a dimensão real da corrupção de Jane fosse revelada para um mundo chocado e incrédulo.

Quando completou 18 anos, Jane recebeu um pagamento de 50 dólares, como estipulado no contrato. Não há registros históricos de o que ela fez com o dinheiro. Sabemos, no entanto, que foi a maior quantia que receberia da mãe adotiva na vida. Quando Ann Toppan morreu alguns anos depois, Jane não foi incluída no testamento. Tudo ficou para Elizabeth, que, logo depois da morte da mãe, tornou-se a sra. O. A. Brigham e passou a viver com o diácono na bela casa de estilo georgiano.

Apesar de Jane ter sido emancipada legalmente da servidão, continuou a viver na casa por mais uma década, trabalhando na mesma função. A essa altura, contudo, trabalhava para Elizabeth, situação que só pode ter exacerbado os profundos ressentimentos que já tinha em relação à irmã adotiva. Como era inevitável, a relação entre as duas chegou a uma tensão intolerável. As circunstâncias precisas da partida definitiva de Jane — se foi expulsa ou se saiu da casa por vontade própria — são desconhecidas. O que sabemos com certeza é que ela se mudou em 1885. Elizabeth, uma jovem de natureza bondosa que, no geral, sempre tratou Jane com afeto, garantiu que ela "era bem-vinda para visitar o lar anterior quando desejasse. Sempre haveria um quarto para ela".

Por 22 anos, Jane viveu com pessoas que, mesmo bem-intencionadas, nunca lhe deixaram esquecer que ela não pertencia à mesma categoria que eles. Então, aos 30 anos, estava por conta própria. Não tinha herdado dinheiro algum, não tinha posição social nem família para se apoiar. Nem tinha, além das habilidades domésticas, uma profissão definitiva.

Em uma época em que as mulheres eram ensinadas que o "lugar" delas era em casa, as oportunidades de carreiras para as jovens respeitáveis eram bem restritas nos Estados Unidos. Além do magistério, tanto em escolas quanto no ensino particular, podiam se tornar costureiras, faxineiras ou tecelãs. Nenhuma dessas ocupações interessava Jane. Ela queria o mesmo que a maioria das pessoas: um emprego que a sustentasse e que, ao mesmo tempo, lhe desse oportunidades de realização pessoal. Por muitos anos, seus desejos mais profundos estiveram longe de serem satisfeitos. Na época, ela tentava simulá-los apenas nas fantasias. ==Mas, com 29 anos de idade, ansiava por experimentar os prazeres requintados com que passara tanto tempo devaneando.==

E assim, em 1887, Jane Toppan, com personalidade psicopata clássica que desejava causar mal, encontrou a profissão mais conveniente para as necessidades dela: a enfermagem.

HAROLD SCHECHTER

JANE TOPPAN

LADY KILLERS PROFILE

05
CAPITULUM

FATAL

O TREINAMENTO

Juro solenemente, perante Deus e na presença desta assembleia, a passar minha vida com pureza e a exercer a minha profissão com fidelidade. Prometo me abster de tudo o que seja deletério e pernicioso e não devo tomar ou administrar conscientemente qualquer droga prejudicial.

JURAMENTO DE FLORENCE NIGHTINGALE

Por boa parte do século XIX, era comum que a enfermagem hospitalar fosse administrada por mulheres com pouquíssima qualificação. Na cidade de Nova York, por exemplo, as enfermarias de Bellevue eram cuidadas por ex-internas das oficinas da ilha Blackwell, mulheres geralmente presas por bebedeira ou prostituição e que eram postas em liberdade condicional desde que cumprissem o restante da pena como enfermeiras. Nem é preciso dizer que a qualidade dos cuidados que ofereciam aos pacientes não era das melhores, ainda mais porque muitas eram analfabetas e incapazes de ler as instruções nos frascos de medicamentos, circunstância que, muitas vezes, produzia resultados desastrosos.

A situação não era melhor em Boston. Em 1850, a comissão sanitária indicada pela Legislatura Estadual de Massachusetts recomendou "a criação de instituições para educar e qualificar mulheres para serem enfermeiras dos doentes". Mais de vinte anos se passariam, contudo, até a fundação da primeira escola de enfermagem em Boston. Foi em uma delas, uma escola vinculada ao Hospital de Cambridge, que Jane Toppan se matriculou em 1887.

Durante os dois anos de treinamento, as alunas de enfermagem eram sujeitas a um regime brutal. Trabalhavam sete dias por semana, cinquenta semanas por ano, sem folgas de Natal, Páscoa ou no Dia de Ação de Graças. Três mulheres dormiam em cada um dos cubículos apertados, mal iluminados e sem aquecimento. Quase todos os dias, eram acordadas às 5h30 pelo soar do sino matinal. Depois de arrumarem as camas, trocarem de roupa e tomarem com pressa o café da manhã (que elas mesmas tinham que preparar), dirigiam-se ao salão para as orações matinais. Às 7 horas, já estavam trabalhando. Entre os turnos nas alas diversas e a formação profissional, era normal que trabalhassem turnos diários de 12 a 14 horas, com aproximadamente 75 minutos de folga ao todo para almoço e jantar. As refeições costumavam ser tão mirradas e desagradáveis que muitas mulheres gastavam o salário miserável comprando mais comida.

No primeiro mês, a aluna passava por um estágio probatório e era incumbida para trabalhos mais braçais, como lustrar o chão, esvaziar penicos, lavar roupas de cama etc. Na segunda semana, ficava encarregada, também, de alguns pacientes. Sob a vigilância atenta da enfermeira-chefe, a estagiária aprendia a dar banho, lidar com escaras, tratar feridas, administrar enemas e medicamentos. As enfermeiras-chefes, no geral de personalidade rígida, quando não autoritária, mantinham a disciplina com rigor militar. A menor das infrações (resmungar sobre a qualidade da comida, por exemplo) poderia deixar uma estagiária rotulada como problemática. O livro de regras de determinada escola de formação especificava uma punição severa para "qualquer enfermeira que fumasse, tomasse qualquer tipo de álcool, cortasse o cabelo em salão de beleza ou frequentasse clubes de dança".

Se passasse com sucesso pelo estágio probatório, era requerido que a aspirante a enfermeira assinasse um compromisso "de permanecer por dois anos na Escola de Treinamento para Enfermeiras como pupila e de obedecer às regras da escola e do hospital". Em troca, era prometido moradia, alimentação, um avental de babador branco e uma touca feita de organdi com acabamento em renda, além do recebimento de 7 dólares, com os quais esperava-se que ela pagasse pelas roupas, livros e despesas eventuais.

No geral, a estagiária ficava encarregada de cerca de cinquenta pacientes. Além dos deveres médicos, que envolviam tudo, desde colocar cateter a drenar ferimento supurado; ela era responsável por manter a ala em ordem. Entre as tarefas diárias de manutenção, esperava-se que varresse e encerasse o chão, tirasse o pó das mobílias e persianas, mantivesse a lareira abastecida com carvão e garantisse que as lamparinas tinham querosene. Também era de responsabilidade dela preparar e servir as refeições dos pacientes, trocar a roupa de cama e manter os bicos das penas afiados para os registros serem legíveis para a enfermeira-chefe e os médicos de plantão.

Uma vez por semana, no geral entre 8 e 9 horas da noite, ela devia comparecer a uma palestra de teoria médica ministrada por um dos médicos do hospital. Os temas comuns incluíam: fisiologia, higiene, nutrição, obstetrícia, emergências cirúrgicas, doenças de olhos e ouvidos, pediatria e distúrbios nervosos.

Ao final do segundo ano, era submetida ao exame completo diante de um conselho de médicos. Se aprovada, receberia um diploma elegante, assinado tanto pelos médicos que a examinaram quanto pelo conselho de diretores da escola de enfermagem. As questões cobriam uma variedade ampla de tópicos, que iam de anatomia a cuidados na enfermaria. Uma vez que administrar a medicação era parte muito relevante das tarefas da enfermeira, dedicava-se atenção especial ao tema da "matéria médica" (farmacopeia). As questões incluídas no exame final de uma escola nos anos 1880, período quando Jane Toppan recebeu treinamento, revelam muito, não apenas do conhecimento esperado das enfermeiras da era vitoriana, mas, também, sobre os tipos de medicamentos de uso comum na época:

> Qual a dosagem correta de sulfato de atropina?
> E de sulfato de estricnina?
> Quanto de morfina você daria para uma criança de 2 anos?
> E de 4 anos? E de 7 anos?
> O que você faria por um paciente acometido por overdose
> de ópio ou morfina?
> Quais são os venenos mais comuns?

Não há dúvidas de que, em muitos aspectos, Jane Toppan tinha todas as qualidades de uma enfermeira de primeira linha. Ao passar 22 anos da vida como criada em tempo integral, podia lidar com facilidade com o trabalho braçal fatigante. Ela também tinha comportamento alegre nos leitos, que encantava os pacientes. Com personalidade espirituosa, ficou conhecida pelo apelido que lhe acompanharia a vida toda: "Jolly Jane".[*]

Nem todos, porém, eram tão apaixonados por ela. Na verdade, assim como no colegial, havia aqueles que detestaram Jane durante os anos em que estudou enfermagem, e pelas mesmas razões. Além de bajular superiores, enfermeiras-chefes e médicos do hospital, ela espalhava fofocas horríveis sobre quem lhe desagradasse. Era de uma maldade excepcional, com talento incomum para escapar das consequências dos próprios malfeitos apontando outros como culpados. Em ao menos duas situações, ela espalhou rumores difamatórios sobre colegas estagiárias que acabaram demitidas. E ela vibrava com os problemas que causava. Até mesmo suas amigas eram um pouco receosas com a alegria descarada que demonstrou quando as duas jovens desafortunadas (e completamente inocentes) foram expulsas da escola.

Em termos de distanciamento da realidade, as mentiras que contava eram equivalentes às invenções estranhas que criava sobre si mesma. Como ocorrera desde a infância, Jane não tinha vergonha alguma em maquinar as histórias mais insanas e insistir na sua veracidade, mesmo diante da evidência contrária mais incontestável. Certa vez, por exemplo, espalhou que pensava em se mudar para a Rússia. De acordo com a história, o Czar ficara sabendo dos avanços maravilhosos feitos pelas enfermeiras norte-americanas e, a fim de obter o melhor para si e para a família dele, ofereceu a Jane um salário enorme para se juntar à sua equipe médica pessoal.

As mentiras não eram as únicas transgressões. No período que passou na escola de enfermagem, foi suspeita de roubo, desde suprimentos hospitalares a pequenas quantias em dinheiro, mas nunca se pôde provar nada contra ela. Em todos os crimes, grandes ou pequenos, ela era mestra em dissimulação. Apesar da desconfiança crescente e da hostilidade que provocava entre as colegas, a personalidade vibrante de Jane, o brilho que era capaz de radiar quando convinha a seus propósitos, cegava a maioria das pessoas para a realidade sombria da natureza dela. Mas continuava sendo a favorita de vários pacientes que se animavam de modo evidente sempre que "Jolly Jane" dava as caras na enfermaria em que estavam.

Jane retribuía o afeto à sua maneira perversa. Ela se afeiçoava muito a alguns pacientes e se sentia tão triste em vê-los receber alta que dava um jeito de prolongar a estadia deles. Às vezes, falsificava os prontuários, inventava sintomas que não tinham ou registrava uma temperatura maior no controle

---

[*]   [NT] *Jolly* em inglês significa alegre, jovial. No caso de Jane, o termo ganharia, depois, um significado adicional por remeter a expressão "*jolly roger*" que denomina a bandeira pirata da caveira com os ossos cruzados, mesmo símbolo usado para indicar produtos venenosos.

de febre. Quando isso não era suficiente, administrava pequenas doses de medicamentos que os deixaria piores, não gravemente doentes, só mal o bastante para permanecerem no hospital por mais uma ou duas semanas.

E esses eram os pacientes de quem ela *gostava*.

Havia alguns que ela desprezava de forma deliberada. Era insolente em especial com os mais velhos e, em mais de uma ocasião, alguém a escutou comentar que "não havia utilidade em manter os velhos vivos". Disse isso com um sorriso, e quem escutou achou que estivesse brincando. Mas não estava. Falou com uma seriedade mortal.

> **Durante os dois anos de treinamento, as alunas de enfermagem eram sujeitas a um regime brutal. Trabalhavam sete dias por semana, cinquenta semanas por ano, sem folgas de Natal, Páscoa ou no Dia de Ação de Graças.**

A quantidade exata de pacientes que morreram nas mãos de Jane Toppan no período em que ficou na escola de enfermagem é incerta. Nem mesmo ela pôde dizer com certeza, mas, de acordo com as estimativas dela, foi responsável por, pelo menos, doze assassinatos no decorrer daqueles anos. Tanto na execução quanto na ocultação, os crimes dela foram conduzidos com astúcia metódica. Nada ficava ao acaso na abordagem de Jane. Pelo contrário, ela criava uma racionalidade aterrorizante para os ultrajes que perpetrava. Começou se dedicando ao estudo das ferramentas da profissão dela com diligência acadêmica, sempre fazendo perguntas para os professores sobre as propriedades dos mais diversos venenos. Ela sabia que essa curiosidade pelo tema não levantaria suspeita, em especial em uma época em que tais substâncias, que iam de arsênico a estricnina, faziam parte da rotina dos medicamentos prescritos para uma série de doenças.

Ela também conduzia uma pesquisa particular. Anos depois, quando os investigadores analisaram seus pertences, descobriram um livro médico bastante gasto da época em que era aluna de enfermagem. Quando o pegaram, o livro caiu aberto em uma seção em que era óbvio que Jane se debruçara várias vezes. O capítulo sobre ópio.

Durante o século XIX, o ópio era uma droga barata, legal e vendida em qualquer lugar, tão fácil de adquirir quanto uma aspirina nos dias de hoje. Por ser um ingrediente comum em inúmeros remédios patenteados que inundavam o mercado nos anos 1800, a substância era usada para aliviar a dor no nascimento dos dentes em crianças, cólicas menstruais das mulheres e diarreia em pacientes com disenteria. Insones o tomavam para dormir, e tuberculosos recorriam a ele para conter a tosse. A morfina, principal derivado do ópio, teve uso bem amplo durante a Guerra Civil, quando foi empregada como anestésico cirúrgico e analgésico. Alguns médicos também a recomendavam como um substituto para o uísque, acreditando que, entre dois males, o vício em morfina era preferível ao alcoolismo, uma vez que (como um médico chamado J. R. Black escreveu em 1889) a morfina "acalma em vez de estimular as paixões mais primitivas e deixa, portanto, a pessoa menos propensa a atos de violência e crime".

O dr. Black, é claro, não conhecia sua contemporânea perturbada, a enfermeira Toppan, quando publicou esses comentários. Nas mãos dela, a morfina se tornava tudo que ele alegava não ser: causadora dos atos mais chocantes de "violência e crime".

É impossível dizer quando Jane começou a conduzir o que chamou de "experimentos científicos". Na época em que foi pega, tinha realizado tantos que mal podia se lembrar dos detalhes. Ela própria se tornara, de certa forma, uma viciada, com dependência profunda do êxtase (da intoxicação) do assassinato. O envenenamento, como disse, tornou-se "um hábito na vida dela".

A princípio ela parecia confiar exclusivamente na morfina, injetando-a nas vítimas e se mantendo ao lado delas para observar os efeitos. Ela gostava de ver as pupilas se contraírem, ouvir a respiração ficar mais barulhenta e pesada, assistir enquanto o suor pegajoso cobria os rostos deles. Com uma dose grande o suficiente, mergulhariam em coma quase imediatamente e morreriam em poucas horas. Às vezes, apenas paravam de respirar. Ela achava bem mais satisfatório, contudo, quando as mortes eram acompanhadas por convulsões violentas como acontecia ocasionalmente.

Os experimentos sérios começaram de verdade quando ela passou a combinar morfina com outra droga: atropina. Derivada das plantas datura e beladona, a atropina foi utilizada ao longo da história, em especial na Índia, como um veneno de alta letalidade. Na América vitoriana foi usada, da mesma forma que a morfina, tanto como analgésico quanto como tratamento para dezenas de doenças: asma, dor de ouvido, suor noturno, reumatismo, enjoo, tétano, coqueluche e muitos mais.

Os efeitos da atropina, contudo, são bem diferentes daqueles produzidos pela morfina e, em alguns casos, o completo oposto. A boca e a garganta ressecam e as pupilas dilatam muito. As vítimas perdem a coordenação muscular e cambaleiam como bêbados. São possuídas por uma sensação estranha de vertigem que logo evolui para delírio avassalador. Podem balbuciar palavras incoerentes, explodir em risadas maníacas ou emitir gemidos angustiantes constantes. Talvez o sintoma mais grotesco de todos seja a mania incessante de pegar objetos reais e imaginários. Arrancam as roupas, puxam os dedos das mãos e dos pés, agarram objetos invisíveis no ar. Mesmo quando caem em seu estupor final, continuam com o resmungo febril e movimentos espasmódicos constantes, segurando-se à roupa de cama ou se prendendo a fantasmas que flutuam sobre suas cabeças.

Nas experiências com as vítimas, Jane passou a administrar morfina e atropina em várias combinações. Muitas vezes injetava a morfina em um primeiro momento e, depois, logo antes que o paciente perdesse a consciência, forçava-o a beber um copo de água em que dissolvera um tablete de atropina. Ou podia esperar até que vítima entrasse em coma, depois a virava e administrava um enema misturado com atropina, deixando o veneno fluir direto nos intestinos.

Havia uma dupla motivação no método de Jane. Primeiro, permitia que disfarçasse os crimes. Ao variar as dosagens e o momento do uso das drogas, produzia um conjunto de sintomas tão confusos que os médicos não podiam ter certeza sobre a natureza real da doença do paciente, diagnosticando, muitas vezes, como diabetes ou parada cardíaca. Segundo, ela fazia por diversão. Sentia um prazer sádico e intenso em brincar com as vítimas, em fazer coisas terríveis com os corpos e assistir aos resultados antes de decidir que era a hora de morrerem.

Não que ela matasse todos os pacientes que envenenava. Às vezes, aguardava a vítima chegar perto da morte e, então, fazia de tudo para salvá-la. Quando era bem-sucedida, parecia sentir um orgulho genuíno de si mesma, uma sensação de satisfação profunda diante da habilidade profissional. (Nesse aspecto, Jane Toppan era similar a outros maníacos homicidas do setor da saúde que seguiram essa vocação, como Richard Angelo, por exemplo, o "Anjo da Morte" de Long Island, que, nos anos 1980, administrou injeções letais para uma quantia indeterminada de pacientes hospitalares para que pudesse correr ao socorro deles e se sentir um herói.)

A satisfação que ela extraía de ser a salvadora, de resgatar uma das vítimas das portas da morte, contudo, não era nada comparada aos sentimentos que experienciava quando sucumbiam. Ao descrever aquela sensação, Jane tendeu a usar expressões vitorianas: "satisfação delirante", "deleite voluptuoso", "o maior prazer concebível". No final, porém, e para imenso horror de seus contemporâneos, foi extremamente direta na confissão que fez.

Matar, admitira, por fim, provocava-lhe excitação sexual.

HAROLD SCHECHTER

JANE TOPPAN

LADY KILLERS PROFILE

06
CAPITULUM

FATAL

MAL PROFUNDO

> *A arte de envenenar é um vício; uma vez que a dose secreta foi bem-sucedida, o envenenador é tomado pelo desejo de repetir o triunfo.*
>
> HENRY MORTON ROBINSON, *SCIENCE CATCHES THE CRIMINAL*

Na mesma época que Jane Toppan frequentava a escola de enfermagem, seu contemporâneo famoso, Herman Melville trabalhava em sua última obra-prima, *Billy Budd*. Ele, autor celebrado, há muito se distanciara da atenção pública. Em 1887, o ano em que Jane começou o treinamento no Hospital de Cambridge, ele residia em total discrição na parte baixa de Manhattan após se aposentar como inspetor na alfândega de Nova York, onde trabalhara por dezenove anos. Quando morreu em 1891, o fato passou praticamente despercebido. Em um obituário superficial de três frases, o *New York Times* o descreveu como o escritor outrora popular de "contos marítimos" e publicou seu nome como "Henry".

Poucos anos antes, entre a aposentadoria e a morte, a energia criativa de Melville foi devotada à composição de *Billy Budd*. O trabalho, que não foi publicado até 1924 (e, mesmo assim, em uma transcrição com falhas graves), trata de um tema pelo qual Melville é obcecado: a luta eterna entre o bem e o mal, representada no protagonista, o "marinheiro lindo", Billy Budd, e seu nêmesis, John Claggart, o contramestre diabólico que se propõe a destruir o herói inocente apenas pelo ódio da beleza e da bondade de Billy.

Em certo ponto do romance, o autor pausa para contemplar a fonte da vilania de Claggart. Por ser de um período pré-freudiano, Melville não usa a linguagem da psicologia moderna ao abordar o comportamento do personagem, confiando, em vez disso, em expressões antiquadas como "depravação natural" e "mania de natureza diabólica". Mas a descrição da personalidade maligna do contramestre deixa claro que Claggart é o exemplo clássico do que hoje chamamos de psicopata criminoso:

> Embora o temperamento equilibrado e o comportamento discreto do homem parecessem insinuar uma mente com sujeição peculiar à lei da razão, mesmo assim, no coração, ele parecia revoltar-se sem qualquer amarra dessa lei, aparentemente, em ligação tênue com a razão que não ia além de empregá-la como um instrumento ambidestro para executar a irracionalidade. Ou seja: para a realização de um objetivo que na devassidão da atrocidade pareceria ligado a loucura, ele conduzirá um julgamento frio, sagaz e consistente. Esses homens são loucos, do tipo mais perigoso, pois a loucura deles não é contínua e, sim, ocasional, evocada por algum objeto especial.

Dado o entendimento dele da natureza mais sombria da humanidade, com certeza não seria um grande choque para Melville que, enquanto fazia essa descrição, um ser que se encaixava nela com exatidão, uma criatura que "apesar do temperamento equilibrado e do comportamento discreto" ocultasse um coração que "se revolvia" na maldade, estava em Boston. Ele poderia muito bem ter se impressionado com um elemento, contudo. Como a maioria das pessoas, Melville parecia presumir que tal corrupção extrema estava limitada ao sexo masculino, aos "homens loucos". Sem dúvida teria ficado surpreso ao descobrir que a contraparte da vida real do maníaco fictício que criara, uma criatura tão maligna e diabólica quanto Claggart, era mulher.

Apesar da repulsa que provocava em muitos conhecidos, Jane tinha defensores. Astuta e manipuladora, era capaz de causar boa impressão em pessoas influentes. Em 1888, essa habilidade a ajudou muito quando optou por um treinamento mais aprofundado no Hospital Geral de Massachusetts, cuja escola de enfermagem era uma das mais respeitadas do país.

A enfermeira-chefe, uma intolerante incorrigível que farejou as "origens humildes" de Jane, a princípio se opôs à admissão. As cartas de recomendação de Jane, contudo, escritas por alguns dos médicos mais preeminentes do Hospital de Cambridge, estavam repletas de testemunhos tão elogiosos que a enfermeira-chefe, por fim, cedeu. Jane não apenas passou pelo estágio probatório sem problemas; ela se destacou para os superiores como alguém tão proficiente que, quando a enfermeira-chefe tirou licença no ano seguinte, Jane foi designada a substituta temporária.

Como todos os sociopatas, porém, Jane não era capaz de controlar seus piores impulsos. Não demorou muito até que o comportamento dela virasse tema de fofoca entre as enfermeiras, muitas das quais a detestavam. Como no passado, ela era vista como mentirosa megalomaníaca, que menosprezava os esforços dos colegas e pegava todos os créditos para si. Havia rumores constantes de tabelas de febre falsificadas, registros médicos adulterados e pequenos furtos. E uma acusação mais grave também: medicamentos administrados de forma descuidada com dosagens que colocavam a saúde dos pacientes em risco.

Até mesmo o detrator mais fervoroso, contudo, suspeitou da dimensão completa e terrível da verdade: à noite, quando não havia ninguém por perto, Jane continuava a conduzir os "experimentos" secretos em pacientes involuntários.

Assim como no período que esteve no Hospital de Cambridge, simplesmente não era possível saber quantas pessoas Jane assassinou durante a passagem pelo Hospital Geral de Massachusetts. Tudo indica que um número considerável de pacientes morreu de forma inesperada sob os cuidados dela. Mas, na América do século XIX, quando a sangria ainda era um procedimento médico aceitável e as dores de estômago eram tratadas com estricnina, a causa desconhecida era comum até entre os médicos mais respeitados. Graças a um testemunho chocante, porém, sabemos algo do método de Jane. Certa vez, uma das vítimas escolhidas sobreviveu, e a história que ela contou depois joga uma luz sombria não apenas no modus operandi da enfermeira Toppan, mas no elemento de perversidade erótica dos crimes: como era carinhosa quando matava suas vítimas, como era amável enquanto assistia à morte delas.

A sobrevivente foi a sra. Amelia Phinney, 36 anos, hospitalizada com úlcera uterina. Os médicos a tinham sujeitado ao tratamento usual: queimá-la com nitrato de prata, um agente cáustico poderoso. Na noite seguinte ao procedimento, a sra. Phinney se revirava na cama de dor na parte inferior do corpo, que não a deixava dormir. De repente, percebeu que alguém estava na cama dela. Ao abrir os olhos, viu a silhueta sombria da enfermeira Toppan, cujo rosto volumoso era iluminado pelo brilho tênue da lamparina de cabeceira e tinha um semblante de intensidade peculiar.

Quando Jane perguntou à sra. Phinney como estava se sentindo, a mulher se esforçou para dizer que estava sofrendo muito e implorou que Toppan chamasse um médico.

"Não há necessidade", respondeu a enfermeira com suavidade. "Tenho algo que fará você se sentir melhor. Aqui." Inclinando-se, passou o braço por baixo dos ombros da sra. Phinney, levantou-a um pouco e levou um copo até os lábios dela. "Beba."

A sra. Phinney engoliu o remédio amargo. Em pouco tempo, um torpor começou a se espalhar pelo corpo dela. A boca e a garganta ficaram com secura desconfortável e as pálpebras muito pesadas. Ela se sentiu afundar a um estado inconsciente.

De pronto, por meio da percepção que se reduzia, ficou ciente de algo tão peculiar que, por muito tempo depois, pensou que fora um sonho. Ela sentiu a roupa de cama ser puxada, ouviu o rangido do estrado da cama, sentiu o colchão afundar quando outro corpo se deitou ao lado dela.

Era a enfermeira Toppan. Com carinho, ela acariciou o cabelo da sra. Phinney, beijou-a no rosto, sussurrou com suavidade no ouvido dela que tudo ficaria bem. Em dado momento, ela ajoelhou-se na cama e, inclinando-se sobre a mulher entorpecida, separou as pálpebras dela e examinou as pupilas. A sra. Phinney pôde sentir a respiração rápida e excitada da enfermeira em seu rosto enquanto era examinada.

Momentos depois, a sra. Phinney sentiu o copo em seus lábios mais uma vez e ouviu a enfermeira Toppan dizer com voz rouca: "Vamos, querida. Só um pouco mais".

Com toda a força que foi capaz de reunir, a sra. Phinney cerrou os lábios e virou a cabeça para o lado. Nesse instante, algo fez a enfermeira Toppan levantar-se com pressa da cama e fugir, como se tivesse se assustado com a chegada inesperada de alguém.

Na manhã seguinte, a sra. Phinney foi acordada do sono profundo por uma estagiária jovem de enfermagem chamada McCutcheon. A sra. Phinney sentia dor de estômago e um torpor tão forte que levou horas até a mente clarear. As memórias que tinha da noite anterior eram tão bizarras e insanas que hesitou em falar disso. Com certeza, aquela experiência terrível só podia ter sido um pesadelo.

Muitos anos depois, quando a Jane jovial e amável foi, por fim, exposta como o monstro que era, Amelia Phinney percebeu o quanto esteve perto da morte naquela noite, quando a enfermeira Toppan se deitou em sua cama.

Enquanto as atividades criminosas de Jane passavam despercebidas no Hospital Geral de Massachusetts, outras infrações que cometia e a desconfiança crescente que causava entre certos membros da equipe, por fim, lhe causaram problemas.

Como em outras escolas de formação de enfermeiras, a do Hospital Geral de Massachusetts seguia o modelo estabelecido por Florence Nightingale, que desenvolveu seus métodos na Guerra da Crimeia, quando era encarregada dos serviços médicos do exército britânico na Turquia. Espelhando-se nessa influência militar, as primeiras escolas de enfermagem exigiam obediência rigorosa das alunas. A disciplina era imposta com rigidez, e as estagiárias que falhavam em exibir as qualidades requeridas "de damas" (alegria, piedade, recepção dócil das tarefas e submissão absoluta às autoridades) eram taxadas de problemáticas incorrigíveis e demitidas de imediato.

Mesmo se fosse bem-vista por vários médicos, que garantiam sua competência e insistiam em ter sua ajuda, Jane foi capaz de se indispor com quantidade significativa de mulheres da equipe de enfermagem ao final de seu primeiro ano no Hospital Geral de Massachusetts. Cada vez mais ela era considerada uma pessoa "escorregadia", de alma demoníaca, língua dúbia e propensão para o furto. Era suspeita de pegar dinheiro do caixa do hospital, suprimentos do almoxarifado e um anel de diamante de uma paciente. Como sempre, Jane tomava precauções para que nada pudesse ser provado. Negava com indignação as acusações e fazia de tudo para culpar a outros.

Talvez por arrogância, talvez por comportamento compulsivamente autodestrutivo (que muitas vezes derrota até os criminosos mais ardilosos), ela, por fim, incorreu em erro. No verão de 1890, violou de modo flagrante as regras do hospital, abandonando a enfermaria sem permissão. Quando a ausência dela foi notificada para suas supervisoras, elas se agarraram à oportunidade para se livrar da subordinada problemática. Embora já tivesse passado pelo exame final e o diploma já estivesse assinado, Jane foi demitida de imediato da escola de enfermagem sem receber a licença.

Por um ano, foi enfermeira particular em Cambridge e Lowell, acumulando boas recomendações dos médicos que auxiliou e das famílias que atendeu. No outono de 1890, atrás da licença que não conseguiu no Hospital Geral de Massachusetts, voltou ao Hospital de Cambridge. Em pouco tempo, contudo, retomou os velhos hábitos. Por um lado, a habilidade profissional e o charme pessoal a tornavam a favorita entre médicos e pacientes. Por outro, em segredo e com regularidade, se envolvia em uma série de atividades criminosas, de furto a homicídio.

Uma das vítimas foi uma estagiária de 19 anos chamada Mattie Davis. Ao ficar com febre, a jovem ocupou um leito e foi atendida pela enfermeira Toppan. Depois de ingerir o remédio que Jane lhe deu, a srta. Davis, de acordo com os registros oficiais, "foi tomada por um colapso repentino e violento". Felizmente para ela, um médico chamado Cleland estava passando por seu leito e, ao correr para socorrê-la, conseguiu salvá-la com muito esforço.

Logo cedo na manhã seguinte, Jane reapareceu no quarto da srta. Davis, com a intenção de lhe tratar com uma dose mais definitiva de medicação. Mas foi impedida de seu propósito mortal pela presença de outra enfermeira designada pelo dr. Cleland para cuidar da srta. Davis.

Apesar de Cleland ficar perplexo diante dos sintomas da estagiária, nunca suspeitou que ela fora envenenada. Mas outro médico da equipe começou a ter dúvidas sérias sobre Jane depois de vários dos pacientes convalescentes dele morrerem de modo inesperado sob o cuidado dela. É claro que até mesmo ele não era capaz de acreditar que a enfermeira afável e maternal era uma assassina. Suspeitou, porém, que ela administrava opiáceos e outras drogas de forma descuidada e perigosa em relação às dosagens prescritas, acusação que fora um rumor constante na carreira de Jane.

Na primavera de 1891, ele compartilhou suas dúvidas sobre o desempenho da enfermeira Toppan com o conselho administrativo, que não perdeu tempo em demiti-la do hospital.

Ela estava, então, com 32 anos de idade. Depois de quatro anos de treinamento, fora dispensada de duas das principais escolas de enfermagem de Boston sem a licença profissional. Tinha, também, deixado um rastro longo de cadáveres em sua passagem, talvez 24 ao todo, apesar de ninguém, é claro, estar ciente dessa realidade sinistra na época.

Outra pessoa na posição de Jane teria se preocupado com suas perspectivas. Mas, como outros psicopatas, Jane era de um sangue-frio incomum, que a permitia se manter imperturbável em situações que gerariam ansiedade intensa em outras pessoas. "Não me importei", declarou com leveza anos depois quando lembrada da demissão do Hospital de Cambridge. Já havia passado um ano trabalhando para as famílias mais preeminentes da região e sabia que "poderia ganhar mais dinheiro e ter uma vida mais fácil ao trabalhar por conta própria".

E então, no verão de 1891, Jane Toppan ingressou na carreira de enfermeira particular em tempo integral.

HAROLD SCHECHTER

JANE TOPPAN

LADY KILLERS PROFILE

07

CAPITULUM

FATAL

LADO SOMBRIO

> *Na nossa sociedade, os papéis das mulheres ainda são, prioritariamente de cuidadoras do lar, cozinheiras, cuidadoras de crianças e enfermeiras... Tentações abundantes para cometer crimes e oportunidades para pôr a termo essas intenções que secretamente advêm desses papéis. Na verdade, a tarefa feminina de preparar a comida para a família fez da mulher uma envenenadora por excelência; e a função de cuidar dos enfermos tinha um efeito similar.*
>
> OTTO POLLAK, *THE CRIMINALITY OF WOMEN*

Era verdade, como Jane declarou, alegre, que estaria melhor financeiramente ao trabalhar por conta própria. As enfermeiras particulares, de fato, recebiam um bom salário, mas somente em comparação aos rendimentos minúsculos das outras mulheres no final do século XIX. De acordo com pesquisa conduzida pelo Departamento de Trabalho em 1888, os salários das trabalhadoras nos EUA eram, na média, de quatro a seis dólares por semana, longe de ser o suficiente para bancar as necessidades básicas da vida. Em comparação, o salário médio semanal de enfermeira particular era de 25 dólares.

Claro, como outros autônomos, enfermeiras particulares alternavam períodos de trabalho intenso em tempo integral e épocas desempregadas. E alguns clientes, mesmo os que podiam pagar, davam calote. Não era incomum uma enfermeira ter que aceitar uma fração do salário combinado ou fazer permutas pelos serviços com comida, roupas e itens para casa.

Com isso, até mesmo as enfermeiras bem-sucedidas como Jane Toppan podiam contar com um salário anual de, talvez, 600 dólares. É claro que isso era bem mais do que ganhava no hospital. Ainda assim, longe de ser exorbitante, em especial por causa da natureza braçal do trabalho.

É verdade que nem todas as enfermeiras tinham trabalhos extenuantes. Os autores de uma historiografia da enfermagem norte-americana citam o caso da "enfermeira treinada enviada de Nova York para a Europa, que descobriu que seu único trabalho seria garantir que a filha de um milionário nunca saísse na chuva sem galochas". No entanto, as famílias prósperas atendidas por enfermeiras particulares costumavam fazer demandas excepcionalmente pesadas.

Por semanas e até mesmo meses de trabalho, era esperado da enfermeira que mantivesse vigília quase permanente do leito do paciente. Se a pessoa ficasse muito doente, a profissional podia, se tivesse sorte, cochilar duas ou três horas por dia em um sofá ao lado da cama. Se o paciente sofresse de insônia, ela devia ficar acordada a noite toda atendendo às necessidades dele.

A profissional deveria antecipar todas as necessidades do paciente, obedecer a todas as instruções do médico e atender os desejos da família sem questionar. Enquanto executava suas atribuições, tinha que manter presença constante, mas discreta, com passos leves ao se locomover pelo quarto do doente, e que se abstivesse de fazer o menor ruído para não incomodar o repouso do paciente. Se fosse ler um jornal enquanto o paciente dormia, deveria não fazer barulho ao virar as páginas; se tricotasse, deveria garantir que as agulhas não esbarrassem uma na outra.

Esperava-se que mantivesse hábitos pessoais impecáveis, espírito alegre incessante e modos dóceis, sem apresentar o menor traço de descortesia, cansaço nem irritação. Se o paciente estivesse bem a ponto de se virar sem os cuidados dela por algumas horas, era obrigada a ajudar na casa e costurar, lavar roupa e fazer outras tarefas domésticas. Se as circunstâncias permitissem, poderia fazer uma caminhada diária breve. Caso contrário, não teria tempo livre, passando os dias dentro do confinamento do quarto do doente à disposição dos pedidos contínuos dos patrões.

Não é de surpreender que, depois de aguentar condições tão exaustivas por várias semanas ou mais, as enfermeiras precisassem de tempo para se recuperar e muitas vezes faziam intervalos longos entre um trabalho e outro.

Apesar das demandas, o trabalho de enfermeira particular era muito adequado para Jane Toppan. Aos 34 anos, tinha a energia e a experiência prática necessárias para o serviço. Sua conduta competente e responsável inspirava confiança nos empregadores, e a personalidade vívida a fazia bem quista nas casas. Por um período de oito anos, de 1892 a 1900, ela foi reconhecida como uma das enfermeiras particulares mais bem-sucedidas em Cambridge, muito bem recomendada por médicos respeitados e muito procurada por algumas das melhores famílias da cidade.

> **Não era incomum uma enfermeira ter que aceitar uma fração do salário combinado ou fazer permutas pelos serviços com comida, roupas e itens para casa.**

É claro que sua reputação durante esse período não era totalmente imaculada. Alguns dos patrões ficavam chocados pela tendência de Jane em elaborar mentiras sobre a própria vida e realizações, mas, apesar disso, a maioria considerava que o gosto dela por fantasias extravagantes se devia ao que chamavam de "ancestralidade céltica". Ela também tinha o hábito de pegar emprestadas pequenas quantias em dinheiro e negligenciar o pagamento de dívidas. E, em várias ocasiões, foi suspeita de pequenos furtos. Pelo menos um dos patrões fez contagem periódica da prataria enquanto Jane trabalhou em sua casa.

No entanto, nem mesmo ele pensou em demiti-la. Independente das pequenas falhas da enfermeira, das mentiras crônicas ou da atitude arrogante para pedir dinheiro emprestado, era uma pessoa indispensável em tempos de crise, quando a esposa ficava doente ou uma criança passava por sofrimento que demandavam os melhores cuidados disponíveis e os outros membros da casa contavam com a presença tranquilizante de uma enfermeira alegre e capaz.

Se Jane foi capaz de enganar seus empregadores com habilidade profissional e charme, houve quem visse além da atitude agradável. Para os demais empregados da casa onde trabalhava e seus amigos, era comum que ela mostrasse um lado diferente: invejosa, raivosa e vingativa. Enquanto, diante dos patrões, sempre tomava cuidado para parecer bem-comportada, com linguagem educada e se abstendo de beber, quando tinha folga ela adorava se embebedar de cerveja e contar piadas sujas cuja vulgaridade muitas vezes chocava os ouvintes. Tinha prazer em causar problemas sem motivo, em fazer fofoca, espalhar boatos e colocar as pessoas umas contra as outras sem qualquer razão aparente.

Educada e respeitável em público, Jane costumava ser grosseira em particular, caluniando os patrões, os pacientes e os médicos com quem trabalhava com os termos mais cruéis. E as mentiras foram ficando cada vez mais bizarras e irresponsáveis. Em um dado momento, ela quase deixou em pânico a vizinhança ao fomentar o rumor de que uma epidemia severa de tifo tinha se espalhado perto do seminário.

Na maior parte do tempo, contudo, Jane era tida como uma preciosidade e tratada com afeto, respeito e gratidão. E ninguém, nem mesmo quem vislumbrava seu lado mais sinistro, fazia a menor ideia dos segredos mais sombrios que ela guardava e do que, às vezes, acontecia tarde da noite enquanto o restante da casa dormia e a enfermeira Toppan ficava sozinha com os pacientes.

HAROLD SCHECHTER

JANE TOPPAN

LADY KILLERS PROFILE

08
CAPITULUM

FATAL

ABRAÇO FATAL

> Essas mulheres sentem muito prazer com o poder oculto delas. Ao assistir ao sofrimento e à morte lenta das vítimas, recebem o estímulo máximo... Ela anseia pelo desejo de poder que é característico de sua natureza sádica e o obtém por meio da angústia e do sofrimento das vítimas.
>
> J. PAUL DE RIVER, *THE SEXUAL CRIMINAL*

Tendo em vista que se sentia muito bem ao abraçar uma vítima moribunda, não é surpresa que Jane Toppan gostasse do serviço de enfermeira particular. Nenhuma outra profissão lhe permitiria ter à disposição tantas oportunidades de realizar seus desejos pervertidos. A quantia exata de pacientes cujas vidas ela tomou durante a carreira de quase uma década permanece um mistério, mas, as estimativas chegam a cem. Graças às próprias confissões subsequentes, contudo, sabemos as identidades de algumas vítimas.

Duas delas eram os proprietários da casa que ela alugou durante muito tempo, o casal de idosos Israel e Lovey Dunham. Quando Jane não estava trabalhando como enfermeira residente, morou por muitos anos na casa dos Dunham, na Wendell Street 19, em Cambridge.

Em maio de 1895, Jane envenenou Israel Dunham, 77 anos, porque, como disse depois, estava ficando "fraco e agitado". A morte dele foi atribuída à parada cardíaca causada por hérnia estrangulada.

Pelos dois anos seguintes, Jane continuou morando com a viúva enlutada. No outono de 1897, porém, a sra. Dunham, na avaliação da enfermeira, ficara muito "velha e rabugenta". Quando a idosa adoeceu em setembro, Jane cuidou dela até a morte com a combinação usual de morfina e atropina dissolvida em Hunyadi, uma água mineral popular, de gosto amargo, importada de Budapeste.

Ao matar os Dunham, ela agiu seguindo um sentimento que cultivava pelo menos desde os tempos da escola de enfermagem, quando foi pega repetidas vezes fazendo o comentário de que "não havia utilidade em manter os velhos vivos". Outra de suas vítimas idosas foi uma viúva rica de 70 anos chamada Mary McNear.

No Natal de 1899, a sra. McNear saiu de casa em Watertown e viajou de carruagem para visitar a filha doente em Cambridge. No caminho, pegou uma friagem e quando voltou para casa naquela noite, tinha certeza de que estava ficando gripada.

Na tarde seguinte, uma terça-feira, recebeu a visita da neta, a sra. Evelyn Shaw, que encontrou a avó na sala de estar. Ela estava sentada no sofá de couro de cavalo, com uma manta de lã sobre os ombros, aproveitando o calor da lareira de mármore preto. De acordo com a neta, a velha senhora aparentava a alegria de sempre, apesar de espirrar de vez em quando e parecer um pouco rouca.

Na quarta-feira à tarde, a sra. McNear passou a tossir, o que a deixou de cama e a fez chamar seu médico de longa data, o dr. Walter Wesselhoeft. Apesar de ele ter detectado uma leve congestão nos pulmões, o dr. Wesselhoeft não pareceu preocupado e, quando os parentes da sra. McNear sugeriram contratar uma enfermeira formada para cuidar da idosa, ele rejeitou a ideia dizendo que era desnecessário. Tudo que ela precisava era repouso na cama, chá quente e um pouco de óleo de fígado de bacalhau para a tosse. Já havia empregados que poderiam a atender com facilidade.

A família foi insistente, contudo, e pediu uma recomendação ao médico. Wesselhoeft falou que deixassem por sua conta e que chamaria "uma de suas melhores enfermeiras".

Quando Evelyn Shaw retornou no dia seguinte, 28 de dezembro, encontrou a avó sob os cuidados de uma cuidadora de rosto agradável que se apresentou como srta. Jane Toppan. A enfermeira Toppan chegara logo cedo e já tinha tomado conta de tudo. O profissionalismo óbvio e o comportamento amável impressionaram a sra. Shaw, que ficou aliviada em ver que a avó estava bem. Sentada ereta na cama, com as costas apoiadas em travesseiros de penas, a idosa estava bem animada, "rindo, conversando e fazendo planos para uma comemoração rápida em Nova York", como se lembraria depois a neta.

Depois da visita agradável que durou cerca de uma hora, a sra. Shaw voltou para Cambridge muito mais tranquila. Ela mal tinha chegado, quando o cocheiro da avó apareceu na propriedade em grande agitação. Algo tinha acontecido com a sra. McNear: desmaiara e não pôde ser reanimada.

> **Tendo em vista que se sentia muito bem ao abraçar uma vítima moribunda, não é surpresa que Jane Toppan gostasse do serviço de enfermeira particular.**

Quando Evelyn voltou para a casa da avó, o dr. Wesselhoeft já tinha sido chamado pela enfermeira e estava lá. Ao lado da neta, explicou que a avó "sofrera um ataque de apoplexia". De acordo com a enfermeira Toppan, a idosa tinha acabado de tomar uma dose da medicação prescrita quando "um tremor passou pelo rosto, seguido por outro" e ela "ficou inconsciente". A enfermeira tinha descido de imediato para informar os empregados que a sra. McNear desmaiara, mas que "não precisavam se alarmar, pois ela faria todo o necessário".

A cozinheira, sra. Grose, contudo, achou melhor notificar a família e mandou o cocheiro na mesma hora para Cambridge.

Evelyn Shaw passou uma noite longa e insone ao lado do leito da avó, segurando sua mão e rezando pela recuperação dela. As orações não foram atendidas: logo cedo na sexta-feira, 29 de dezembro de 1899, Mary McNear morreu sem sequer recobrar a consciência.

Logo depois do funeral, os parentes da sra. McNear descobriram que algumas das melhores roupas da mulher tinham desaparecido. A enfermeira Toppan poderia ter levado os itens? Quando compartilharam as suspeitas com o dr. Wesselhoeft, porém, ele ficou muito irritado. Declarou que Jane Toppan era "uma das melhores mulheres e enfermeiras que conhecia". Ele "não daria atenção a nenhuma acusação contra ela".

A família decidiu deixar a questão de lado. Mas é claro que, como a sra. Shaw falou depois, era doloroso "pensar que outra pessoa poderia usar as roupas da pobre avó enquanto ela estava no túmulo". Mas, no final, alguns itens desaparecidos eram uma perda trivial comparada à morte da idosa. Além disso, diante do testemunho do dr. Wesselhoeft, pareceu improvável que a enfermeira Toppan tivesse roubado as roupas.

Que ela fizera algo infinitamente pior com a avó amada foi uma ideia que nem lhes passou pela cabeça.

Considerando o que Jane pensava sobre os idosos, não chega a ser uma surpresa a forma como acabou com a vida de Mary McNear, de 70 anos. Por outro lado, a velha senhora foi uma vítima incomum. Jane não conhecia a idosa até o dia do assassinato; eram completas estranhas. E, no geral, Jane preferia matar pessoas com quem tinha intimidade.

Essa preferência é típica das assassinas em série e um dos traços que mais as distinguem dos assassinos seriais. Em geral, há um elemento de promiscuidade e impessoalidade no assassino em série, refletindo o padrão do estereótipo da sexualidade masculina. Seja ele heterossexual ou homossexual, o homem psicopata costuma satisfazer os desejos com estranhos: prostitutas, parceiros sexuais casuais, vítimas aleatórias agarradas na rua. É claro que ele pode procurar por características físicas que o excite: olhos azuis, pele escura, cabelo preto liso dividido no meio. Mas quando é possuído pelo desejo de matar, ele o atende com qualquer um que se encaixe em sua fantasia.

Por outro lado, as assassinas em série preferem certo nível de intimidade com as vítimas. O comportamento delas é uma transfiguração grotesca do comportamento a que se atribui às mulheres. Fazer mal para desconhecidos não as excita; elas alcançam a satisfação mais profunda no contexto dos relacionamentos pessoais. Têm prazer em matar as pessoas mais próximas. Maridos e esposas. Vizinhos e amigos. Parentes próximos.

Ou parentes adotivos.

Nos anos que se passaram depois de ter saído de casa, Jane manteve uma relação superficial e cordial com a irmã adotiva, Elizabeth Brigham. Nas viagens ocasionais a Lowell, Jane sempre era hospedada por Elizabeth e o marido, Oramel, mais do que felizes em recebê-la no antigo quarto da mulher por alguns dias. Ficavam contentes em saber que "Jennie" (como a chamavam de forma carinhosa) tivera sucesso e gostavam da companhia dela, pois com uma personalidade divertida, sempre conseguia animar a casa. Quando Jennie se hospedava lá, parecia como nos velhos tempos.

Sob o exterior sociável, contudo, Jane ocultava sentimentos violentos contra a irmã adotiva. Como a maioria das personalidades psicopatas, ela nutria um rancor profundo contra o mundo. Devido aos inúmeros abusos na infância, tais indivíduos crescem cheios de inveja e malícia, e o ódio mais intenso se reserva para quem parece ter recebido tudo o que lhes foi negado.

Para Jane Toppan, a irmã adotiva era a personificação das injustiças do mundo. Desde criança, Elizabeth tivera todas as vantagens de que Jane achava ter sido privada de forma tão injusta: riqueza, posição social, amor dos pais e, mais à frente, as bênçãos do amor e do casamento.

Não que Oramel Brigham fosse exatamente a representação do herói romântico. Em 1899, era um cavalheiro corpulento, um pouco além da meia-idade, queixo duplo, calvo no topo da cabeça e de grossos bigodes grisalhos. Ainda assim, por ser diácono na Primeira Igreja Congregacional Trinitariana e mestre de estação na Ferrovia Boston & Maine, era respeitado na comunidade e muito devotado à esposa.

Por vários anos, Jane tirou férias no verão em Cape Cod. Em agosto de 1899, convidou a irmã para se juntar a ela por alguns dias no chalé alugado na cidade de Cataumet, no litoral. Diante da insistência do marido, Elizabeth, que vinha sofrendo com um caso leve mas persistente de melancolia, escreveu para Jane, aceitando com ansiedade o convite. Ela estava certa de que alguns dias na praia lhe fariam bem.

Ela chegou na tarde de sexta-feira, 25 de agosto. No dia seguinte, Jane e ela, de vestidos brancos de verão e chapéus listrados de marinheiro, levaram uma cesta de piquenique até a estrada da orla chamada Scotch House Cove, onde passaram horas conversando com alegria, beliscando carne enlatada fria e caramelo, enfim, desfrutando as glórias do oceano, do céu e do clima.

Naquela noite, sentindo-se um pouco cansada pelo longo período no sol, Elizabeth se retirou cedo para o quarto, no andar de cima. Na manhã seguinte, ela não respondeu quando a chamaram para o café da manhã. Logo depois, Jane apareceu na casa dos senhorios. Disse que a irmã estava doente e que fez todo o possível para que ela ficasse bem, e pensou que seria melhor chamar um médico.

No final da tarde, em Lowell, Oramel Brigham recebeu um telegrama de Jane informando-lhe que Elizabeth estava muito doente. Alarmado, tratou de partir no primeiro trem disponível para Cape Cod. Ele chegou em Cataumet no começo da manhã, segunda-feira, 28 de agosto, e encontrou a esposa em coma. De acordo com o médico que atendeu ao chamado de Jane, a sra. Brigham sofreu um ataque de apoplexia. Logo cedo no dia seguinte, terça-feira, 29 de agosto, Elizabeth Brigham morreu, com o marido choroso e a irmã impassível ao seu lado.

Pouco tempo depois, Oramel começou a juntar os pertences da esposa para a viagem de volta para casa. Ao olhar na bolsa de mão dela, ficou surpreso ao descobrir que continha apenas cinco dólares. Quando trataram dos planos de viagem, Elizabeth e ele concordaram que não deveria levar menos que 50 para as despesas.

Quando Oramel perguntou a Jane se ela sabia o que acontecera com o dinheiro, ela alegou não saber. Pelo que sabia, Elizabeth chegara com apenas poucos dólares.

Aceitando a palavra de Jane, o viúvo estava prestes a retornar para a tarefa melancólica quando ela colocou a mão no braço dele e disse-lhe que Elizabeth fizera um pedido final. Logo antes de cair no coma fatal, tinha expressado o desejo de que Jane recebesse o relógio e a corrente de ouro dela como recordação.

A informação fez as lágrimas voltarem aos olhos do diácono. Típico da esposa esse gesto tão amável! Ele entregou os objetos para Jane sem hesitar e voltou a tomar as providências para a última viagem da esposa até Lowell.

Nos anos seguinte, Oramel nunca viu Jane com o relógio. Presumiu que ela o achava muito precioso para carregar e mantinha-o bem guardado com outros tesouros.

Ele não saberia da verdade até muito depois, quando a polícia, ao fazer buscas nos pertences de Jane, encontrou o recibo de uma loja de penhor na gaveta.

***

De todos os tipos de homicídio, o envenenamento é, por sua própria natureza, dissimulado, realizado por um assassino que opera com a máxima discrição e perpetrado contra uma vítima sem consciência de que está sendo assassinada. A menos que o assassino confesse, é impossível dizer com precisão o que aconteceu durante a execução do crime.

Por fim, Jane Toppan confessou muitos, se não todos os pecados, inclusive o assassinato da irmã. A partir de seu relato breve, mas vívido, é possível saber o que ocorreu no chalé alugado para o verão em 26 de agosto de 1899, depois das duas retornarem da tarde agradável em Scotch House Cove.

Jane admitiu que guardava ressentimento da irmã por muitos anos e viu na visita de Elizabeth a Cataumet uma "chance de me vingar dela". Elizabeth, alegou, "foi, na realidade, a primeira das minhas vítimas que eu odiava de fato e que envenenei por vingança".

Tão belicosos eram os sentimentos de Jane em relação a Elizabeth que não queria apenas matá-la; queria vê-la sofrer. "Então, deixei que ela morresse lentamente, sob tortura constante", escreveu. "Adulterei a água mineral e, então, acrescentei morfina."

Depois, como fizera com tantas outras vítimas, Jane deitou-se na cama ao lado da mulher moribunda, aconchegou-se ao lado dela e se entregou aos sentimentos voluptuosos que a crueldade e a morte lhe despertavam: "Segurei-a nos meus braços e observei com deleite enquanto a vida dela se esvaía".

HAROLD SCHECHTER

JANE TOPPAN

LADY KILLERS PROFILE

09

CAPITULUM

FATAL

O ENTERRO

Isso, acima de tudo, é o que devemos entender das mulheres extremamente violentas, da mesma forma que sempre entendemos dos homens. Em algum momento, elas foram meninas carentes, sim. Suas vidas foram, de fato, exploradas. A opressão patriarcal, talvez, as tenha incitado a medidas desesperadas. Mas nada disso pode ser relevante para a nossa resposta social. São humanas em primeiro lugar e de um gênero específico em segundo. Elas destruirão você em um instante, tão rápido quanto os homens.

PATRICIA PEARSON, *WHEN SHE WAS BAD*

Cansados dos relatos intermináveis de derramamento de sangue e crime que compõem as manchetes diárias, muitas pessoas sentem falta dos velhos tempos, quando um leitor podia pegar o jornal matinal sem ser atacado pela evidência mais recente de imoralidade e corrupção. Uma passada de olhos nas reportagens de primeira página do *Lowell Sun* durante os meses do verão de 1899, contudo, sugerem que essa era de ouro nunca existiu.

É claro que alguns eventos que viraram manchete indicam uma época mais pitoresca e inocente. Quando um casal jovem (Mary Tessler, 17 anos, e o amor dela, Alfred Salvall, 18 anos) de Nashua, New Hampshire, fugiu para Lowell, com objetivo de se casarem contra a vontade dos pais, a história foi destaque no topo da primeira página. A situação de seis cidadãos de Lowell que sofreram intoxicação alimentar depois de comer uma lagosta malconservada também recebeu uma grande cobertura, assim como a sentença de quatro meses imposta à srta. Angeline Fontaine por furto de catorze metros de elástico no valor de oitenta centavos de dólar por metro.

... o funeral de uma das cidadãs mais preeminentes da cidade, a sra. O. A. Brigham, que morrera de forma inesperada...

Ao lado das histórias peculiares, porém, havia notícias sobre crimes tão chocantes quanto os horrores que dominam as manchetes atuais: matricídio, assassinato por luxúria, sadismo juvenil. Em um período de poucas semanas, a página principal do *Lowell Sun* trouxe reportagens sobre Dollie Hudson, prostituta de 24 anos, encontrada morta em seu apartamento com a garganta cortada, supostamente vítima de um *sex-killer*; William Keating, que se enforcou com os suspensórios na cela da prisão depois de alvejar mortalmente a esposa e ferir dois amigos dela; Ella Shattuck, que atirou no marido, Clarence, na cabeça e nas costas e, então, colocou o corpo dele na carroça, correu pela cidade e o jogou na pista de bonde em Erie; os irmãos John e Joseph Seery, acusados de bater na mãe até a morte; e Arthur Slausen, de apenas 13 anos, que jogou o amigo de 8 anos em um rio e continuou pescando enquanto o garotinho se afogava.

Leitores do *Lowell Sun* que se sentaram para ler o jornal na manhã de quinta-feira, 31 de agosto, descobriram a notícia de um crime trágico ocorrido muitos anos antes: o assassinato e desaparecimento de Emily Newton, uma garota da região, morta pelo amante em 1827 e cujo esqueleto fora descoberto durante a escavação de um terreno baldio. Também souberam dos detalhes de um evento bem diferente, mas não menos trágico: o funeral de uma das cidadãs mais preeminentes da cidade, a sra. O. A. Brigham, que morrera de forma inesperada enquanto aproveitava um período breve de férias em Cape Cod.

O velório foi realizado na sala de estar da casa dos Brigham, no 182 da Third Street. A mobília e a decoração foram colocadas de lado, dando lugar a cadeiras dobráveis para acomodar aqueles que foram para prestar seus respeitos. Tantas pessoas apareceram, contudo, que quem se atrasou teve que ficar na sala de jantar durante a cerimônia.

O reverendo George F. Kennegott, pastor da Primeira Igreja Congregacional Trinitariana, conduziu o funeral. Na homenagem fúnebre, descreveu a sra. Brigham como

esposa e mãe devotada e amiga sincera e solícita. Quem estava triste a procurava em busca de simpatia, os necessitados em busca de ajuda. Sempre cuidadosa com o bem-estar dos outros, esquecia de si mesma; de natureza nobre e generosa, respondia de pronto a todos. Foi uma pessoa com quem era um prazer fazer amizade, e a vida nobre e os modos amáveis lhe reservaram um lugar elevado na estima de todos os que tiveram a sorte de conhecê-la. A vida bela sempre permanecerá como uma memória amorosa. Por ela ter vivido, o mundo é melhor e mais iluminado.

Após o velório, o corpo da sra. Brigham foi levado para o cemitério de Lowell em um carro conduzido pelo agente funerário Charles C. Hutchinson e puxado por quatro cavalos adornados com plumas. Os senhores John C. Blood, J. V. Keyes, Daniel A. Eaton e Charles Frothingham carregaram o caixão. Conforme a esquife afundava para o lugar dela no túmulo da família, o reverendo Kennegott conduziu os enlutados ali reunidos em um hino final de despedida:

Ela cruzou a terra das sombras,
Cruzou o rio elevado;
Usa uma coroa estrelada imortal.
Está entre os glorificados.

Ao fim do funeral, a multidão que se dispersava parou para prestar suas condolências aos membros da família imediata da sra. Brigham: o marido inconsolável, Oramel, e a irmã adotiva, Jane, que viera de Cataumet para o enterro de Elizabeth e oferecer ao viúvo todo consolo que podia.

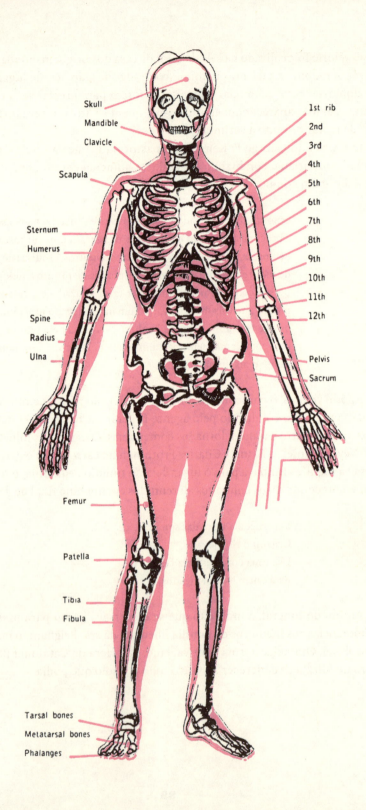

HAROLD SCHECHTER
JANE TOPPAN
LADY KILLERS PROFILE

10
CAPITULUM

FATAL

VIDA NOVA

> É preciso ressaltar que o envenenamento é a forma mais íntima de assassinato; uma pessoa pode ser esfaqueada ou levar um tiro do inimigo, mas os tragos de veneno, no geral, são servidos por alguém próximo se fingindo de amigo.
>
> HENRY MORTON ROBINSON, *SCIENCE CATCHES THE CRIMINAL*

A chegada de 1º de janeiro de 1900 foi recebida sem a comoção ou a histeria apocalíptica que envolveu o Dia de Ano-Novo um século depois. Pelo contrário, foi dada pouca importância ao evento. O *New York Times* publicou mais de uma dezena de matérias de primeira página naquela manhã de segunda-feira, com temas abrangentes que iam desde a guerra nas Filipinas até o caso de um homem de New Jersey "quase levado à loucura" quando um grilo entrou em sua orelha esquerda. Em nenhum lugar, porém, o jornal deu qualquer destaque para a data. Para a maioria dos norte-americanos, 1900 representou o último ano do século XIX, não o primeiro do século XX; um final e não um começo.

O caso de Jane Toppan foi um pouco diferente. Para ela, janeiro de 1900, de fato, trouxe a promessa de algo novo, algo que ela vinha esperando, a chance de ter uma vida diferente.

A oportunidade se apresentou quando a sra. Myra Connors, descrita nos jornais contemporâneos como uma das "amigas íntimas" de Jane, ficou doente na última semana de janeiro. A sra. Connors, viúva e com 40 anos, trabalhara por muito tempo no comando do refeitório da St. John's Theological School em Cambridge. A única fotografia que restou dela mostra uma mulher formal de olhar severo com pincenê, que poderia servir de modelo para a mítica sra. Grundy. Não se sabe exatamente como as duas mulheres se conheceram, mas elas já eram amigas vários anos antes de Jane Toppan decidir matá-la.

Um dia depois que a sra. Connors adoeceu, ela chamou o médico, dr. Herbert H. McIntire, que diagnosticou o problema como "peritonite localizada" e prescreveu ópio em pó e cataplasmas de araruta. Uma semana depois, em 7 de fevereiro, Jane Toppan apareceu para cuidar da velha amiga. Quase de imediato, a paciente, que "progredia de forma favorável", de acordo com o posterior testemunho do dr. McIntire, teve uma piora repentina e violenta. Na manhã de 11 de fevereiro, ela morreu em agonia imensa, sofrendo convulsões tão terríveis que quase a fizeram quebrar o braço esquerdo.

Embora o dr. McIntire tenha ficado chocado pelos sintomas, que, como atestou depois, assemelhavam-se aos de envenenamento por estricnina, não suspeitou muito de maldade. Ele não fazia ideia, é claro, da lista longa e crescente de pacientes que sucumbiram aos cuidados da enfermeira Toppan. Nem sabia que, além das motivações sádicas de sempre, Jane Toppan tinha outros motivos para querer a amiga fora do caminho.

Apesar de Jane ter nutrido um profundo ressentimento por Elizabeth Brigham, a irmã adotiva não era a única que invejava: Myra Connors era outra. Por algum tempo, ela cobiçou em segredo o emprego de Myra na Theological School.

O motivo é incerto. No começo de 1900, os impulsos homicidas de Jane cresciam a cada dia. Ao abandonar a enfermagem, é possível que estivesse evitando perder o controle de vez. Como outras pessoas sob o domínio de impulsos irresistíveis, os assassinos compulsivos, às vezes, tentam restringir o comportamento afastando-se das tentações.

Por outro lado, dada a natureza do cargo de Myra Connor como chefe do refeitório, o oposto também pode ser a verdade. Para uma envenenadora compulsiva como Jane, a ideia de supervisionar a alimentação de dezenas de alunos incautos de teologia pode ter parecido a oportunidade de realizar um sonho: o caso clássico de colocar o lobo cuidando das ovelhas.

E, então, é claro, havia as vantagens do cargo, que incluíam um apartamento espaçoso no Burnham Hall, além de empregada particular para fazer o serviço doméstico e as refeições.

Tão logo Myra Connors foi enterrada, Jane abordou o reitor da Theological School, dr. Hodges. Ela explicou que, antes de adoecer, Myra tinha planos para tirar férias e, com a intenção de indicar Jane como substituta temporária, instruiu a colega em todas as atribuições do refeitório.

Sem opção para assumir o cargo, Hodges ofereceu-o a Jane. Com a astúcia habitual, ela demonstrou certa relutância e pediu um tempo para pensar. Alguns dias depois, informou o reitor que, apesar de se sentir relutante em abandonar a enfermagem, tinha decidido aceitar o trabalho. Disse que sentia que devia isso à pobre Myra. Em segredo, Jane estava exultante com o sucesso do esquema. Tudo tinha funcionado como planejara. E matar a amiga com estricnina, um método que usava ocasionalmente quando buscava variar seu modus operandi, proporcionara a Jane quase tanto prazer quanto matar a irmã adotiva seis meses antes.

No entanto, a satisfação não durou muito. Quase de imediato, começaram a surgir dúvidas quanto à competência da Jane, acusada de gerenciar mal o refeitório e suspeita de várias irregularidades financeiras. Quando a escola fechou para as férias de verão, ela assumiu um emprego no refeitório do instituto biológico recém-fundado em Woods Hole. No outono seguinte, voltou para o emprego como chefe na Theological School. No começo de novembro, contudo, tantas reclamações se acumularam sobre ela que o reitor Hodges não podia mais ignorar. Quando vários funcionários sob a supervisão direta dela a acusaram de não pagar os salários, Jane, por fim, foi forçada a se demitir.

A demissão foi um golpe duro. Como outras personalidades psicopáticas, Jane Toppan era capaz de sentir pena, mas apenas de si mesma. Depois de ser dispensada pelo reitor Hodges, ela voltou ao apartamento em Burnham Hall para embalar seus pertences.

Então, a mulher de meia-idade que matara dezenas de pessoas sem sentir nada além de excitação sexual, jogou-se na cama e chorou como um bebê.

PARTE
03

BUZZARDS BAY

JANE TOPPAN

HAROLD SCHECHTER

JANE TOPPAN

LADY KILLERS PROFILE

11 CAPITULUM

FATAL

TESTE DE FÉ

> Tem sido comum afirmar que em nenhum lugar do mundo alguém encontraria um estado com população mais esclarecida, ordeira e humana do que em Massachusetts. Ainda assim, foi em Massachusetts que esse ato monstruoso se deu. Foi em Massachusetts, cujas escolas são as primeiras e mais importantes do nosso país, que esse ato de barbárie e superstição sangrenta ocorreu. Massachusetts teve atos de magia das trevas, atos de crueldade atroz e crime; mas nunca, creio eu, em toda a sua história... teve um feito que se equipare a esse em frieza, premeditação e terror sobrenatural.
>
> DO SERMÃO DO REVERENDO WILLIAM J. POTTER SOBRE A TRAGÉDIA DE POCASSET, 11 DE MAIO DE 1879.

O chalé de verão onde Jane Toppan matou a irmã adotiva, Elizabeth, era em Cataumet, uma vilinha pitoresca no extremo oeste da península de Cape Cod, na orla de Buzzards Bay.

A propriedade pertencia a Alden Davis, o cidadão mais preeminente de Cataumet, além de notoriamente excêntrico. Filho de cortador de pedras, Davis cresceu em Sandown, New Hampshire, onde aprendeu o ofício do pai. No começo da vida adulta, se mudou para New Orleans e lutou na Guerra Civil como tenente do Exército Confederado. Pouco depois da rendição de Lee, retornou para Nova Inglaterra e se instalou no subúrbio de Boston, onde continuou a exercer a profissão que aprendera com o pai.

Apesar de Davis ganhar bem o suficiente para sustentar a família com conforto por meio de seu trabalho como cortador de pedras, ele tinha ambições maiores. Durante boa parte do século XIX, os moradores de Boston que queriam passar o verão em Cape eram forçados a sofrer com os rigores da viagem de diligência, um meio de transporte tão lento e desconfortável que desencorajava todos, exceto os mais aficionados às férias no litoral. Tudo mudou em 18 de julho de 1872, quando o primeiro trem ligando a cidade a Woods Hole fez a viagem inaugural. Prevendo como certo o aumento do turismo com a ferrovia nova, Davis se mudou com a esposa e as filhas para o vilarejo à beira mar de Cataumet.

Em pouco tempo, tornou-se figura de destaque na comunidade. Comprou propriedades e construiu um hotel chamado Jachin House, edifício peculiar de madeira com varanda ampla e acolhedora onde (de acordo com as lembranças de um frequentador de longa data) "os hóspedes se sentavam nas cadeiras de balanço nas noites de verão, aproveitando o frescor da brisa que soprava de Buzzards Bay". Para atrair turistas, ele realizava grandes churrascadas e festivais de frutos do mar no local e fretava trens vindos da cidade para atrair multidões.

Além das atividades no ramo imobiliário e hoteleiro, Davis se aventurou em empreitadas diversas. Trabalhou sem trégua para garantir que o pequeno vilarejo tivesse a própria agência de correios e a própria estação ferroviária e assumiu o posto tanto de chefe dos correios quanto de agente da estação. Além disso, gerenciava o armazém central na Depot Square e continuava a cortar pedras. Até hoje seu trabalho manual pode ser visto no pequeno cemitério de Cataumet, onde, como um dos historiadores locais ressalta, "muitas das lápides foram gravadas pelo sr. Davis".

Graças, em grande parte, aos esforços dele, Cataumet se tornou um balneário popular para turistas da cidade no final dos anos 1800. Apesar das realizações, contudo, Davis não era, de forma alguma, admirado por todos, pelo contrário. De acordo com muitos vizinhos, a família Davis nunca se adaptou de verdade. Eles "se mantinham distantes dos outros residentes e eram reservados", como um contemporâneo relatou. O próprio Davis em pouco tempo ganhou a reputação de ter personalidade "peculiar", propenso a surtos violentos e de comportamento errático, até mesmo desequilibrado.

108

Essa reputação se consolidou como resultado do papel dele na conhecida questão Freeman, caso que abalou a Nova Inglaterra do final do século XIX, que não testemunhara um episódio mais chocante de fanatismo religioso desde as perseguições em Salém nos anos 1690.

Em uma cidade onde a maioria da população era Metodista, a família Davis tinha crenças pouco ortodoxas. A esposa, Mary, ou "Mattie", como era chamada, pertencia à Ciência Cristã, e Davis, à Igreja do Segundo Advento, seita milenar que vinha reunindo adeptos na Nova Inglaterra.

> **Cantando hinos de louvor para o Senhor, ele se levantou da cama, trocou de roupa com rapidez e, em seguida, dirigiu-se ao galpão onde pegou uma faca grande guardada na bainha.**

Um dos colegas de Davis na igreja era Charles Freeman, fazendeiro local que vivia na cidade vizinha, Pocasset, com a esposa, Hattie, e as duas filhas pequenas, Bessie Mildred, 6 anos, e Edith, 4 anos, a favorita do pai. Um homem de "vida e conduta respeitáveis" (como os jornais relatariam depois), Freeman era muito admirado, até mesmo reverenciado, pelos colegas de igreja por causa do fervor de suas convicções. Ele falava com frequência sobre a necessidade de provar a fé por meio do sacrifício e declarou que "entregara a família inteira a Deus". Nenhum dos seus sócios duvidou da sinceridade das declarações, embora nem imaginassem a fixação apavorante que se fortalecia nele a cada dia.

Na segunda metade de abril de 1879, Freeman ficou obcecado pela ideia de que Deus lhe exigiu um teste definitivo de fé. Estava plenamente disposto a se oferecer em sacrifício. Depois de duas semanas de oração, porém, decidiu que Deus lhe cobrava algo ainda mais extremo: a vida de uma das filhas. Ele compartilhou a revelação com a esposa, que fez o que pôde para dissuadi-lo, mas não teve sucesso. Na noite de 30 de abril de 1879, Freeman colocou as crianças na cama que elas compartilhavam e lhes deu um beijo de boa-noite. "Nunca pareceram tão preciosas para mim", testemunharia depois. Então, voltou para o quarto dele e dormiu em pouco tempo.

Por volta das duas e meia da madrugada, acordou assustado, sacudiu a esposa e lhe disse que chegara a hora. "O Senhor apareceu para mim", falou. "Sei quem deve ser a vítima, minha preferida, minha querida, meu bebê, Edith."

Chorando, batendo os dentes de tanto medo, Hattie suplicou mais uma vez. O marido, contudo, não mudou de ideia.

"O Senhor disse que é necessário", declarou.

No final, ela cedeu: "Se é a vontade do Senhor, estou pronta", falou por fim. As palavras dela pareceram tirar um peso terrível do coração de Freeman.

Cantando hinos de louvor para o Senhor, ele se levantou da cama, trocou de roupa com rapidez e, em seguida, dirigiu-se ao galpão onde pegou uma faca grande guardada na bainha. Então, voltou para a casa, acendeu a lamparina a óleo e entrou no quarto das filhas. Bessie, a mais velha, acordou com sua presença. Freeman a instruiu a ir para o outro quarto e ficar na cama com a mãe.

Ele colocou a lamparina na cadeira, puxou as cobertas de Edith e se ajoelhou. Em silêncio, rezou para que a menina não acordasse e para que Deus parasse a mão dele no último instante como parou a de Abraão. De pé, ficou sobre o corpo da filha de 4 anos e levantou a faca acima da cabeça.

Nesse instante, Edith abriu os olhos e viu o pai. O olhar dela não freou a mão de Freeman. Nem a intervenção divina. Ele a transpassou com a faca.

"Oh, papai", suspirou ela. Um momento depois, estava morta.

Sentado na cama ao lado do corpo da filha, Freeman a pegou nos braços como se a embalasse para dormir e ficou assim até o dia nascer. Pelas primeiras duas horas, testemunhou depois, sofreu "uma agonia mental intensa". Mas foi dominado por um sentimento imenso de paz, até mesmo exultação. Ele fora testado e era merecedor. Tinha feito a vontade de Deus.

No dia seguinte, várias dezenas de vizinhos de Freeman foram convocados para a casa dele, onde, de acordo com a mensagem, seria concedida a todos uma revelação grandiosa. Entre os convidados estavam os policiais da cidade, os membros do governo local e um ministro metodista. No final, cerca de 25 pessoas, quase todos da igreja de Freeman, apareceram na casa.

O grupo se amontou na sala de estar, onde Freeman começou um discurso incoerente de uma hora, interrompido por períodos de silêncio e crises de choro. Falou da vinda iminente de Cristo, como foi previsto no capítulo 24 de Mateus, e da convicção esmagadora que tomou posse da alma dele durante a quinzena anterior. Então, acompanhado pela esposa aos prantos, levou-os para o quarto contíguo onde jazia deitada a pequena silhueta coberta por um lençol manchado. Esticou a mão, puxou a coberta e revelou aos vizinhos o sacrifício glorioso que fizera a pedido de Deus.

Os colegas da igreja ficaram confusos, Freeman lhes assegurou que não precisavam se preocupar com a criança. Em três dias, Edith se levantaria de novo. A ressurreição dela seria um sinal da chegada do Filho do Homem!

Abalados pela visão da criança esfaqueada, mas inspirados pela intensidade do discurso arrebatador da crença de Freeman, a multidão logo se dispersou e todos voltaram para suas casas.

Em uma cidade do tamanho de Pocasset, não demorou muito para a atrocidade chegar ao conhecimento do governo. No dia seguinte, Freeman foi preso. Tempos depois, foi declarado insano e mandado para o hospício em Danvers.

Ao contrário das expectativas dele, a filha assassinada não voltou à vida. Três dias depois do homicídio, na manhã em que ele prometeu a ressurreição, a garota morta desapareceu para sempre sob o solo do cemitério de Pocasset. Uma placa no caixão dizia: *Pequena Edie, viveu apenas 57 meses. Ela, com certeza, ressuscitará. João, cap. 6, versículo 39.*

O crime horrível provocou a explosão da indignação coletiva. Pelo menos um dos vizinhos de Freeman, contudo, manteve a lealdade a ele. Era Alden Davis, que escolheu o funeral de Edith para declarar seu alinhamento ao colega de fé. Antes do caixão pequeno da criança ser baixado na terra, Davis ficou do lado da cova recém-cavada e defendeu a bondade do pai da menina para o grupo de enlutados: "Nunca existiu homem mais puro do que Charles Freeman", declarou.

A defesa do filicídio ultrajou tanto a comunidade que, por um tempo, o próprio Davis foi tão detestado quanto Freeman. Histórias sobre o perigoso fanatismo do homem começaram a circular. De acordo com os boatos, Davis declarara que, uma vez que Edith fora enterrada antes da ressurreição ocorrer, poderia ser necessário sacrificar outra criança, talvez uma de suas filhas. Os vizinhos relataram que a filha mais velha, Mary, ou "Minnie", como era chamada, fora vista vagando aos prantos por Cataumet, "temendo que o pai a matasse".

Se esses rumores tinham fundamento é impossível dizer, mas é certo que muitos habitantes da cidade nunca duvidaram da veracidade deles. E a defesa de Davis ao maníaco Freeman nunca foi esquecida. Na verdade, mesmo 20 anos depois, quando o impensável ocorreu, havia aqueles em Cataumet que acreditavam que aquilo era a realização muito tardia de uma terrível maldição que Alden Davis provocara a si, à esposa e às filhas.

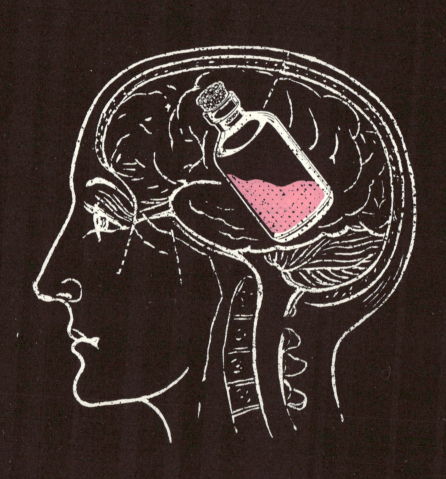

HAROLD SCHECHTER
JANE TOPPAN
LADY KILLERS PROFILE

CAPITULUM 12

FATAL

MÁ PAGADORA

> *Nunca antes daquela noite eu sentira a dimensão de meus poderes, de minha sagacidade. Mal podia conter a sensação de triunfo. Pensar que lá estava eu, abrindo a porta, milímetro por milímetro, sem que ele desconfiasse, nem em sonhos, de minhas ações e meus pensamentos.*
>
> EDGAR ALLAN POE, "O CORAÇÃO DELATOR"

Apesar do envolvimento com o "horror de Pocasset" (como o caso de Freeman ficou conhecido), Alden Davis manteve o respeito, se não o afeto, dos habitantes da cidade. Conforme as décadas passaram, tornou-se uma figura venerável na comunidade, um cavalheiro de cabelo e barba brancos cujos vizinhos conferiram o honorífico máximo da Nova Inglaterra. Era chamado de "Capitão Davis", embora a vida de marinheiro nunca tivesse feito parte de suas muitas ocupações.

Graças em partes ao espírito empreendedor de Davis, a área de Cataumet se tornou um resort à beira-mar popular. O próprio presidente Grover Cleveland tinha uma casa em Buzzards Bay, e Joseph Jefferson, o ator norte-americano mais famoso da época (que entreteve plateias por 40 anos com a interpretação cômica de Rip Van Winkle), passava as férias na região.

Em 1901, Davis se aposentou do turismo. Em março daquele ano, fez 65 anos. Ele e a esposa estavam muito velhos para cuidar de hóspedes. As filhas, Genevieve e Minnie, já eram adultas e tinham as próprias famílias. A Jachin House, de varanda ampla e aberta para a brisa do oceano, não recebia mais hóspedes. Passou, então, a servir apenas como residência da família. Havia vários chalés pequenos na propriedade, contudo, que os Davis alugavam para veranistas.

A favorita deles era a enfermeira Jane Toppan.

Ela passara férias lá pela primeira vez em 1896. Na época, vivia com a família do sr. L. W. Ferdinand de Cambridge, que alugou o chalé mais próximo da casa principal. Com jeito caloroso e personalidade afável, Jane logo caiu nas graças tanto dos Davis quanto dos vizinhos. As pessoas gostavam da companhia dela, do riso solto, das histórias engraçadas, do gosto pela conversa. Também se beneficiavam de seu conhecimento médico. Jane sempre ficava feliz em oferecer conselhos quando um dos novos amigos de verão era acometido por um mal-estar menor: dor de cabeça, coriza ou surto de dispepsia. Em pouco tempo, tornou-se popular na região, a tia solteirona favorita de todos. Os vizinhos chegavam a deixar os filhos sob os cuidados dela quando saíam. Por muitos anos as pessoas ainda se lembrariam da imagem da "Jolly Jane" comandando a trupe de pequeninos, como um flautista de Hamelin, até a praia em Squiteague Bay para um piquenique no meio do dia.

Os Davis gostavam tanto da inquilina e eram tão gratos pela ajuda que, sempre que alguém da família ficava doente, lhe concediam um desconto no aluguel do chalé. O valor que cobravam é incerto, mas era bem menos do que a taxa normal de 250 dólares para a alta temporada. Mesmo com o desconto, Jane não teve condições de pagar o valor completo ao final do verão. Quando pediu um prazo maior, os Davis concederam com imenso prazer. Na época, pareciam considerá-la membro da família. Uma prova desse afeto foi recebê-la novamente um ano depois sem nem mesmo cobrar a dívida. Ao final da quinta temporada de férias no chalé, Jane devia aos proprietários 500 dólares.

Só então que Mattie Davis chegou ao limite da generosidade.

A mais nova das filhas de Davis, Genevieve, 31 anos, casara-se com Harry Gordon, um jovem respeitável de Lowell. Os Davis gostavam muito de Harry. A única reclamação quanto ao rapaz era que, por ter sido promovido para um cargo importante no escritório da seguradora Equitable Life Insurance Company of Chicago, ele levara a filha deles para longe da família. Mesmo assim, Alden e Mattie viam Genevieve com regularidade. Todos os verões, ela e a filha pequena fugiam do confinamento da cidade e passavam alguns meses na orla relaxante de Buzzards Bay.

Em junho de 1901, logo antes de sair de Chicago, Genevieve escreveu para a mãe explicando que, antes de seguir para Cataumet, pretendia visitar os sogros no subúrbio de Boston.

Antes mesmo de receber a carta de Genevieve, Mattie tinha decidido viajar para Cambridge e cobrar a dívida há muito tempo vencida de Jane Toppan. Ela estava temerosa com a viagem, contudo. Por ser diabética, vinha se sentindo bem fraca nos dias anteriores, em parte por conta do calor acima do normal. Seria um risco fazer a viagem de ida e volta sozinha.

Quando soube que a filha faria uma parada em Boston, Mattie viu uma oportunidade de ouro. Ela ainda teria que viajar para Cambridge por conta própria e confrontar Jane Toppan sobre o dinheiro. Mas, assim que a parte desagradável acabasse, poderia se encontrar com Genevieve e voltar para Cataumet na companhia da filha.

E assim, na tarde da segunda-feira, 24 de junho, anunciou o plano ao marido. Preocupado com a saúde dela, Alden tentou convencê-la a não ir, mas Mattie estava irredutível. Com Genevieve a caminho de Boston, não haveria melhor momento para fazer essa viagem.

"Era", insistiu, "agora ou nunca."

O verão de 1901 foi um dos mais brutais registrados e, no Noroeste, como em todo o país, o calor foi massacrante. No final de junho e começo de julho, os jornais de Nova York e de Boston estavam repletos de manchetes de primeira página sobre o horror da "onda de calor" (como foi chamada na época). Cada dia surgiam novas manchetes sinistras: "prostração por calor termina em morte"; "mulher fica louca"; "o dia mais quente em 30 anos"; "sem trégua do sol escaldante". Após seis dias, as fatalidades relacionadas ao calor nas cidades de Nova York e Boston passou de 400.

Quando Mattie acordou na manhã de terça-feira, 25 de junho, a temperatura já passava dos 21 graus. O dia seria um forno de novo. Talvez Alden estivesse certo quando tentou convencê-la a não ir. Bem, se ela não se apressasse, provaria a razão dele. Com 60 anos e saúde precária, Mattie tendia a se mover devagar. Uma hora depois de acordar, ainda estava se preparando. O trem das 6h45 para Cambridge deveria chegar a qualquer momento e Mattie corria o risco de perdê-lo.

Quando Alden viu a hora, se ofereceu para correr até a estação e pedir para o condutor segurar o trem. Por sorte, não tinha que ir muito longe, pois a Jachin House ficava a menos de 100 metros da estação. Ele chegou lá justamente quando o trem parava na plataforma. Era um veículo pequeno com uma locomotiva e dois vagões.

Enquanto Alden conversava com o condutor, Charles F. Hammond de Woods Hole, Mattie saiu de casa, desceu a longa escadaria da varanda e se apressou na direção da estação. De repente, no sopé de uma colina que levava até a estação, ela tropeçou e caiu. Ao ver a queda, Alden correu para socorrê-la. Antes de ele chegar, ela já tinha se levantado com um gemido e seguiu mancando na direção da plataforma.

Suja, desarrumada e muito abalada, Mattie foi até o ponto de embarque mais próximo, na traseira do segundo vagão, com a ajuda do marido e do condutor. Hammond, então, ajudou a mulher a passar pelo compartimento de bagagem e a se sentar. Depois de garantir que ela estava bem acomodada, começou a recolher as passagens.

Vários homens estavam parados em volta do trem, fumando. Um deles era George Hall, representante de uma loja de carnes e mantimentos de Boston. Pela janela, Hall observara o tombo da sra. Davis e ficou surpreso pelo marido ter deixado que ela embarcasse no trem. Parecia tão mal quando o condutor Hammond a levou até o assento, que Hall pensou que ela teria um colapso antes de se sentar.

Ao se dirigir para um dos homens ao lado dele, Hall comentou que não se surpreenderia se a queda acabasse sendo um "golpe mortal" para a sra. Davis.

Conforme o trem seguiu seu caminho, contudo, Mattie foi parecendo melhor. Um vizinho chamado Willard Hill, que também viu o acidente pela janela, sentou-se perto dela e perguntou como estava se sentindo. Mattie lhe assegurou que estava bem: "Não machuquei nada além da minha dignidade".

Conforme o trem avançava, continuaram conversando. Quando Mattie explicou o propósito da viagem, o sr. Hill pareceu impressionado ao saber que "Jennie" Toppan, que ele conhecia bem e que sempre tivera em alta conta, fora tão negligente com o pagamento do aluguel. Estava claro que tinha se aproveitado da bondade dos proprietários. Hill aconselhou que era hora de pegar pesado com ela. Se estivesse no lugar da sra. Davis, não sairia de Cambridge até que a enfermeira Toppan honrasse as dívidas.

Desde a morte dos senhorios anteriores, Israel e Lovey Dunham — que assassinou em 1895 e 1897, respectivamente —, Jane passara a morar em outra casa em Cambridge, logo abaixo da anterior, na Wendell Street 31, cujos proprietários eram um ex-vereador chamado Melvin Beedle e a esposa, Eliza. Sem motivo aparente, Jane também tinha envenenado havia pouco tempo os Beedle mas apenas o suficiente para lhes causar um mal-estar gastrointestinal que o médico atribuiu a ptomaína.

Ela também drogou a empregada deles, uma jovem chamada Mary Sullivan que Jane queria fora de seu caminho. Depois de convencer a sra. Beedle que a serviçal bebia em segredo, Jane deu a jovem uma pequena dose de morfina, o suficiente apenas para atordoá-la. Então, levou a sra. Beedle até o quarto da faxineira, onde Mary estava largada na cama, aparentemente bêbada. A patroa não esperou nem que a jovem recobrasse os sentidos antes de demiti-la. Chamou de imediato uma carroça, colocou a empregada ainda cambaleante no veículo e a mandou embora.

Antes mesmo de receber a carta de Genevieve, Mattie tinha decidido viajar para Cambridge e cobrar a dívida há muito tempo vencida de Jane Toppan. Ela estava temerosa com a viagem, contudo.

Desde então, Jane Toppan assumira os cuidados da casa.

Assim que desembarcou do trem, Mattie Davis foi para a Wendell Street 31, onde encontrou Jane Toppan e os Beedle, que tinham acabado de se sentar para o almoço. É evidente que Jane adivinhou de imediato o motivo da visita inesperada. Quando os Beedle convidaram Mattie para os acompanhar na refeição, Jane se apressou para a cozinha e preparou um copo da mistura preferida dela, água mineral Hunyadi batizada com morfina, e levou de volta para a sala de jantar.

"Você deve estar com sede depois da viagem", falou.

A visitante pegou a bebida adulterada e deu um gole. Ao final do almoço, para a satisfação de Jane, Mattie Davis tomara o copo todo de veneno.

Quando a refeição terminou, Jane sugeriu que fossem ao banco para sacar o dinheiro. Mattie, que queria depositar um valor que trouxera consigo, concordou de pronto, mas, ao se levantar da mesa, sentiu uma tontura estranha.

"Talvez tenha sido o tombo", sugeriu Jane. Durante a refeição, Mattie entretivera os anfitriões com a história da queda vergonhosa. "É melhor esperarmos um pouco?"

"Não, não, estou bem", insistiu Mattie. Agora que estava tão perto de alcançar sua meta não queria mais atrasos.

Assim que saíram, contudo, Mattie soltou um gemido profundo e desmaiou.

Não havia mais ninguém na rua abafada. Segurando a mulher caída, Jane conseguiu fazê-la levantar. Por sorte, ainda estavam perto de casa. Mesmo assim, Jane bufou com o esforço ao ajudar a idosa cambaleante a voltar para a casa.

Lá, Jane e Melvin Beedle carregaram Mattie para o segundo andar e a deitaram no quarto vago. Presumindo que ela havia desmaiado por causa do calor, Beedle correu para pegar um copo de água gelada. Enquanto isso, Jane foi até o próprio quarto, pegou a agulha hipodérmica e voltou com rapidez para o lado de Mattie. Lamentos fracos vinham da garganta da idosa.

"Eu lhe dei outra dose pequena de morfina", declarou Jane depois. "E isso a silenciou."

Naquela noite, Jane mandou uma mensagem para Alden Davis informando que a esposa adoecera. Também telegrafou para Genevieve Gordon em Somerville, que estava cada vez mais ansiosa com o passar do dia sem notícias da mãe.

Na tarde seguinte, quarta-feira, 26 de junho, Genevieve viajou para a casa dos Beedle em Cambridge e encontrou a mãe inconsciente em um quarto escurecido por lençóis gelados. A enfermeira Toppan estava sentada ao lado dela. Apesar de Jane insistir em cuidar de Mattie, Genevieve convenceu os Beedle a chamar logo um médico.

Demorou um pouco para encontrar um profissional que não tivesse fugido do calor sufocante da cidade. Só depois de ligar para quatro médicos os Beedle conseguiram alguém.

Era o dr. John T. G. Nichols, o mesmo dr. Nichols que, quinze anos antes, fora chamado ao leito de morte de Prince Arthur Freeman, uma das muitas vítimas da "Bórgia Americana", Sarah Jane Robinson. No caso anterior, Nichols tinha se equivocado ao diagnosticar a doença do paciente como "mal do estômago". O fracasso dele em reconhecer os sintomas de envenenamento por arsênico em Freeman permitiu que a sra. Robinson prosseguisse com a carreira assassina até que vários outros membros da própria família estivessem mortos.

Na década e meia que se seguiu, o dr. Nichols se aproveitou da notoriedade que recebeu com o caso Robinson e se consolidou como um clínico geral confiável. Então, naquela virada do destino que nenhum romancista ousaria inventar, fora chamado para tratar a vítima de outra assassina em série. Era como se a vida lhe oferecesse uma segunda chance para se redimir da falha anterior. Infelizmente, tanto para ele quanto para Mattie Davis, o dr. Nichols estava prestes a ser enganado mais uma vez.

Ao chegar na casa dos Beedle, Nichols encontrou a paciente sendo atendida por uma mulher bastante profissional que se apresentou como enfermeira Jane Toppan, uma velha amiga da família Davis. Ela informou ao dr. Nichols que Mattie Davis era diabética e que, contrariando os alertas de Jane, comeu uma fatia do bolo confeitado da sra. Beedle e desmaiou logo depois, uma consequência provável do abuso.

Ao examinar a paciente, Nichols descobriu que os sintomas eram consistentes com um coma diabético, um diagnóstico que pareceu estar confirmado quando se descobriu uma taxa de açúcar acima do normal na urina dela. A enfermeira Toppan fizera a gentileza de coletar a amostra de urina antes da chegada do dr. Nichols, que, é claro, não tinha motivo para suspeitar de adulteração.

Jane não teve pressa para matar Mattie Davis. Nos sete dias seguintes, bem debaixo dos olhos do dr. Nichols, de Genevieve Gordon e dos Beedle, brincou com a vítima inocente, administrando atropina e morfina em várias dosagens para produzir diversos efeitos interessantes. Às vezes, injetava em Mattie quantidades um pouco menores de narcóticos, permitindo que a mulher recuperasse parcialmente a consciência, o que dava aos entes queridos uma esperança repentina. Em um dado momento, até deixou Mattie se recuperar para um estado de lucidez plena antes de colocá-la de volta em coma profundo.

O porquê de Jane conduzir o assassinato dessa forma, prolongando-o por uma semana inteira antes de pôr Mattie Davis para dormir de vez, é uma questão interessante. Em parte, se tratava de pura astúcia, um esforço calculado para fazer a morte da idosa parecer o resultado de causas naturais. Mas, com esse motivo, é quase certo que havia uma dose de sadismo, o prazer delicioso de induzir a morte de um ser humano indefeso em ritmo lento e calculado de maneira bem meticulosa. E, também, é claro, havia a sensação exultante de poder, não só sobre a vítima inerte, mas sobre o restante da família Davis, que não podia fazer nada além de esperar, rezar e acreditar enquanto Jane guiava em segredo a amada deles para o túmulo. E poder, também, sobre o dr. Nichols que, mesmo com todo o prestígio profissional, não era nada além de um mero peão na mão de Jane.

Como enfermeira, Jane ficava sozinha, encarregada da paciente à noite, sentada ao lado da cama da Mattie enquanto os demais dormiam. Essa situação era ideal para seus propósitos, pois assim podia fazer o que desejasse com a mulher desacordada. Em algum momento nas primeiras horas da manhã da terça-feira, 2 de julho, uma semana depois de ter envenenado Mattie pela primeira vez com a água mineral adulterada, Jane injetou a dose final e fatal de morfina e assistiu com atenção enquanto a mulher parava de respirar. Se, como fez tantas outras vezes, subiu no leito e estremeceu de prazer enquanto sentia a vida da vítima sendo drenada, é algo que ela nunca revelou.

A partir de confissões posteriores, contudo, *sabemos* o que se passava pela cabeça dela no momento do enterro de Mattie Davis. O evento melancólico aconteceu na manhã de sexta-feira, 5 de julho de 1901, um dia depois do corpo de Mattie chegar de Cambridge de trem. Jane e Melvin Beedle acompanharam o caixão na viagem derradeira, e Genevieve Gordon já tinha ido para Cataumet logo depois da morte da mãe para ficar com o pai abalado pelo luto.

Havia tantos amigos e vizinhos de Mattie no velório que a sala de estar da Jachin House não conseguia acomodar a todos. Depois, no cemitério, Jane ficou do lado dos familiares, inconsoláveis, Alden, Genevieve e a filha mais velha, sra. Minnie Gibbs, que morava no vilarejo de Pocasset com o marido, Paul, um capitão de navio em viagem.

Embora a "onda de calor" tivesse arrefecido, a temperatura ainda era desconfortável. Reunidos no pequeno cemitério, os enlutados (homens de ternos pretos de domingo e mulheres de vestidos longos e espartilhos de ossos de baleia) derretiam no sol. Assim que o funeral terminou, começaram a se dispersar. Vários parentes de Cambridge seguiram para a estação de trem. Jane os observou enquanto seguiam e, sorrindo por dentro, pensou: *melhor esperarem um pouco, pois terei outro funeral para vocês. Quem esperar, vai economizar a viagem de ida e volta.*

Ela já começara a imaginar os horrores que viriam; pois, em sua crescente loucura, Jane Toppan decidira eliminar os membros restantes da família Davis, um a um.

HAROLD SCHECHTER
JANE TOPPAN
LADY KILLERS PROFILE

13
CAPITULUM

FATAL

PIROMANIA

Bloch, na empreitada para explicar as tendências piromaníacas, recorreu à hipótese do impulso sádico e da tendência destrutiva reforçada pela sexualidade. Ele destaca que o vermelho é uma cor que desempenha um papel tremendo na nossa vita sexualis. A ideia ou a visão de chamas vermelhas intensas exercem influência sexual estimulante, similar à visão de partes avermelhadas do corpo durante o flagelo ou do fluxo sanguíneo dos desejos sádicos.

WILHELM STEKEL, *PECULIARITIES OF BEHAVIOR*

Dado o seu desejo pela destruição e o deleite que sentem em fazer o mal, não é de surpreender que, entre os outros prazeres pervertidos, muitos serial killers amam causar incêndios, prática que, muitas vezes, começa quando são bem jovens. De fato, junto da tortura animal e com a persistência além do comum do ato de urinar na cama, a piromania infantil é um dos sinais clássicos do florescimento de sociopatologia. Alguns dos mais notórios assassinos em série dos tempos modernos, como David "Filho de Sam" Berkowitz, eram incendiadores juvenis. E os hábitos incendiários deles nem sempre se encerraram com a adolescência.

Ottis Toole, por exemplo, o cúmplice asqueroso de Henry Lee Lucas (cujas supostas atrocidades incluem o sequestro e a decapitação da pequena Adam Walsh), nunca perdeu o gosto por queimar prédios. E Carl Panzram, que alguns consideram o assassino com menos remorso nos anais do crime dos EUA, sentia orgulho da destruição que podia causar com um palito de fósforo. Além dos assassinatos em série e da sodomia forçada, os incêndios eram um dos passatempos favoritos de Panzram, e nas memórias que escreveu na cadeia, ofereceu um inventário completo não apenas das pessoas que massacrou e estuprou, mas, também, das propriedades que incinerou durante sua vingança contra o mundo.

> **... muitos serial killers amam causar incêndios, prática que, muitas vezes, começa quando são bem jovens.**

Entretanto, por trás dos crimes incendiários dos *serial killers*, há muito mais do que pura maldade. De acordo com especialistas em psicologia da perversão, há sempre a motivação erótica na raiz da piromania. "Existe apenas um instinto que gera o impulso dos incendiários", escreve Wilhelm Stekel no seu trabalho clássico sobre comportamento aberrante. "Trata-se do instinto sexual, e o incêndio criminoso mostra pontos claros de conexão com sexo." De fato, sempre há "motivações secundárias" por trás dos atos do piromaníaco: raiva, frustração, vingança. Mas, acima de tudo (como Stekel mostra), "o incendiário se excita sexualmente com as chamas; ele gosta de vê-las arder". Resumindo, os assassinos em série que gostam de causar incêndios o fazem pela mesma razão que amam torturar e matar.

Porque os excita.

Não está clara a época exata em que Jane Toppan começou a causar incêndios por prazer. Com base no que sabemos sobre psicopatologia em geral e sobre piromania em específico, parece improvável que ela só tenha desenvolvido essa perversão quando alcançou a meia-idade. É possível que, como outros *serial killers*, tenha começado a causar incêndios quando criança, embora os fatos documentados da vida dela antes de ir para Lowell sejam escassos demais para afirmar isso.

O que se sabe, com certeza, é que, naquele verão terrível de 1901, em seus surtos crescentes de loucura desenfreada, Jane Toppan parece ter se decidido não só a exterminar por completo a família Davis, como, também, a obliterar a casa e reduzi-la a uma pilha de cinzas ardentes.

Na vida adulta, Alden Davis era conhecido pela personalidade errática, quando não instável. De fato, após o caso Freeman, ele sofreu um colapso nervoso e ficou confinado em um manicômio por um período curto. Então, temendo pelo bem-estar do idoso depois da perda avassaladora da esposa, Genevieve Gordon decidiu postergar a volta para casa em Chicago para ficar com o pai pelo tempo que fosse necessário. Teve a companhia da irmã, Minnie Gibbs, cujo marido ainda estava no mar. Dias depois do funeral, Minnie fechara sua casa e, com os dois filhos pequenos, Charles e Jesse, mudara-se para a Jachin House.

Quando Jane informou às irmãs Davis a intenção de voltar para Cambridge, ambas imploraram para que ela ficasse no verão como hóspede. A princípio, ela encenou relutância, mas, por fim, concordou, para imenso alívio tanto de Genevieve quanto de Minnie. Estavam tão abaladas pelo luto que se sentiam incapazes de cuidar de tudo sozinhas. Jane, com a competência e a vitalidade imensas, poderia ajudar as duas a manter a casa em ordem e ficar de olho na saúde frágil do pai. E a personalidade divertida dela (que a maior parte dos relatos dos contemporâneos consideravam um "amor irlandês irrepreensível e sempre presente à diversão") elevaria os ânimos.

Ter "Jolly Jane" pela casa seria um tônico, como beber um copo grande e estimulante de água mineral Hunyadi.

De acordo com o posterior relato de Jane, foi logo depois que se instalou na Jachin House que ela causou o primeiro incêndio na propriedade de Davis.

Aconteceu em uma noite abafada, menos de uma semana após o funeral. Ela esperou a família recolher para os quartos, foi para a sala de estar e queimou alguns papéis velhos em um armário. Quando as chamas se espalharam e a fumaça subiu, Jane voltou para o quarto e, como descreveu, "dançou de prazer".

Para a sorte das vítimas, Alden Davis, que sofria de insônia desde a morte da esposa, sentiu o cheiro de fumaça e correu para a sala de pijamas. Desesperado, gritou por socorro. Para evitar suspeitas, Jane chegou correndo do quarto como se tivesse sido acordada de um sono profundo e ajudou a apagar o fogo. Para decepção dela, houve pouco dano à casa, exceto por algumas paredes chamuscadas.

"Estava torcendo para que a casa queimasse inteira", contou depois. "Mas não aconteceu."

Ter "Jolly Jane" pela casa seria um tônico, como beber um copo grande e estimulante de água mineral Hunyadi.

Ela tentou de novo após alguns dias. Dessa vez, depois de atear fogo na dispensa, foi até a casa vizinha, de um empresário de Boston que passava o verão em Cataumet, e, depois de bater à porta, conversaram trivialidades. Enquanto os dois estavam na varanda, falando sobre nada em específico, o homem percebeu a fumaça na janela da casa de Davis. Acompanhado por Jane, partiu de imediato para ajudar. Mais uma vez, o fogo foi apagado antes que qualquer dano substancial acontecesse.

Mais ou menos uma semana depois, Jane provocou outro incêndio na casa. De novo, foi descoberto e apagado a tempo. Após esse episódio, ela chamou Alden Davis e disse que tinha visto um estranho rondando a propriedade logo antes das chamas se iniciarem. Os rumores de que havia um "incendiário" à solta se espalharam depressa pelo vilarejo, contudo, o motivo de ter escolhido a casa de Davis como alvo, ninguém sabia dizer.

Para os vizinhos, deve ter parecido como se uma maré de azar tivesse se instalado na casa da família. Primeiro a morte de Mattie, depois a série de incêndios misteriosos. A verdade, é claro, era bem pior do que qualquer um poderia imaginar. Os Davis não estavam passando por uma má sorte terrível; estavam sendo atormentados deliberadamente por um monstro que convidaram para a própria casa, uma louca obstinada em destruí-los por completo.

HAROLD SCHECHTER

JANE TOPPAN

LADY KILLERS PROFILE

14
CAPITULUM

FATAL

PARIS GREEN

Coitadinha, estava definhando com o luto... Dessa forma, a vida dela não valia a pena mesmo.

DAS CONFISSÕES DE JANE TOPPAN

É impossível, é claro, mensurar a intensidade do luto de outra pessoa, e não há dúvida de que a morte de Mattie Davis foi um golpe terrível para todos os sobreviventes. Entre as duas filhas casadas, porém, Genevieve Gordon pareceu ter se abalado mais com o falecimento da mãe.

Talvez, como acontece em alguns casos, ela tivesse laços afetivos mais próximos (ou, no mínimo, mais complicados) com a mãe do que a irmã mais velha, apesar de que sabemos tão pouco sobre a intimidade da família Davis que é impossível dizer como se relacionavam. Com certeza, as circunstâncias da morte de Mattie deveriam ser bem perturbadoras para Genevieve. Enquanto a irmã, Minnie Gibbs, morava bem perto da casa dos pais, Genevieve não via a mãe há um ano e viajara para Chicago especialmente para a visita que ansiava há muito tempo. Então, no dia exato do tão esperado reencontro, recebera a notícia chocante do desmaio de Mattie. Ela passou a semana seguinte em vigília tensa e cada vez mais desesperada no que se tornou o leito de morte da mãe.

Somava-se ao desânimo dela a saudade que sentia do marido, Harry, que permanecera em casa por causa do trabalho. É verdade que o marido de Minnie Gibbs também estava distante, mas, por ser esposa de um capitão do mar, a irmã estava acostumada às separações prolongadas e frequentes. Genevieve, que ficaria fora de Chicago até o fim do verão, sentia-se abandonada sem a presença reconfortante do marido. Embora tivesse feito o melhor para demonstrar força, em especial pelo bem do pai, cujo estado mental e emocional frágil era fonte contínua de preocupação para as filhas, era evidente, até mesmo para os vizinhos, que Genevieve estava sofrendo muito.

Com certeza, Jane Toppan também percebia a situação, pois vivia na mesma casa que a jovem inconsolável. E foi esse o motivo, segundo sua confissão, pelo qual decidiu que Genevieve Gordon seria a próxima a morrer.

Não era a primeira vez que Jane concluía que alguém ficaria melhor se estivesse morta. Quando era estudante de enfermagem, tomara essa decisão em relação a, pelo menos, mais de uma dezena de pessoas que, segundo a avaliação dela, estavam muito velhos, doentes ou infelizes demais para viver. Dizer a si mesma que fazia um favor ao terminar a existência miserável deles, é claro, era uma forma de racionalizar o próprio sadismo.

Nas enfermarias do Hospital de Cambridge, não era problema dar a um paciente acamado uma combinação fatal de morfina e atropina. Mas Genevieve Gordon não era inválida; com 31 anos, ela era saudável e sem histórico de problemas médicos. Matá-la sem levantar suspeitas seria um desafio tremendo.

Jane, contudo, estava à altura da tarefa.

Em algum momento na última semana de julho, ela chamou a irmã mais velha, Minnie, e lhe deu uma notícia preocupante. Jane contara que estava andando pelo jardim naquela manhã quando viu Genevieve dentro do barracão do jardim inspecionando de perto uma caixinha. Ao perceber que era observada, Genevieve recolocou a caixa depressa na prateleira e saiu correndo do barracão. Alguma coisa no comportamento dela despertou a suspeita de Jane. Ela esperou até Genevieve voltar para casa e foi até o barracão conferir o que tinha atraído o interesse da jovem. Assim que bateu o olho na caixa, foi tomada por preocupação.

Era uma caixa de papelão redonda de "Pfeiffer's Strictly Pure Paris Green", inseticida popular composto de arsênico e cobre. A toxidade extrema da substância estava indicada na etiqueta verde e preta que, além da ilustração muito bem-feita de um grilo de Jerusalém, indicava em letras garrafais o alerta VENENO, acompanhado da imagem de uma caveira com os ossos cruzados e instruções para o caso de ingestão acidental ("dar de imediato qualquer emético, como mostarda e água, hidrato sesquióxido de ferro em colheradas fartas ou doses grandes de óleo de castor").

Dado o desânimo extremo de Genevieve desde a morte da mãe, o interesse dela em uma substância letal era, segundo Jane, motivo real de preocupação. Minnie não podia acreditar que a irmã estivesse pensando de fato em suicídio. Ainda assim, a melancolia (que hoje chamamos depressão) era característica familiar — Alden Davis passou por surtos periódicos dessa perturbação, além de várias outras "excentricidades". As duas concordaram em ficar de olho em Genevieve.

Alguns dias depois, na noite da sexta-feira, 26 de julho, Genevieve Gordon passou muito mal depois do jantar. Vomitou até a garganta ficar esfolada e foi para a cama. Algumas horas depois, foi tomada por outro surto de náusea. Quando voltou do banheiro, encontrou Jane Toppan à sua espera com um copo de água Hunyadi. Atendendo ao pedido da enfermeira, a mulher pálida e trêmula se esforçou para tomar todo o conteúdo do copo e, então, desabou na cama com um gemido. Já passava da meia-noite e os outros dois habitantes da casa, Minnie Gibbs e Alden Davis, dormiam pesado.

Jane entrou no quarto de Genevieve e trancou a porta.

Assim que o dia clareou, Minnie foi acordada por Jane Toppan, que lhe informou com pesar que Genevieve falecera à noite. O médico da família, dr. Leonard Latter, logo foi chamado à casa. No atestado de óbito, ele classificou a morte da jovem como "doença cardíaca", apesar do consenso entre os vizinhos de que ela morrera de tristeza.

Jane se apegou à história de suicídio que criara. Mais tarde, no mesmo dia, ela conversou com o capitão Paul Gibbs, o sogro de 70 anos de Minnie que correra para a Jachin House assim que soube das más notícias. Falando em particular com o velho capitão, Jane lhe disse que Genevieve morreu depois de injetar-se Paris Green. Contou que havia encontrado uma seringa vazia ao lado do corpo da pobre Genevieve, mas, por desejar proteger Minnie e Alden da verdade dolorosa, jogara a seringa no buraco do banheiro externo.

No cemitério, dois dias depois, Jane estava com a expressão enlutada apropriada enquanto Genevieve era enterrada ao lado da mãe. Sob a máscara da solenidade, contudo, estava exultante com a situação.

"Fui ao funeral e senti a maior alegria possível", confessou tempos depois. "E ninguém sequer suspeitou de mim."

HAROLD SCHECHTER

JANE TOPPAN

LADY KILLERS PROFILE

CAPITULUM 15

FATAL

MAIS FUNERAIS

Eu agitei a vida dos agentes funerários e dos coveiros daquela vez, três túmulos em pouco mais de cinco semanas em um só lote do cemitério.

DAS CONFISSÕES DE JANE TOPPAN

Por duas vezes em um único mês de verão, Alden Davis marchou para o cemitério de Cataumet e observou entristecido enquanto duas pessoas queridas, primeiro a esposa, com quem estava casado havia mais de quarenta anos, e depois a amada filha caçula, desapareceram para sempre na terra. Então, talvez, quando Jane atacasse de novo, haveria alguma validade em sua racionalização tradicional. Talvez abater o velho fosse mesmo um ato de misericórdia.

E foi o que ela fez menos de duas semanas depois de matar Genevieve Gordon. Na noite de quinta-feira, 8 de agosto, Alden Davis voltou para a Jachin House depois de rápida viagem a Boston. Ao entrar na sala, praticamente cambaleou até o sofá de pelo de cavalo. O dia fora muito quente, quase tão brutal quanto aquele em que a esposa fez a viagem malfadada seis semanas antes. Ele estava encharcado de suor, com sede desesperadora e cansado ao ponto de ficar prostrado.

Por sorte, a enfermeira Toppan estava por perto para lhe oferecer um alívio. Ela se agitou com a chegada dele por alguns minutos e, então, foi à cozinha e voltou com um copo de água Hunyadi.

Em seguida, ela ficou parada e observou com satisfação enquanto o velho sedento engolia até o último gole.

Na manhã seguinte, Alden Davis não apareceu para o café. Harry Gordon, viúvo de Genevieve, que viajara de Chicago para o funeral, mandou a filha mais nova subir e ver como estava o avô. Momentos depois, a garotinha desceu correndo com expressão assustada e confusa.

Havia algo errado com o avô. Ele não estava acordando.

No mesmo instante, os três adultos à mesa, Harry, Minnie Gibbs e Jane, dispararam escada acima. Bastava olhar para o semblante de pele acinzentada na cama para saber que era um cadáver.

O dr. Latter foi chamado de novo. Depois de confirmar o óbvio, consultou Jane, que supôs que o coração de Alden tinha falhado. A combinação das provações do mês anterior, as perdas destruidoras, a apavorante série de incêndios e o cansaço da viagem indevida para Boston haviam cobrado o preço inevitável.

De acordo com Jane, Alden também estivera com problemas de outro tipo: envolvera-se em uma briga feia com o agente funerário pelo custo do caixão de Genevieve que, segundo ele, era exorbitante e deveria ter sido lhe vendido a preço de atacado. Jane também levantou a possibilidade de que o homem, abalado pelo luto, poderia ter tirado a própria vida.

No final, o dr. Latter diagnosticou a causa da morte como "hemorragia cerebral".

No funeral, os vizinhos não pareciam surpresos em estar em volta do túmulo da família Davis pela terceira vez em menos de dois meses. Por anos, Alden foi famoso pelos surtos mentais periódicos. E até mesmo uma pessoa mais estável teria achado difícil suportar a angústia do fardo tão pesado que o bom Deus achara adequado colocar sobre os ombros do velho capitão.

Muitas vezes, a verdade a respeito de assassinos em série é que, quanto mais matam, mais sedentos e insaciáveis se tornam, como se (para citar *Hamlet*) "aumentasse o apetite a partir daquilo de que se alimentava". Cada nova atrocidade só os deixa mais sedentos. O intervalo entre os assassinatos, o chamado "período de resfriamento", fica cada vez mais curto. Por fim, podem perder por completo o controle e ceder a um frenesi de sadismo. Para citar apenas um exemplo notório, os dois primeiros assassinatos de Jeffrey Dahmer foram separados por nove anos; as duas últimas vítimas foram mortas em um intervalo de apenas quatro dias.

Não resta dúvida de que Jane Toppan estava fora de controle naquele verão terrível de 1901. Os assassinatos ocorriam com frequência cada vez maior: um mês entre Mattie e Genevieve; duas semanas entre Genevieve e Alden. Só faltava Minnie, e Jane a mataria quatro dias depois do funeral de Alden.

Mas não era apenas a velocidade de frenesi com que eliminou todo o clã Davis que revelava o aprofundamento da personalidade maníaca. Havia mais. Pois enquanto matava Minnie, Jane perpetrou um ato de perversidade singular.

Entre os membros do clã Davis que se reuniram em Cataumet para o funeral de Alden estava a prima de Minnie, Beulah Jacobs, uma viúva enérgica de 39 anos que vivia com os pais em Somerville. Beulah sempre fora próxima a Minnie e concordou em ficar na Jachin House para ajudar a levantar o ânimo da prima.

Na segunda-feira, 12 de agosto, Beulah propôs que todos na casa, ela, Minnie e Jane, junto de Harry Gordon e a filha, fizessem um passeio até Woods Hole. Era uma manhã esplêndida, e a viagem de carruagem faria bem a todos.

Antes de partir, Jane chamou Minnie e sugeriu que tomasse um copo de licor de cacau "para preparar-se para a viagem". Minnie, recuperando-se da série de tragédias que destruíra a família, concordou. A bebida, contudo, fez com que se sentisse pior. Ela se repreendeu por ter ouvido Jane. Nenhum tipo de álcool lhe fazia bem, e ela quase nunca bebia.

Ela não tinha como saber, é claro, que o licor fora adulterado com um tablete de morfina.

Quando voltaram para casa no começo da tarde, Minnie estava tão mal que desabou no sofá da sala com um gemido, incapaz de se arrastar até o andar de cima. Jane de imediato correu e trouxe um copo de água Hunyadi. Minnie não queria beber, mas Jane insistiu. O amargor da água mineral disfarçou os dois tabletes de veneno, um de morfina e um de atropina, dissolvidos pela enfermeira.

Várias horas depois, incapaz de acordar Minnie do torpor, Jane a cobriu com uma manta e foi para o andar de cima. No meio da noite ela voltou sorrateira à sala e injetou mais veneno em Minnie. A essa altura, a mulher já estava em coma profundo, inerte, exceto por algumas contrações no lado esquerdo da boca e movimentos eventuais da perna esquerda.

No passado, sob circunstâncias similares, Jane subiu na cama das vítimas moribundas para saborear a sensação do corpo declinando para a morte. Dessa vez, ela fez algo ainda mais grotesco.

Só muito depois ela revelou o que aconteceu naquela noite para alguém, no caso o alienista indicado pela corte chamado Henry Rust Stedman que a examinou depois da prisão. O que Jane contou ao dr. Stedman foi que, em vez de abraçar a mulher em coma, ela subiu a escada e acordou com delicadeza o filho de 10 anos de Minnie, Jesse.

Depois, levou o garoto para sua cama e o abraçou forte enquanto a mãe morria no andar debaixo.

Beulah Jacobs acordou antes do nascer do sol na manhã seguinte, terça-feira, 13 de agosto, e correu para o andar de baixo para ver como estava Minnie. Ao bater os olhos na prima, foi tomada pelo medo. Minnie estava deitada de roupa no sofá com o rosto acinzentado e a respiração tão fraca que mal era perceptível.

Beulah imediatamente acordou Harry Gordon, que conseguiu carregar a mulher, cujo corpo estava assustadoramente amolecido, para o quarto. Em seguida, correu até a loja perto da estação e usou o telefone para chamar o dr. Latter, que chegou pouco depois das 5 horas.

Ao se consultar com a enfermeira Toppan, Latter soube do passeio de Minnie no dia anterior. Jane opinou que a mulher estava "esgotada". Apesar da intenção da viagem ser elevar o ânimo dela, estava claro que foi muito esforço para alguém debilitado.

Latter prescreveu repouso absoluto e doses regulares de licor de cacau como estimulante. Depois foi embora, prometendo retornar logo após o café da manhã.

Na ausência do médico, Jane permaneceu ao lado da paciente, esbanjando sua atenção corrupta tradicional com a mulher indefesa. Naquele estado de estupor, Minnie não podia ser forçada a beber mais licor de cacau batizado; a mistura simplesmente escorria dos lábios. Então, Jane preparou um enema venenoso dissolvendo um comprimido de morfina na mistura de uísque e água e o administrou por via retal. Enquanto o narcótico corria pelas entranhas de Minnie, Jane ficou ao lado dela, acariciando com delicadeza as mechas de cabelo da testa e emitindo sons reconfortantes e suaves. Minnie Gibbs sempre foi a favorita de Jane na família Davis. Na verdade, como confessou tempos depois, sempre considerou Minnie sua "melhor amiga".

Quando o dr. Latter voltou, pouco depois das 9 horas, ficou desanimado ao ver que o estado de Minnie era ainda mais grave do que antes. Ele passou as horas seguintes tentando em vão reanimá-la. No começo da tarde, a situação ficou tão crítica que ele chamou um colega, o dr. Frank Parker Hudnut, de Boston, de férias em North Falmouth, ali perto.

O dr. Hudnut chegou por volta das 14 horas. A essa altura, o capitão Paul Gibbs, o sogro de Minnie, soubera da crise e correu para vê-la.

Hudnut, assim como o dr. Latter, ficou perplexo diante dos sintomas de Minnie. A pele dela estava seca e com palidez mortal, os dedos, sem cor. Ao levantar as pálpebras, viu que as pupilas estavam dilatadas e inertes. Quando examinou os membros, foi incapaz de sentir qualquer reflexo. A frequência cardíaca estava acelerada de tal forma que ele não era capaz de fazer uma medição precisa, enquanto as batidas do coração, de tão fracas, eram difíceis de detectar.

Ele tentou medicações diferentes, administrou 1,3 miligramas de nitroglicerina, e a mesma dosagem de digitalina. Quando nenhuma das drogas produziu qualquer efeito perceptível, injetou 3,2 miligramas de sulfato de estricnina.

Nada funcionou.

Por volta de 4h10 na terça-feira, 13 de agosto, Minnie Gibbs morreu aos 39 anos, sem nunca ter recobrado a consciência. O dr. Latter atestou a causa de morte como "exaustão".

É impressionante que nem mesmo a morte de Minnie Gibbs, a quarta e última integrante da família Davis a falecer de forma repentina e inesperada em pouco mais de um mês, chegou a levantar suspeitas entre os membros da comunidade. Na página dois da edição de 19 de agosto de 1901, por exemplo, o jornal semanal de Barnstable, *The Patriot*, publicou o seguinte:

> **FAMÍLIA INTEIRA MORRE**
> **QUATRO MEMBROS DE UMA FAMÍLIA DE CAPE MORRERAM NO**
> **PERÍODO DE SEIS SEMANAS**
>
> A morte da sra. Irving F. Gibbs, ocorrida em sua casa em Cataumet na terça-feira passada, levou a última integrante de uma família de quatro pessoas em seis semanas. A sra. Gibbs era filha do sr. e da sra. Alden P. Davis, conhecidos na região como proprietários do "Jachin", o primeiro hotel de veraneio da costa de Buzzards Bay.

A sra. Davis morreu no dia 4 de julho, depois de doença resultante de uma queda. A filha mais nova, a sra. Harry Gordon, de Chicago, que estava com a mãe, morreu de repente em 31 de julho. O sr. Davis sucumbiu de paralisia na sexta-feira pela manhã, no último dia 9. A morte da sra. Gibbs por exaustão eliminou toda a família.

O sr. Davis construiu o hotel em 1873 e, desde então, deu início ao desenvolvimento de Cataumet como balneário. Por meio de seus esforços, uma estação ferroviária foi construída e, em 1884, foi aberto um posto dos correios, quando assumiu os cargos de agente da estação e chefe dos correios. Também administrava uma empresa de mármores e, por vários anos, foi proprietário do armazém-geral.

Talvez, o elemento mais chocante da matéria seja o que está faltando: a indicação, ainda que sutil, de que algum crime poderia ter ligação com a destruição rápida e repentina de uma das famílias mais preeminentes da região. Para os residentes de Cataumet, a tragédia pareceu um ato peculiar da vontade divina insondável, o que os religiosos Puritanos chamariam de "providência notável": um fenômeno para se observar e, até, se maravilhar, mas, ainda assim, uma mera demonstração dramática do poder incrível do Senhor de esmagar qualquer homem mortal à sua escolha.

Mas nem todo mundo tinha uma visão tão bíblica do assunto. O velho capitão Gibbs visitara a nora no dia anterior à viagem final de carruagem. Apesar de estar bem abalada pela perda dos entes queridos (quem não estaria?), parecia em boa forma física. Dois dias depois ela morreu sob os cuidados atentos de Jennie Toppan, os mesmos cuidados que a enfermeira gentil e amável dispensou anteriormente com tanta fidelidade aos três membros da família amaldiçoada. O velho capitão não era imprudente e a princípio relutou em compartilhar seus pensamentos com qualquer um.

Mas suspeitas alarmantes começaram a revirar no íntimo dele.

HAROLD SCHECHTER
JANE TOPPAN
LADY KILLERS PROFILE

16
CAPITULUM

FATAL

A SUSPEITA

No geral, a deslealdade, mesmo que cautelosa o suficiente no princípio, no final, acaba se traindo.

TITO LÍVIO

Nos dias logo após a morte da nora, Paul duelou com as próprias dúvidas. Parecia inconcebível que Jennie Toppan, uma mulher querida e que tinha a confiança de todos que a conheciam (inclusive do próprio velho marinheiro), fosse, na realidade, um monstro capaz de dizimar uma família inteira de amigos próximos. Ao mesmo tempo, era, também, uma verdade inescapável que os quatro Davis morreram de forma chocante e repentina enquanto estavam sob os cuidados da enfermeira Toppan.

E havia outras circunstâncias perturbadoras, também. Na tarde do funeral de Minnie, o capitão Paul falou com Harry Gordon. Ele alegou que, na manhã de sua morte, Minnie tinha recuperado a consciência por um momento. Harry, que estava no quarto naquele momento, ficou chocado com o que viu: quando Jane se aproximou da cama para verificar o estado da paciente, Minnie pareceu se retrair, como se tivesse medo da enfermeira.

135

O próprio capitão Paul testemunhara algo estranho. Durante a primeira visita ao leito de Minnie, ele encontrara Jane administrando uma injeção na jovem enfraquecida. Havia algo tão furtivo no comportamento dela que o velho capitão perguntou o que estava fazendo. Jane respondeu com calma que estava apenas seguindo as ordens do dr. Latter. Paul não pensou mais no assunto. Mas, depois, a imagem de Jennie Toppan inclinada sobre Minnie, enfiando uma agulha no braço da pobre mulher, continuava a perturbá-lo.

Ainda assim, ele não se via capaz de compartilhar esses terríveis pensamentos. Com certeza estava imaginando coisas! Jolly Jane Toppan um demônio? Parecia inacreditável. E, então, decidiu não dizer nada sobre suas suspeitas, nem mesmo para o filho desolado, Irving.

Minnie já estava enterrada quando a escuna do marido, a *Golden Ball*, aportou em Norfolk, Virginia. Lá, o jovem capitão recebeu um telegrama enviado pelo pai revelando as notícias trágicas. Ele voltou direto para Cape Cod.

As evidências sugerem que Jane — que nutria inveja mortal das mulheres com lares e famílias felizes — matara Minnie Gibbs, pelo menos em parte, na ilusão de suplantar a mulher de 39 anos no coração do marido. É certo que, logo após o jovem capitão Gibbs retornar a Cataumet, Jane se ofereceu para mudar-se e ajudar a cuidar das duas crianças órfãs de mãe. Mas Irving Gibbs declinou da oferta, não por suspeitar das motivações da moça. O fato de considerar Jane nada além de amiga devotada e enfermeira atenciosa é demonstrado por uma situação de ironia amarga.

Logo depois de ter chegado, ele presentou Jane com uma peça de ouro de dez dólares como símbolo de agradecimento pelo cuidado que tinha dispensado à esposa dele durante as tristes horas finais.

Jane, decepcionada com os sonhos desiludidos de assumir o lugar de Minnie, voltou o olhar para outra direção. Na terceira semana de agosto, ela arrumou as malas, deu adeus aos sobreviventes conhecidos de Cataumet e partiu de volta para sua cidade de infância, Lowell.

O destino era a casa de outro viúvo cuja esposa morrera em suas mãos: Oramel A. Brigham, marido da irmã de Jane, Elizabeth, que ela envenenara em Cataumet exatamente dois verões antes.

Acontece que o velho capitão Gibbs não era o único que tinha suspeitas em relação à destruição repentina da família Davis.

No dia antes de sua morte, Alden Davis pegara o trem da manhã para Boston para registrar uma reclamação contra os fabricantes de caixão que o extorquiram, na opinião dele, na venda da urna de Genevieve. Quando voltou à tarde, um colega de viagem, o médico de Brookline Ira Cushing, de férias em Cataumet, observara Davis ao sair do trem. Por saber que o homem tinha sofrido perdas recentes terríveis, Cushing ficou curioso ao ver que ele parecia estar com a saúde em dia. E, então, ficou chocado ao saber que tinha adoecido de forma repentina e morrido. Quando Minnie Gibbs faleceu alguns dias depois do pai, Cushing decidiu agir.

Pareceu-lhe que o capitão Paul Gibbs, um veterano honrado com laços próximos ao clã dos Davis, era um bom ponto de partida para a investigação. Cushing, porém, conhecia pouco o capitão e hesitou em abordá-lo diretamente sobre questão tão sensível. Acontece que os dois tinham um conhecido em comum, outro marinheiro de longa data: Ed Robinson. Cushing de imediato o procurou e lhe confidenciou a teoria de que os Davis tinham sido envenenados, provavelmente com arsênico. Robinson não perdeu tempo e repassou a informação para o capitão Paul.

Jolly Jane Toppan um demônio? Parecia inacreditável.

Com as suspeitas validadas, o capitão Gibbs, por fim, estava pronto para fazer algo a respeito, mas ainda não tinha certeza como proceder. Por sorte, era amigo de um homem que não tinha dificuldade em tomar uma atitude rápida e decisiva em uma crise.

O nome do homem era Leonard Wood.

Exceto por um punhado de historiadores, poucas pessoas hoje ouviram falar dele. Na época em que viveu, contudo, era uma pessoa com quem se podia contar. Filho de um médico do interior, graduou-se na Escola de Medicina de Harvard em 1884 e se alistou no exército dos Estados Unidos no ano seguinte como cirurgião assistente. O trabalho dele no Sudoeste, onde participou na campanha indígena de 1886, que culminou na captura do chefe Apache, Geronimo, garantiu-lhe a medalha de honra do Congresso. (De acordo com a citação, Wood "Conduziu voluntariamente batalhões por uma região infestada de indígenas hostis, em jornada de 110 quilômetros em uma noite seguida por outra caminhada de 50 quilômetros no dia posterior. Por várias semanas, também, enquanto perseguia de perto o grupo de Geronimo, sob a expectativa constante de encontro, comandou um destacamento de infantaria sem oficial e cuja liderança lhe fora designada a pedido dele.") Em 1891, Wood, 31 anos, fora promovido a capitão.

Sete anos depois, com a eclosão da Guerra Hispano-americana, ele e o amigo, Teddy Roosevelt (que o chamava de "o melhor companheiro que conheci"), formaram a 1ª Cavalaria Voluntária dos Estados Unidos, os lendários "Rough Riders" [Cavaleiros Rudes]. Embora a maioria dos norte-americanos pensassem em Roosevelt como o líder da unidade, Wood era, na verdade, o oficial encarregado; "T.R." era o segundo em comando. A conduta louvável de Wood nas batalhas de Las Guasimas e San Juan Hill lhe trouxeram a promoção para general de brigada. De 1899 a 1902, ele serviu como governador militar de Cuba, recebendo elogios por ser um administrador eficiente, que ajudou a modernizar os sistemas educacional, judicial, policial e sanitário da ilha.

Na época da morte dos Davis, Wood — servindo pelo segundo ano como governador militar de Cuba —, retornara para uma visita de verão a Pocasset, local onde crescera em uma casa quadrada caiada conhecida pelos locais como o ponto de Josiah Godfrey ou, simplesmente, "a casa velha na baía", uma casa antiga com trepadeiras serpenteando pelas telhas e uma escada tão estreita que, segundo a lenda local, um visitante mais obeso ficara preso enquanto subia para o segundo andar. Wood fora lá para revigorar o espírito, sem imaginar, é claro, que desempenharia um papel em um dos casos mais notórios de assassinato múltiplo nos anais do crime dos Estados Unidos.

O capitão Paul Gibbs fora um bom amigo da família de Wood por muitos anos e tinha fé implícita no julgamento de Leonard. Assim, na última semana de agosto, visitou o general em casa e confessou suas suspeitas.

Como o capitão Paul esperava, Wood sabia exatamente o que fazer. No dia seguinte, entrou em contato com o professor que lhe deu aulas em Harvard, com quem compartilhava o sobrenome (apesar de não serem parentes): dr. Edward S. Wood. Professor emérito de química médica e toxicologista renomado, o dr. Wood tinha qualificações únicas no tema. Quinze anos antes, fora essencial para a prisão de Sarah Jane Robinson, a "Bórgia Americana", depois de determinar que o filho dela, William, tinha sido envenenado com uma dose cavalar de arsênico.

Com o envolvimento tanto de Leonard Wood quanto do homônimo eminente, a investigação sobre o final calamitoso da família Davis, por fim, começou. Em poucos dias, o promotor distrital do condado de Barnstable, Lemuel Holmes, designara um investigador para o caso: Josephus Whitney.

Holmes deu outro passo forte também. Operando a partir da suposição de que, entre as quatro mortes da família Davis, as mais inexplicáveis eram as das jovens saudáveis, Genevieve Gordon e a irmã, Minnie Gibbs, o promotor ordenou que os corpos fossem exumados do cemitério de Cataumet e submetidos a necrópsia em busca de sinais de crime.

138

HAROLD SCHECHTER
JANE TOPPAN
LADY KILLERS PROFILE

17
CAPITULUM

FATAL

NECRÓPSIA

Tudo parecia favorável ao meu casamento com o sr. Brigham. Matei as três mulheres que estavam no meu caminho.

DAS CONFISSÕES DE JANE TOPPAN

No caminho de volta para Lowell, Jane parou em Cambridge para uma visita breve ao pai de Harry Gordon, Henry Senior. Como era inevitável, o assunto foram os eventos terríveis em Cataumet. Quando Jane lhe perguntou como explicava a sequência chocante de mortes, o sr. Gordon pai encolheu de ombros em um gesto triste e filosófico. A explicação mais provável, opinou, era que "como a família era antiga, estava morrendo".

Logo ficou claro para Jane que a possibilidade de assassinato nunca passara pela cabeça do velho. Até onde ele acreditava, as mortes eram todas por causas naturais. Com certeza não ouvira ou lera qualquer coisa que o fizesse pensar diferente.

Depois de algumas horas na companhia do idoso, Jane foi embora e embarcou no trem para Lowell satisfeita (como um dos alienistas dela relataria depois) "porque a culpa dela escapara de ser descoberta e porque poderia continuar matando em segurança".

Desde o assassinato da irmã adotiva, Elizabeth Brigham, exatamente dois verões antes, Jane continuou a nutrir fantasias matrimoniais com o viúvo gorducho de 71 anos de Elizabeth, Oramel. Ela agiu, de fato, para eliminar qualquer competidora em potencial do afeto dele. No mês de janeiro anterior, durante visita de feriado à casa da família, envenenou a empregada de longa data de Oramel, uma viúva de meia-idade chamada Florence Calkins, porque (como disse depois) "tive inveja... sabia que ela queria ser a esposa do sr. Brigham".

A explicação mais provável, opinou, era que "como a família era antiga, estava morrendo".

Quando Jane chegou em Lowell no sábado, 24 de agosto, portanto, esperava ter Oramel só para ela. Para sua decepção, encontrou outra mulher: a irmã mais velha dele, Edna F. Bannister.

Viúva, 77 anos, vivia com a filha casada em Turnbridge, Vermont. A sra. Bannister esperava visitar a grande Exposição Pan-Americana em Buffalo desde que fora inaugurada, em maio. Por causa de um problema cardíaco crônico, contudo, não se sentiu forte o suficiente para fazer a jornada até o meio de agosto. Quase um ano havia se passado desde que Edna vira o irmão mais novo pela última vez, então decidiu juntar a viagem para a exposição a uma visita familiar. Na última semana de agosto, despediu-se da filha, a sra. Annie Ordway, e pegou o trem para Lowell, chegando à casa de Brigham, na Third Street 182, apenas alguns dias antes de Jane.

No começo da tarde de segunda-feira, 26 de agosto, logo depois de Oramel, a irmã e Jane terminarem o almoço, a sra. Bannister começou a reclamar de tontura e foi logo se deitar no quarto. No final da tarde, estava se sentindo bem melhor. Jane, porém, insistiu que continuasse descansando e levou um copo de água mineral para a senhora.

Em algum momento à noite, enquanto Jane observava a paciente, a sra. Bannister entrou em coma. Logo cedo no dia seguinte, o dr. William Bass, o mesmo médico que atendera a empregada falecida de Oramel, Florence Calkins, foi chamado à casa de Brigham. Seus esforços para reviver Edna Bannister foram em vão. Ela morreu na terça-feira, 27 de agosto de 1901, por volta das 10 horas. O dr. Bass atribuiu a morte dela, como fizera no caso de Florence, à doença do coração.

Diz muito sobre a rápida deterioração mental de Jane ela se sentir compelida a assassinar a sra. Bannister tão pouco tempo depois de destruir a família Davis. Era óbvio que a irmã de Oramel não era uma rival romântica nem representava um impedimento ao plano matrimonial (bizarro) da enfermeira, uma vez que Edna planejava partir de Lowell em poucos dias. Apesar das racionalizações tradicionais ("a sra. Bannister era uma pobre idosa", escreveu depois, "e ficaria melhor morta, mesmo"), Jane seguia matando porque não era capaz de se controlar.

Também é provável que, a essa altura, já tivesse perdido todo o senso de razão dos riscos envolvidos em seus atos. Afinal, ela não tinha se safado apenas de dezenas de assassinatos no decorrer dos anos; tinha, também, acabado de cometer um dos crimes mais chocantes da história da Nova Inglaterra, a aniquilação de uma família bem debaixo do nariz de parentes e amigos, sem (ao que tudo indicava) ter levantado suspeitas. Isso deve ter lhe dado a sensação de invulnerável, ardilosa demais para a lei. Delírios de grandeza são comuns entre assassinos em série que, muitas vezes, compensam seus sentimentos profundos de inadequação com a crença na suposição da própria onipotência.

Se esse era o caso, essa sensação de confiança deve ter ficado bem abalada quando viu a primeira página do jornal *Boston Globe* do sábado, 31 de agosto. "INVESTIGAÇÃO EM ANDAMENTO", proclamava a manchete. "INVESTIGAÇÃO DAS MORTES DE FAMÍLIA DE CATAUMET. A. P. DAVIS, ESPOSA E FILHAS MORRERAM DE REPENTE."

De acordo com a matéria, os corpos de Genevieve Gordon e Minnie Gibbs foram desenterrados logo cedo no dia anterior. O investigador Josephus Whitney supervisionou a exumação. Os cadáveres foram levados para um galpão onde foram dissecados pelo dr. Robert H. Faunce, o médico-legista da cidade Sandwich. Também estavam presentes o professor Edward Wood, de Harvard; o médico dos Davis, dr. Leonard Latter; e o reverendo Dicking, da Igreja Metodista de Cataumet.

Vários órgãos internos, incluindo o estômago, foram removidos dos corpos e dados para o professor Wood, que os transportou para o seu laboratório em Cambridge. Os resultados da análise eram esperados a qualquer momento.

É claro que Jane pode ter sentido algum conforto com determinadas declarações no artigo. Apesar de ser identificada como a enfermeira que "cuidara de cada um dos pacientes", não havia sugestões de que ela lhes dera nada além dos melhores cuidados "que uma profissional com habilidades médicas e treinamento profissional poderia oferecer". O artigo ressaltava, também, que, de acordo com as indicações iniciais, as necrópsias não revelaram "nada que levantasse suspeita de que as mortes foram algo além de causas naturais".

Ainda assim, deve ter sido um golpe para Jane, que se sentira tão tranquila depois da conversa com Henry Gordon Senior, descobrir que a tragédia de Cataumet estava sob investigação oficial. E que, como enfermeira que cuidou de todos os falecidos da família Davis, ela própria se tornara, desse modo, um foco de atenção para público, polícia e imprensa.

Acontece que os desdobramentos em Cataumet, que pareciam tão merecedores de cobertura jornalística em 31 de agosto, estavam prestes a desaparecer dos jornais, e Jane poderia aproveitar um descanso temporário de sua notoriedade crescente. Poucos dias depois da exumação, o país seria abalado por um assassinato tão significativo que faria todos os outros crimes, até mesmo possíveis assassinatos múltiplos na Nova Inglaterra, parecerem triviais e quase insignificantes.

HAROLD SCHECHTER
JANE TOPPAN
LADY KILLERS PROFILE

18
CAPITULUM

FATAL

ATENTADO

> Não acredito que os cristãos deste país tivessem qualquer intenção de prevalecer sobre Deus com orações por um milagre, até mesmo para salvar a vida de nosso presidente. Eles oraram para que Deus pudesse orientar os cirurgiões, para que desse habilidade aos médicos e capacidade às enfermeiras.
>
> REVERENDO DR. WITHROW, "A MORTE DO PRESIDENTE PROVOU QUE AS ORAÇÕES SÃO INÚTEIS?"

Mesmo hoje, mais de 100 anos depois, a cidade ainda é assombrada pela tragédia. Em setembro de 1901, Buffalo, no estado de Nova York, estava no auge: era uma metrópole orgulhosa, rica, com industrialização crescente, mansões esplendorosas e um futuro que parecia sem limites. No século seguinte, sofreu um colapso, pulando de oitava maior cidade da nação para a 59ª e se tornando um símbolo cinzento e triste da ruína urbana e da decadência do Cinturão da Ferrugem. Obviamente, vários fatores contribuíram para a deterioração.

Mas, para muitos, o declínio e a queda de Buffalo podem ser rastreados até um evento destruidor, um único momento terrível que lançou a mortalha sobre a cidade que antes reluzia; um evento que marcou o começo do fim.

Aconteceu no exato local que ratificaria o status de Buffalo como uma das cidades líderes da nação, a grandiosa Exposição Pan-Americana de 1901. Planejada pela primeira vez nos dias agitados após o triunfo do país na guerra contra a Espanha, a exposição foi projetada para ser o evento mais espetacular do gênero em quase uma década. Como a predecessora (a Feira Mundial de Chicago de 1893), a exposição de Buffalo era um misto da intelectualidade mais alta e dos prazeres mais baixos, espetáculo cultural com carnaval no meio: um tributo de 140 hectares ao progresso norte-americano nos reinos da ciência, da indústria e das artes, equilibrada com dose saudável de pura diversão burlesca.

Comparada à feira de Chicago (apelidada de "Cidade Branca" por causa da aparência neoclássica do mármore de que era composta), a exposição de Buffalo era uma terra da fantasia barroca de cores exuberantes e design escandaloso. A "Cidade do Arco-Íris", alguns disseram. Para ficar à altura da temática exagerada (a celebração da ligação hemisférica do país com os vizinhos latino-americanos), o estilo arquitetônico predominante apresentava uma mistura muito eclética de elementos que iam de torres de mesquitas islâmicas a colunas coríntias, de galerias italianas a torres medievais.

Havia esculturas por todos os lados, adornando as fontes, cercando as esplanadas e ladeando as entradas dos edifícios. Algumas eram históricas, outras, alegóricas e muitas eram apenas ornamentais. No intervalo de seis meses, um batalhão pequeno de escultores trabalhou sob a supervisão de Karl Bitters, artista formado em Viena, e produziu mais de 500 estátuas de gesso, que iam de nus clássicos cobertos de drapeados recatados simbolizando as quatro estações do ano a trabalhadores de macacão que representavam o espírito da manufatura norte-americana.

E havia, também, as luzes: mais de dois milhões de pontos luminosos em cada prédio da feira. No centro do terreno despontava a Torre de Eletricidade de 120 metros de altura, coberta com quase meio milhão de lâmpadas de oito watts. À noite, quando era ligada, a exposição se transformava em uma "cidade de fadas" brilhante, deixando muitos observadores sem fôlego de tanto encantamento.

O nível de inovação, industrial, científica, tecnológica, simbolizada por esse espetáculo glorioso era celebrado em todo canto da feira: no Prédio dos Maquinários, no Salão das Manufaturas, na Exposição Ferroviária, na Exposição de Levantamento Geodésico. Para os inúmeros visitantes, contudo, o grande destaque não era a turnê edificante pelo Salão de Etnologia ou o vislumbre da turbina hidráulica em ação e, sim, a viagem para o Centro. Lá, os visitantes poderiam aproveitar horas de prazer em um parque de diversões no estilo de Coney Island, além de vários espetáculos. Podiam andar de camelo, participar da simulação de viagem para a Lua ou dar um giro arrepiante no Aerociclo de Thompson (equipamento gigantesco que funcionava como gangorra e suspendia os passageiros a quase 100 metros de altura). Podiam descer até a Terra dos Sonhos, assistir à recriação gráfica da inundação de Johnstown ou ver bebês prematuros mantidos vivos por uma incubadora infantil incrível. E tudo isso com um único ingresso de 50 centavos.

As festividades no dia de lançamento da feira (1 de maio de 1901) atraíram uma multidão de mais de 20 mil pessoas, número cinco vezes maior que o público que compareceu ao dia da inauguração oficial, semanas depois. Quando a exposição acabou, no sábado, 2 de novembro, tinha recebido um total de 8.120.048 pessoas. Quantos mais sonharam em comparecer é algo impossível de dizer, apesar de sabermos sobre pelo menos uma pessoa que desejava ver a feira mas não conseguiu: a irmã de Oramel Brigham, Edna Bannister, cuja jornada para a grande Exposição Pan-Americana foi abortada violentamente ao fazer uma parada em Lowell, Massachusetts, para visitar o irmão, e teve o azar de estar presente na casa quando a enfermeira Toppan apareceu.

Nem é preciso dizer, contudo, que não foi o envenenamento de uma viúva obscura de Vermont que associou a feira de Buffalo para sempre com uma tragédia. Foi outro crime ainda mais chocante que deu o golpe mortal não apenas na vítima ilustre, mas na Exposição em si, e até, segundo alguns, na cidade de Buffalo.

O presidente William McKinley era um entusiasta de feiras mundiais. Para ele, não eram meros eventos de gala e, sim, "o registro dos avanços do mundo", "guardiões do progresso". Ele se divertiu muito na Exposição Colombiana de Chicago em 1893 e na Exposição dos Estados Algodoeiros de Atlanta dois anos depois. Naquele momento, como tantos outros compatriotas, estava ansioso para visitar a grande Exposição Pan-Americana.

A intenção original era viajar para Buffalo no começo de junho, mas a doença repentina da querida esposa, Ida, uma pessoa com deficiência, que sofria de vários males crônicos, incluindo crise de ausência, fez com que fosse necessário adiar a viagem. O casal passou o verão de 1901 na casa modesta em Canton, Ohio, onde Ida teve uma recuperação consistente enquanto o marido se distraía com os prazeres simples das cidades tranquilas do centro-oeste: piqueniques, passeios no terreno da família, excursões a fazendas próximas e feiras locais, louvores noturnos e jogos ocasionais de baralho. Conforme o verão avançava e Ida melhorava, retomaram os planos de visitar Buffalo. Ao final de agosto, os jornais em todo o país anunciaram que o dia da visita presidencial à Exposição Pan-Americana fora reagendado oficialmente para quinta-feira, 5 de setembro.

Nem todos ficaram animados com o plano. George Cortelyou, secretário pessoal muito devotado de McKinley, ficou bastante preocupado com a recepção pública proposta, agendada para a tarde do dia 6 de setembro, que, com certeza, atrairia multidões enormes na esperança de dar a mão ao presidente. Temendo pela segurança de McKinley, Cortelyou implorou para que ele reconsiderasse. Mas McKinley fez pouco caso das preocupações: "Não tenho inimigos", declarou com serenidade. "Por que deveria ter medo?"

Com 58 anos e nos primeiros seis meses do segundo mandato, McKinley era, na verdade, um líder muito amado, o presidente mais popular desde Lincoln. Mesmo assim, a preocupação de Cortelyou não era infundada. Em uma época em que os mineiros da Pennsylvania ganhavam menos de 400 dólares por ano enquanto industrialistas milionários jantavam em pratos de ouro e fumavam charutos enrolados com notas de 100 dólares, o país fervilhava com protestos trabalhistas. Pouco tempo antes, um agente do Serviço Secreto chamado Moretti conseguira se infiltrar em uma célula anarquista de New Jersey e revelou uma trama internacional para matar membros da elite governante, dois deles — a imperatriz Elizabeth da Áustria e o rei Humbert da Itália — já tinham sido assassinados até o verão de 1901.

Desesperado para dissuadir McKinley de realizar a recepção pública planejada, Cortelyou tentou uma última tática. Argumentou que, na melhor das hipóteses, o presidente seria capaz de dar a mão para apenas alguns milhares daqueles que, sem dúvida, apareceriam para cumprimentá-lo. Os demais voltariam muito decepcionados.

Mais uma vez, contudo, McKinley afastou a objeção: "Bem, de qualquer modo, saberão que eu tentei".

No final, Cortelyou foi forçado a ceder aos desejos do chefe. Mas antes que o trem especial partisse para Buffalo, ele disparou um telegrama para os oficiais locais, alertando que não deveriam poupar cuidados com a segurança na viagem de dois dias do presidente à cidade deles.

O trem especial de três vagões do presidente chegou a Buffalo às 17 horas em ponto da quinta-feira, 3 de setembro. Tão logo parou na Estação Ferroviária Terrace, com vista para o lago Erie, os piores temores de Cortelyou sobre violência anarquista pareceram se confirmar. Enquanto a locomotiva se estremecia com a parada, a estação foi abalada por forte explosão. A fumaça se elevou, o trem balançou como se atingido por um torpedo, os passageiros caíram no chão e os vidros das janelas estilhaçaram com a força da explosão.

Reinou a confusão entre os espectadores da multidão para receber o presidente. Um grito ultrajante se seguiu: "Anarquistas! Anarquistas! Destruíram o trem!". Ao ver um homem baixo e de pele escura perto dos trilhos, a multidão inflamada avançou, convencida de que era o culpado. Somente a intervenção providencial de um observador bem-vestido, que vira o incidente de uma carruagem nas proximidades, pôde salvar o rapaz da injúria ou de algo pior. Ele saltou do veículo e se interpôs entre a multidão e o bode expiatório e, levantando as mãos, gritou: "Está tudo bem, cavalheiros! Ele não tem nada a ver com a explosão! Foram os canhões! Se fosse dinamite, as rodas do trem teriam explodido!"

O nome do samaritano ficou sem registro, mas ele estava, de fato, correto. O incidente não foi resultado de um ataque anarquista e, sim, de incompetência oficial, especificamente da falta de cuidado de um capitão da Guarda Costeira chamado Leonard Wisser, encarregado de receber o presidente com a saudação de 21 disparos. No anseio de fazer com que a recepção fosse a mais espetacular possível, Wisser colocara a artilharia perigosamente perto dos trilhos, e a detonação de um dos canhões balançou os vagões onde estavam McKinley e sua comitiva.

Aos poucos, a calma foi restaurada. A primeira-dama, cujos nervos se abalavam com facilidade, precisou de atendimento do médico que a acompanhava. Fora isso, não houve danos sérios, e o incidente foi esquecido em pouco tempo.

Só em retrospecto o evento ganhou aspecto sinistro, um presságio de desastre iminente.

McKinley tinha se programado para passar dois dias em Buffalo. Quinta-feira, 5 de setembro, a recepção presidencial na Exposição, ocorreu de acordo com o planejado. Ao meio-dia, McKinley fez um discurso eloquente para a multidão entusiasmada de mais de 50 mil ouvintes que se espremiam sob o sol escaldante no hotel Esplanade. Depois, passou a tarde vendo o local, com uma turnê pelos prédios e exibições, comparecendo a recepções e cumprimentando dignatários diversos e simpatizantes. À noite, depois de um descanso breve na mansão do anfitrião, Ida e ele voltaram à Exposição para assistir ao concerto de John Philip Sousa e à exibição estonteante de fogos de artifício, cujos destaques incluíam a fileira de 22 navios de guerra pirotécnicos, uma representação incandescente da cidade de Niagara Falls e um retrato flamejante do próprio McKinley com a legenda: "Bem-vindo presidente McKinley, chefe da nossa nação e do nosso império".

Na sexta-feira estava programado um "dia de descanso" para McKinley. Pela manhã, visitas a pontos turísticos. Acompanhado por Ida e um grupo de convidados distintos, o presidente viajou em um trem especial de vagões amplos para Niagara Falls, onde andou pelo desfiladeiro, foi até a metade da ponte suspensa, visitou a usina elétrica ("a maravilha da Era da Eletricidade", proclamou) e fez um almoço caloroso no salão do International Hotel. Depois de encerrar a refeição com charuto na varanda, voltou ao trem com a esposa e a comitiva e retornaram a Buffalo para a aparição final na Exposição, que George Cortelyou tanto tentou dissuadi-lo de participar.

O Templo da Música, cujo projeto pseudobizantino e a combinação de cores vibrantes geraram zombaria entre os críticos (mesmo agradando inúmeros frequentadores), foi o local da recepção. Desde o momento em que a feira abriu naquela manhã, milhares de espectadores se aglomeraram em volta do prédio, muitos ficaram na fila por horas sob sol escaldante. Por fim, às 16 horas em ponto, a porta foi aberta e o público seguiu em procissão ordeira de fila única pelo corredor em direção à tribuna em que McKinley aguardava para cumprimentá-los.

De acordo com as instruções de Cortelyou, precauções adicionais foram tomadas a fim de garantir a segurança do presidente. Além dos homens do Serviço Secreto que já o protegiam, um esquadrão de policiais da Exposição foi posto na entrada, e um contingente de detetives de Buffalo estava no corredor. Dez artilheiros e um cabo, todos em uniforme de gala, também foram chamados com ordens de impedir que qualquer pessoa de aparência suspeita se aproximasse de McKinley. Ao todo, mais de oitenta guardas estavam lá para ficar de olho na multidão.

Apesar dessas medidas de segurança elevadas, uma regra primordial para a proteção do presidente foi desrespeitada por completo. Nenhum visitante deveria chegar perto do chefe do executivo, a menos que as mãos estivessem bem visíveis e vazias. Mas naquela época, anterior à invenção do ar-condicionado, o salão lotado de recepção estava escaldante, pelo menos 32 ºC. O suor escorria nas testas, e com tantos lenços nas mãos os guardas não prestaram atenção.

Pelo menos, essa foi a única explicação dada sobre o que aconteceu a seguir. Às 16h07, apenas alguns minutos depois de iniciada a recepção, um jovem baixo, magro e de aparência mediana chegou na frente da fila. Como muitos outros, segurava um lenço branco grande. Ou pelo menos era o que parecia. Na verdade, o lenço estava enrolado na mão direita, escondendo um revólver calibre 32 de cano curto. Quando McKinley estendeu a mão para cumprimentá-lo, o anarquista declarado chamado Leon Czolgosz, avançou e disparou duas vezes contra o presidente.

Só em retrospecto o evento ganhou aspecto sinistro, um presságio de desastre iminente.

Um momento de silêncio chocante se seguiu aos tiros. E, então, o pandemônio se iniciou. Enquanto o presidente cambaleou alguns passos, Czolgosz foi nocauteado por um espectador, depois foi atacado pelos soldados e guardas que bateram nele com as coronhas dos rifles e com cassetetes. "Peguem mais leve, garotos", falou McKinley, sentado na cadeira, com o rosto pálido e uma mancha vermelha que se espalhava na camisa dele.

Enquanto Czolgosz foi posto de pé e arrastado para uma sala, o Templo foi esvaziado. Alguns minutos depois, uma ambulância invadiu a entrada, e o presidente, com o ferimento desesperador, foi carregado de maca, colocado no veículo e levado para o hospital da Exposição.

Qualquer um que tenha acompanhado a história do caso Toppan está fadado a se chocar com o estado primitivo da medicina norte-americana de um século atrás, época em que uma dose de formaldeído era tratamento recomendado para a gripe comum, em que as prateleiras das farmácias estavam repletas de "tônicos revigorantes" que consistiam, principalmente, em álcool e ópio, e em que uma família inteira de classe média podia ser aniquilada no intervalo de semanas sob o acompanhamento de médicos da família que não suspeitavam de nada. Ninguém, não importava a iminência ou o poder, estava imune à incompetência médica desenfreada da época, como o caso desafortunado de William McKinley estava prestes a provar.

Abrigado em um prédio cinza pequeno a 400 metros do Templo da Música, o hospital da Exposição não era muito melhor do que uma estação para primeiros socorros. Exatos dezoito minutos após o tiroteio, McKinley, consciente, ainda que em choque, foi carregado para a rudimentar sala de cirurgia e colocado na mesa.

Enquanto as enfermeiras começaram a despi-lo, uma das balas, que resvalou no esterno, causando apenas um arranhão, caiu da roupa dele. Só de olhar, contudo, estava claro que a outra ferida era bem mais grave, talvez até fatal: tinha perfurado o abdômen, aproximadamente 13 centímetros abaixo do mamilo esquerdo.

O primeiro ato de extrema urgência era reunir os melhores médicos disponíveis. O dr. Roswell Park, eminente diretor médico da Exposição e com vasta experiência em tratamento de ferimentos com bala, era a escolha óbvia para liderar. Mas Park estava em Niagara Falls, operando um paciente com linfoma. Foram feitos preparativos para ele voltar o mais depressa possível para Buffalo. Enquanto isso, a vida do presidente estava nas mãos de outro médico importante da cidade, o dr. Matthew Mann.

Baixo, barba grisalha, 56 anos, Mann era mundialmente famoso. Estudou nos Estados Unidos e na Europa, serviu na equipe da Escola de Medicina de Yale e era autor de um manual médico. Mas sua especialidade não era cirurgia abdominal; ele era ginecologista. Mesmo assim, sem dúvida, era o cirurgião mais qualificado disponível naquele momento de crise.

Apesar da cidade de Buffalo ter inaugurado um Hospital Geral pouco tempo antes, com anfiteatro cirúrgico bem equipado, Mann, ao consultar outros médicos que se reuniram para discutir o caso, preferiu operar sem demora, a primeira de várias decisões questionáveis de que ele seria acusado. Às 17h20, a cirurgia de vida ou morte do presidente dos Estados Unidos se iniciou sob as condições menos favoráveis possíveis. Mann, que chegara sem a mala cirúrgica, teve que trabalhar com instrumentos emprestados. Ninguém usou touca nem máscara. Embora a feira se iluminasse todas as noites com milhões de lâmpadas incandescentes, não havia luz elétrica na sala de operação. Conforme a luz do dia rareava, os médicos ficaram limitados a usar um espelho que refletia os raios do sol poente na incisão na parede abdominal de McKinley.

Ao explorar o ferimento do presidente, Mann descobriu que a bala tinha passado direto pelo estômago, perfurando tanto a parede frontal quanto a traseira, mas ele não conseguia encontrá-la. Uma máquina de raio-X estava em exibição na feira, mas Mann se recusou a usá-la. Ele também optou por não drenar a ferida. Os dois buracos no estômago foram suturados, a cavidade abdominal foi lavada com solução salina, e McKinley foi costurado com a bala ainda dentro dele. Às 19h30, duas horas depois do início da operação, o presidente, que gemia com palidez cadavérica, foi levado para a casa em que estava hospedado em Buffalo.

Se a operação revelou o estado deplorável da medicina norte-americana em 1901, os desdobramentos foram igualmente sinistros. Na semana seguinte, o público foi tranquilizado por uma sequência de comunicados esperançosos vindos de Buffalo. Na sexta-feira, 6 de setembro, os médicos relataram que McKinley se "recuperava de forma satisfatória e repousava confortavelmente". No sábado, o boletim descrevia o estado como "bem encorajador". No domingo, um dos médicos, o dr. Herman Mynter, descreveu o presidente como "excelente". A comunicação oficial na segunda era que o "estado [dele] se tornava cada vez mais satisfatório". Na terça-feira, os jornais de todo o país proclamavam que o presidente estava "em recuperação acelerada".

Entretanto, nem todos estavam tão otimistas. Preocupado com a bala ainda alojada em algum ponto dentro de McKinley, o sempre fiel secretário, George Cortelyou, implorou para que os médicos a procurassem. A pedido de Cortelyou, o próprio Thomas Edison enviou uma sofisticada máquina de raio-X para Buffalo, e também um operador treinado, mas os médicos se recusaram a reexaminar o ferimento.

O prognóstico oficial era mais animador a cada dia. Na quarta-feira, 11 de setembro, o dr. Charles McBurney, um famoso cirurgião de Nova York, prestou uma homenagem generosa ao colega, Matthew Mann, dizendo aos repórteres que "a decisão do dr. Mann de operar, como fez, menos de uma hora depois do tiroteio, provavelmente salvou a vida do presidente".

Mas a vida do presidente não estava salva. Mais uma vez, Cortelyou, que tinha se esforçado tanto para fazer com que McKinley não fosse àquela recepção, viu seus piores temores se realizarem. Às 17 horas da sexta-feira 13, o líder venerado sofreu um ataque cardíaco.

Nove horas depois, com o estômago, o pâncreas e um rim envenenados pela gangrena que se espalhou pelo trajeto da bala perdida, William McKinley morreu.

151

HAROLD SCHECHTER
JANE TOPPAN
LADY KILLERS PROFILE

19
CAPITULUM

FATAL

A PRISÃO

Dizem que eu não gosto de homens, que sou uma velha virgem amarga que odeia homens. Mas não é verdade. Eu gosto deles e gosto de cuidar deles.

DAS CONFISSÕES DE JANE TOPPAN

Em comparação aos dias de hoje, em que é comum se passar anos de manobras legais entre o crime capital e a punição do criminoso, antigamente a justiça se movia com rapidez. Na terça-feira, 29 de outubro de 1901, menos de dois meses depois do assassinato do presidente dos Estados Unidos, Leon Czolgosz foi executado na prisão estadual de Auburn, Nova York. Depois da eletrocussão, o topo do crânio dele foi serrado, e o cérebro, examinado em busca de algum sinal de problemas mentais. O cadáver foi jogado em uma caixa de pinho pintada de preto, com ácido sulfúrico (para obliterar a identidade) e enterrado em cova sem lápide no cemitério do presídio.

A proscrição total da morte e da eliminação do assassino se refletiu na cobertura jornalística escassa do evento. O anúncio da morte dele mal chegou a ser manchete na maioria dos jornais (o *New York Times* relegou a história à página cinco), era como se o fim de criatura tão desprezível não merecesse nada além de uma nota passageira. Em especial na Nova Inglaterra, onde a execução de Czolgosz ficou à sombra de outro evento no mesmo dia: a prisão da enfermeira Jane Toppan no caso das mortes da família Davis.

Embora o assassinato de McKinley e o luto subsequente da nação tivesse distraído a atenção do público sobre o caso de Jane, ela estivera, na verdade, sob vigilância desde o começo de setembro.

Tomada por um sentimento de traição e rejeição, Jane recorreu à chantagem.

Assim que os corpos de Minnie Gibbs e Genevieve Gordon foram exumados, John S. Patterson, detetive da polícia, foi designado para ficar de olho em Jane. Ele estava no trem quando Jane saiu de Cataumet na última semana de agosto, acompanhou os passos da mulher na parada breve em Cambridge, onde fez uma visita rápida a Henry Gordon Senior, e a seguiu até Lowell. Lá, com identidade falsa, alugou um quarto da família chamada Stevens, não muito distante da casa de Brigham. Nas semanas seguintes, sempre que Jane saía em público, para ir ao correio, à farmácia ou apenas para dar uma volta, Patterson estava em seu encalço. Em pouco tempo, ele já conhecia bem a rotina diária dela.

Obviamente, ele não tinha como saber o que acontecia enquanto ela não estava na rua, quando estava protegida pelas paredes da residência de Oramel Brigham na Third Street 182. Lá, Jane ficava cada dia mais preocupada. Conforme a mente dela foi se descolando cada vez mais da realidade e se afundando na loucura, começou a se assemelhar com o tipo de personalidade obsessiva e de inescapável fixação, conhecida pelo público atual por conta de filmes como *Atração Fatal*.

A princípio, ela tentou impressionar Brigham com sua competência e devoção, assumindo o controle da casa e tentando provar que era indispensável para a rotina e para a felicidade dele. Quando Brigham deixou claro, contudo, que não tinha intenção de mantê-la de forma permanente, nem como empregada nem como esposa, Jane tentou uma tática diferente para "conquistar o amor dele" (como descreveu depois).

Envenenou o chá do homem com morfina.

A dose foi suficiente para adoecer o diácono de 60 anos. Nos dias seguintes, Jane permaneceu a todo momento ao lado dele, cuidando para que melhorasse e percebesse quanto precisava dela!

Mas esse plano também falhou em produzir o resultado desejado. Tomada por um sentimento de traição e rejeição, Jane recorreu à chantagem. Ameaçou destruir a reputação de Oramel e espalhar entre os vizinhos que ele era "o pai do filho que ela carregava na barriga".

Diante disso, a paciência de Brigham se esgotou e ordenou que Jane saísse da casa. Naquela mesma tarde, no domingo, 29 de setembro, ela tomou uma overdose de morfina. Quando Brigham a encontrou inconsciente, de pronto chamou o médico, o dr. W. H. Lathrop, e ele administrou um emético que induziu uma profusão de vômitos. Em pouco tempo, Jane voltou do torpor.

Uma enfermeira particular chamada Ann Tyler foi contratada e ficou ao lado do leito dela. Na manhã seguinte, Jane parecia tão animada que a enfermeira Tyler decidiu deixá-la sozinha e descer para tomar café. Quando voltou pouco depois, ficou chocada ao descobrir que era evidente que Jane tomara outra dose de veneno. Estava pálida, os músculos do rosto retorcidos com tanta rigidez que a enfermeira Tyler não podia forçar um emético por causa dos dentes cerrados. Nessa hora, o dr. Lathrop chegou para a visita matinal e, de imediato, injetou apomorfina nos dois braços de Jane. Em instantes ela esvaziou o conteúdo do estômago em um penico.

Sentada na cama, o médico perguntou para Jane por que ela se envenenara.

"Cansei da vida", respondeu. "Sei que as pessoas estão falando de mim. Só quero morrer."

Apesar da declaração, há motivos para duvidar de que Jane estava pensando mesmo em se matar. Afinal, ela foi bem-sucedida em assassinar cerca de 30 pessoas com morfina, então, é difícil acreditar que não saberia qual seria uma dose fatal. O mais provável era que estivesse tentando ganhar a simpatia de Brigham para impedi-lo de expulsá-la.

Se esse era o caso, a tática não funcionou. Assim que Jane melhorou, Brigham, por fim, conseguiu expulsá-la de vez.

Jane passou os dias seguintes se recuperando no Hospital Geral de Lowell, sob os cuidados do dr. F. W. Chadbourne. Mesmo lá, foi vigiada. Fingindo estar doente, o detetive Patterson se internou no hospital. Da cama, na ala ao lado, era capaz de manter a suspeita sob vigilância.

Depois de ter alta, Jane, ainda seguida por Patterson, viajou para Amherst, New Hampshire, para ficar com a velha amiga Sarah Nichols, mulher de meia-idade que vivia com o irmão George, em uma casa amarela bonita na fazenda, a um quilômetro e meio do vilarejo. A viagem fez maravilhas para o ânimo dela. "Tive uma estadia muito agradável lá", descreveria depois da visita a Amherst. "Não acredito que em algum momento tenha me divertido tanto quanto naquele outono. Havia um grupo alegre lá, e passei o tempo do jeito que eu gosto."

Os bons tempos, contudo, não estavam destinados a durar. Na terça-feira, 29 de outubro, o detetive Josephus Whitney chegou a Amherst, acompanhado por dois oficiais, o inspetor Thomas Flood e o vice-xerife Wheeler. Ao procurar Patterson, hospedado em uma pensão próxima à residência dos Nichols, foi informado de que a necrópsia em Minnie Gibbs revelara traços letais de veneno nas vísceras.

Os quatro oficiais de imediato seguiram para a casa de Nichols onde, munidos de mandado, Whitney informou a Jane que estava presa pelo assassinato de Minnie Gibbs. Ela recebeu a notícia com uma compostura perfeita. Quando Whitney lhe ordenou que juntasse os pertences, obedeceu sem reclamar. Apenas uma coisa a incomodou, como confessaria depois. "Estava irritada porque o detetive insistiu em permanecer no quarto enquanto me preparava, e não acho isso muito cavalheiresco."

Se Jane parecia calma com a prisão, foi um choque terrível para os anfitriões. Não faziam ideia da sorte que tiveram.

Jane depois revelou que, se o detetive Whitney não tivesse aparecido naquele momento, "teria matado George Nichols e a irmã também". Ela nunca deu um motivo. Ao que tudo indica, depois das férias agradáveis de quatro semanas na casa deles, estava se sentindo ela mesma de novo, e drogar amigos de longa data até a morte era exatamente o que queria fazer. Só pela diversão.

LK

ASSASSINA

JANE TOPPAN

HAROLD SCHECHTER

JANE TOPPAN
LADY KILLERS PROFILE

20
CAPITULUM

FATAL

PRIMEIRA AUDIÊNCIA

Não tenho nenhuma declaração a fazer.
Nem quero ver meu nome nos jornais.

JANE TOPPAN, 31 DE OUTUBRO DE 1901

Quando foi levada em custódia, Jane Toppan se tornou a notícia do momento. Na quinta-feira, 31 de outubro, a prisão dela estava na primeira página do *New York Times* (apesar da matéria sobre os doces contaminados de uma padaria de Manhattan ["Cerca de vinte pessoas foram envenenadas ao comer sonhos!"] ter recebido destaque ainda maior). Como não é de surpreender, o caso gerou comoção na Nova Inglaterra, onde monopolizou as manchetes por várias semanas.

Menos de 24 horas depois da prisão, os jornais por todo o estado de Massachusetts já previam que a enfermeira Toppan se provaria uma das assassinas mais marcantes nos anais do crime norte-americano. De acordo com o jornal *Boston Herald*, a história se encaminhava para ser "o caso mais famoso de envenenamento já ocorrido em Massachusetts"; enquanto o *Boston Journal* declarou que "prometia ser o caso mais notável que o estado já viu". O *Boston Post* foi mais longe, prevendo que a enfermeira Toppan se revelaria "uma das assassinas mais famosas, uma Lucrécia Bórgia sem paralelo na era moderna".

Embora só tivesse sido acusada de um assassinato até aquele momento, o de Minnie Gibbs, estava claro que Jane era principal suspeita não só da morte dos outros membros da família Davis, mas de várias outras vítimas. Em matéria de 31 de outubro, o *Post* se referiu a "doença grave" de Oramel Brigham enquanto Jane estava na casa dele em setembro; citou a "morte suspeita e repentina" da irmã, Edna Bannister; e a "doença misteriosa e repentina" do "sr. M. C. Beedle de Cambridge enquanto a srta. Toppan viveu com a família no inverno anterior".

Ninguém adivinhou que esses casos eram apenas uma fração dos crimes de Jane. Outros seis meses se passariam até a dimensão completa da maldade dela ser conhecida por uma sociedade chocada e descrente.

Enquanto isso, Jane teimava em alegar inocência, insistindo que não tinha nada a ver com a tragédia que recaíra sobre a família Davis. "Morreram de causas naturais", falou para quem a escoltava, o detetive Simon F. Letteney, a caminho de Cape Cod. "Exceto pelo velho Davis. Ele era louco, e acho que se envenenou."

Ela se comportou de forma relaxada e otimista. Letteney relatou que ela estava "falante e descontraída" durante a viagem e até "riu e brincou com as notícias dos jornais sobre a prisão e os supostos crimes que leu no trem".

Quando o trem chegou em Barnstable, na tarde da quarta-feira, um bando de jornalistas estava na plataforma esperando para ver a nova celebridade do crime do país. Jane não pareceu se incomodar com a atenção. Segundo relato em um jornal, "parecia alegre, cheia de animação e de bom humor" quando foi conduzida para cadeia de tijolinhos vermelhos.

A situação já era bem diferente no dia seguinte, na quinta-feira, 31 de outubro, quando Jane foi acusada na corte distrital de Bristol diante do juiz Swift. A essa altura, a animação tinha evaporado, e ela, por fim, percebera a gravidade da situação. De acordo com o carcereiro, um homem careca e bigodudo chamado Judah Cash, ela passou a noite sem dormir. Pela manhã, parecia estar "à beira do colapso". Uma multidão considerável se reuniu do lado de fora do tribunal para a ocasião. Conforme Jane se aproximou da colunata do prédio, apoiada no braço do detetive Letteney, os passos dela pareciam hesitantes. O *Boston Globe* ofereceu descrição vívida, mas talvez um pouco exagerada, da cena:

A srta. Toppan estava muito pálida, sob o cabelo preto com mechas grisalhas, as bochechas afundadas pareciam muito brancas e havia sombras debaixo dos olhos que mostravam que a noite na cadeia não fora tranquila. Ela vestia saia e casaco pretos e camisa branca com faixa preta no pescoço. Sob a cabeça, os cabelos penteados às pressas estavam escondidos por um chapéu preto ornamentado com uma musselina da mesma cor. Carregava as luvas e o véu, mas até mesmo essas peças leves eram um fardo que derrubou enquanto subia os dois degraus da corte.

Ao entrar na salinha do tribunal com passos cambaleantes, ela se sentou no banco de madeira que abrigava os prisioneiros da corte distrital. Não tinha um representante legal; seu advogado, James Stuart Murphy, ainda não chegara de Lowell. Quando o nome dela foi chamado, levantou-se com hesitação, agarrando-se ao corrimão de madeira na frente enquanto o escrivão lia a queixa.

"O que você diz sobre a acusação?", perguntou ele ao terminar.

"Inocente", respondeu ela com a voz trêmula e se sentou de novo.

O caso teria prosseguimento em 8 de novembro, a pedido do promotor, e Jane foi mantida presa sem direito à fiança. O procedimento todo demorou menos de três minutos. Quando acabou, Jane se levantou, andou até o meio do caminho para a saída e, de repente, segurou-se no corrimão como se precisasse de apoio. Depois de parar por um momento, seguiu vacilante pelo corredor estreito, mantendo a mão na parede para se apoiar até alcançar a saída. Conforme descia os degraus da corte, o nervosismo a fez derrubar as luvas e o véu de novo. O detetive Letteney fez a gentileza de parar e pegá-los, depois a acompanhou para a cela no segundo andar da ala feminina da cadeia, onde ela tirou o casaco e o chapéu e desabou na cama.

Em mensagem repassada por Letteney, os repórteres avisaram Jane que os jornais "ficariam felizes em publicar qualquer palavra que quisesse dizer para se defender". Ela, contudo, recusou. "Agradeça muito", pediu para Letteney dizer aos jornalistas, "mas acho que vou me manter em silêncio até ter a oportunidade de falar com o meu advogado."

Ela repetiu as alegações de inocência, insistiu que não sabia "nada das mortes dos Davis, exceto supor que morreram de causas naturais". É interessante (e característico) que a única pessoa por quem se sentia mal era si mesma. "Lamento muito ser obrigada a receber essa notoriedade", disse na declaração, "e o único desejo que posso expressar seria do meu nome não aparecer mais nos jornais."

Por mais profundo que fosse o desejo de Jane pela obscuridade, ela nunca mais seria anônima. Cem anos atrás, assim como hoje, a imprensa ficou mais do que contente em atender ao desejo perene do público por sensacionalismo. A principal diferença daquela época para os dias atuais é a tecnologia. Em uma era anterior a CNN e a CourtTV* (e anterior até mesmo da programação jornalística de rádio e televisão), as pessoas se contentavam com a mídia impressa. Nas semanas após a prisão, os jornais de Boston (*Globe*, *Post*, *Herald*, *Traveler*, *Daily Advertiser*, *Morning Journal* e *Evening Transcript*) dedicaram atenção generosa ao caso de Toppan, descrevendo cada novo desdobramento nos mínimos detalhes e acompanhando as matérias com imagens assustadoras da acusada de assassinatos múltiplos, além de ilustrações dos eventos.

Cada rumor vago, especulação insana e detalhe trivial da vida de Jane serviam para excitar o público. Sob a manchete "Temida pelas Amiguinhas", o *Boston Globe* citou uma fonte anônima e, com certeza, não confiável, que alegou: "Na infância, as coleguinhas da srta. Toppan passaram a ter certo medo dela e, por consequência, ela não tinha amigas próximas quando pequena". O mesmo artigo relatava, como uma prova indiscutível da natureza aberrante, que, conforme Jane crescia, "uma peculiaridade era abster-se de comer pela manhã, exceto uma xícara de café". O mesmo nível de inconsequência pôde ser visto na matéria "As Roupas da Srta. Toppan", que revelava o fato pouco relevante de que a maior parte dos pertences dela ficaram em Amherst, onde estavam "bem guardados com a família Nichols".

Todos que tinham alguma conexão, mesmo que remota, com Jane foram procurados por repórteres. L. W. Ferdinand, por exemplo, o cavalheiro que a tinha empregado por um período breve no verão de 1896, quando ela acompanhou a família dele até Cataumet e se apaixonou pelo balneário. Entrevistado na própria casa em Cambridge, Ferdinand foi questionado se "poderia esclarecer algo sobre o caso Davis e a personalidade da srta. Toppan". "Não, não posso", foi a resposta. A falta absoluta de informações úteis não impediu o *Globe* de dedicar reportagem completa a Ferdinand com a manchete: "Ele Alugou o Chalé".

Ferdinand não foi a única figura tangencial a encontrar seu nome no jornal. Outra foi Lottie Parkhurst, de Chelmsford, operadora de telégrafo na estação em Middlesex Street. Declarando-se "amiga íntima da srta. Toppan por muitos anos", a srta. Parkhurst declarou ter tanta confiança no bom caráter de Jane "que seria mais fácil desconfiar da minha irmã do que dela". Ressaltou,

---

* [NT] Canal televisivo dos EUA dedicado a crimes reais e reconstituições dramáticas de julgamentos.

contudo, que "vários anos" antes, a amiga fora "abandonada quando era noiva", uma "desilusão severa" que (conforme a srta. Parkhurst concluiu) poderia muito bem ter colocado Jane no caminho do assassinato múltiplo.

Outros informantes preferiram o anonimato. Uma residente de Lowell, identificada no *Globe* como "uma das mulheres mais velhas da Primeira Igreja Congregacional Trinitariana", descreveu as mudanças peculiares que percebera em Jane. "Conheço Jennie Toppan desde garotinha", declarou a senhora. "O que a possuiu, não sei... eu a vi no jantar da colheita na sacristia da Primeira Igreja Congregacional Trinitariana. Ela passou por mim em silêncio, mas a achei muito pálida. O comportamento dela naquela noite me surpreendeu, ela sempre foi muito alegre."

> **Ninguém adivinhou que esses casos eram apenas uma fração dos crimes de Jane. Outros seis meses se passariam até a dimensão completa da maldade dela ser conhecida por uma sociedade chocada e descrente.**

Outra pessoa que tivera um encontro recente espantoso com Jane foi um cavalheiro chamado Drewett, que passara por ela na manhã de 1 de outubro, logo depois da expulsão da casa de Brigham. De acordo com Drewett, Jane atravessava a pé a ponte pequena sobre o rio Merrimack, e disse-lhe que Brigham a tinha mandado embora por causa de uma carta para a esposa do reverendo Kennegott. Aparentemente, em resposta a alguma afronta não especificada, Jane escreveu uma missiva abusiva em que "usou linguagem bem direta [e] disse para a sra. Kennegott exatamente o que pensava". Quando Brigham, diácono da igreja do reverendo Kennegott, soube o que Jane fizera, mandou que juntasse suas coisas e partisse.

Pelo menos, essa era a versão de Jane dos eventos que levaram à sua expulsão. Drewett não tinha mais qualquer esclarecimento sobre o caso além de achar que "a história da srta. Toppan me pareceu muito estranha".

A imprensa tinha interesse especial, é claro, nas pessoas mais próximas ao caso, a começar pelo próprio Oramel Brigham. Depois de uma vida no anonimato, o velho diácono e inspetor ferroviário, que, segundo rumores, era objeto de desejo da enfermeira Toppan, de repente se viu nos jornais de todo o estado, seu nome nas manchetes e sua imagem em destaque na primeira página. O retrato que foi republicado por todo o lado mostrava um cavalheiro fornido de cabeça grande e careca, fartas costeletas grisalhas e semblante brando e benevolente.

A personalidade elevada de nobreza intensa refletida na imagem condizia com os comentários que fez sobre Jane. Apesar dos supostos crimes contra ele — envenenar a comida e chantageá-lo para que se casassem — Brigham se recusou a falar mal da mulher, insistindo que sentia "apenas a máxima misericórdia em relação a srta. Toppan".

Segundo ele, havia apenas uma explicação razoável para o comportamento recente de Jane. "Não há dúvidas na minha cabeça", falou aos repórteres, "que estava viciada em morfina. É um vício que muitas enfermeiras profissionais adquirem inconscientemente. É, com certeza, muito triste. Em respeito a ela, contudo, acho melhor não comentar o que sei de suas ações antes do julgamento."

A afirmação de que Jane era viciada em morfina foi, se não rejeitada de forma direta, pelo menos questionada por outra figura importante no caso: o dr. William H. Lathrop, médico da família Brigham chamado para tratar Jane depois das tentativas de suicídio. Como Brigham, ele era o retrato da discrição nos comentários públicos, apesar de deixar claro que discordava do diácono em vários pontos centrais.

Enquanto Brigham expressou "pouca dúvida de que a srta. Toppan era insana", Lathrop acreditava que atribuir os crimes a "desequilíbrio mental" era "uma visão generosa... do caso". Insistiu, com certeza, que a enfermeira "não demonstrou sinais de aberração" quando a tratou. Além disso, declarou que "não tinha conhecimento direto do [suposto] vício em morfina".

O que pareceu ser o maior interesse de Lathrop no caso foram as implicações forenses. De fato, em entrevista extensa para o *Globe*, Lathrop usou a ocasião para militar pelo tema que gostava muito: a oposição à cremação.

Lathrop tinha convicção (não de todo injustificada) de que "havia muito mais casos de envenenamento intencional do que público e profissionais da medicina faziam ideia e que houve situações em que os corpos foram queimados sob circunstâncias que, na minha opinião, eram muito suspeitas". Tais casos, continuou:

> não ocorrem, geralmente, entre as classes mais pobres e mais ignorantes, mas entre os mais inteligentes, e é provável que o ato seja cometido por pessoas que não só possuem algum conhecimento da ação dos venenos, mas que, também, têm inteligência suficiente para ocultar de forma astuta a ação.

O arsênico é o agente preferido dessas pessoas, em parte porque é um dos venenos mais fáceis de obter e em parte porque praticamente não tem gosto. No caso de um corpo enterrado da forma tradicional, os traços de envenenamento por arsênico podem ser detectados mesmo depois de um período longo, mas, na cremação, o arsênico é dissipado por completo.

De acordo com Lathrop, havia uma forma de conter a epidemia de assassinatos por arsênico: tornar as cremações ilegais e obrigar a necrópsia em todos os cadáveres. "É uma questão muito importante que deveria ser observada tanto por nossos legisladores quanto pelos médicos", declarou.

Ele concluiu a entrevista contrariando Oramel Brigham em um último ponto. Ao contrário do diácono, que acreditava que fora envenenado no verão anterior, Lathrop insistiu na crença de que a "doença do sr. Brigham era cólera". Não havia "nada [em absoluto] que indicasse envenenamento por arsênico", insistiu.

Lathrop defendia sua opinião, segundo alegava, como mera questão de justiça: "Não é justo com a mulher concluir em definitivo que a doença do sr. Brigham se deu por conta de ele ter sido envenenado pela enfermeira". Ainda assim, mesmo que Jane tivesse o direito à presunção de inocência, parecia que Lathrop estava preocupado com sua reputação. Ter diagnosticado errado um caso de envenenamento por arsênico era embaraçoso (na melhor das hipóteses) para qualquer médico, mas em especial para um profissional que se apresentava como especialista nesse crime.

Um homem incapaz de defender a reputação profissional manchada foi o colega do dr. Lathrop, dr. Leonard Latter de Cataumet, que atendera Alden Davis e as filhas sem suspeitar de nada. Há um bom motivo para o silêncio dele. Apenas dez dias antes da prisão de Jane Toppan, o dr. Latter morrera, mas de causas naturais, diferentemente de seus pacientes, que foram erradicados.

Para os investigadores do caso Toppan, a morte dele foi um golpe. Para Jane, contudo, foi bastante conveniente. Apesar de ter lamentado publicamente a morte, nada poderia ser melhor para ela. Sem o dr. Latter para contradizê-la, poderia alegar que ele era a maior prova da inocência dela.

Em 2 de novembro, foi exatamente o que ela fez: emitiu declaração por meio do advogado, James S. Murphy: "Não sei nada sobre o envenenamento nem da sra. Gibbs nem de qualquer membro da família Davis", declarou repetindo a alegação de inocência. "Suponho que todos morreram de causas naturais. Estou disposta a relatar tudo sobre esses casos. Não tenho nada a esconder. Lamento que o dr. Latter esteja morto. Se estivesse vivo, não teria a menor dificuldade de esclarecer minha situação."

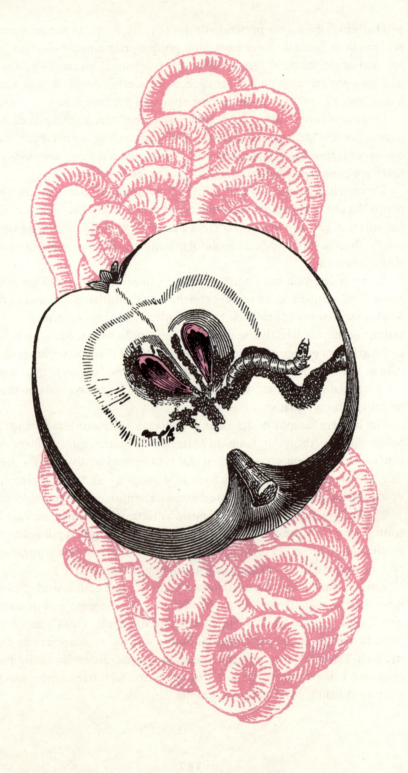

HAROLD SCHECHTER

JANE TOPPAN
LADY KILLERS PROFILE

CAPITULUM 21

FATAL

VISITA À SARAH

Quando falarmos tudo que temos para fundamentar a acusação contra Jane Toppan, o caso da envenenadora Robinson, o mais famoso julgado pela corte de Massachusetts, será insignificante.

DETETIVE JOSEPHUS WHITNEY

Apesar de Jane ter seus defensores — conhecidos de Cambridge e Cataumet com boas lembranças da personalidade "alegre" dela ou alguns pacientes antigos que se recuperaram sob os cuidados da enfermeira — sua culpa nunca foi questionada pela imprensa. Pelo contrário, a cada dia os jornais apresentavam outras acusações, cada vez mais sérias. Na sexta-feira, 1 de novembro, a lista das supostas vítimas já subira para sete: os quatro membros da família Davis, mais três mulheres ligadas a Oramel Brigham: a esposa, Elizabeth; a irmã, sra. Edna Bannister; e a faxineira, Florence Calkins. Conforme a contagem de corpos aumentava, pareceu claro que, como proclamou o *Boston Post*, a enfermeira Toppan não era nada menos do que "a nova Lucrécia Bórgia".

Quinze anos antes, é claro, o público fixara a atenção em outra envenenadora em série, também rotulada como a Bórgia da época, Sarah Jane Robinson, cujas vítimas incluíam o marido, a irmã, o cunhado, o sobrinho e cinco filhos. Definhando na cela solitária na cadeia em East Cambridge, onde estivera confinada desde a comutação da sentença de morte, a sra. Robinson fora praticamente esquecida pelo mundo exterior. Então, em virtude do crescente interesse no caso Toppan, um repórter esforçado do *Boston Record* pediu entrevista com a primeira "envenenadora demoníaca", na esperança de ouvir sua opinião sobre a nova assassina célebre da Nova Inglaterra.

Ao conseguir acesso à cela da mulher durante a inspeção dos funcionários da prisão, o repórter encontrou a assassina de 45 anos em estado sereno de humor, seguindo a vida "muito bem", conforme declarou. Exceto pela palidez causada pela falta de sol e o cabelo desbotado, parecia saudável e contente. Na verdade, tinha engordado bastante, fato ressaltado várias vezes pelo jornalista, que parecia um tanto obcecado com o ganho de peso de Sarah (ou, como ele disse, "a tendência ao *inchaço*"). Parece que para ele soou como ironia amarga ela ter engordado tanto na cadeia; aquela mãe monstruosa cujos próprios filhos morreram convulsionando com um tormento digestivo causado pelas refeições letais que ela lhes deu.

Só de ouvi-la falar, é claro, ninguém poderia identificar a patologia da mulher. Tinha compostura perfeita enquanto falou com o repórter. "Nem mesmo uma sombra dos sete parentes que enviou à morte com arsênico parecia pairar na mente dela", ele notou. "Nenhum sinal de remorso, nenhuma menção da existência deles para mostrar que, em algum momento, pensou nos crimes que cometeu." Nas "profundezas azuis e calmas dos olhos dela", o jovem não pôde detectar qualquer sinal de loucura. Se um estranho a encontrasse na rua, ele afirmou, "a imaginaria como a típica carola da igreja".

A cela pequena de Sarah era mobiliada com uma escrivaninha, uma mesa, um lavatório e uma cama. As paredes decoradas com retratos publicados dos filhos assassinados, recortados dos jornais, junto a vários quadros pequenos levados para ela pelo filho, Charles, o "último da linhagem, único a sobreviver ao tratamento venenoso terrível da mãe". O jovem ainda a visitava com regularidade, conversava com ela pela fresta para correspondência na porta de metal da cela. Às vezes, a sra. Robinson recebia outros visitantes, "religiosos" que, no "fanatismo falso" deles, acreditavam que ela fora "culpada injustamente".

A cela possuía uma janela que dava para o pátio da prisão. Flores brotavam bem abaixo dela e as trepadeiras se prendiam no muro. "Mas a sra. Robinson não as via", escreveu o repórter. "O vidro lustroso bloqueava o cenário", permitindo que a luz do sol entrasse no cômodo, mas sem lhe dar nem mesmo um vislumbre do mundo exterior. Uma vez por dia, pelo período de uma hora, quando os outros prisioneiros estavam na cela, ela era autorizada a dar uma volta pelo parque, acompanhada pelo carcereiro.

> **Apesar de Jane ter seus defensores [...] sua culpa nunca foi questionada pela imprensa.**

Apesar de ter confessado que não gostava muito da vida na prisão, a sra. Robinson nunca reclamou. Por mais triste que fosse sua existência, "nunca tentou escapar, nem pensou em suicídio. Ela se diz uma filósofa e engorda".

O supervisor da cadeia, o xerife Fairbairn, considerou Sarah uma prisioneira modelo. "Nunca houve prisioneira mais dócil, calma e satisfeita", declarou. "Não causa problemas, nunca causou." Quando os funcionários perguntavam se precisava de algo, respondia que "tinha tudo que queria". Ela gostava das conversas com o capelão. Tinha permissão de pegar emprestado um livro por semana na biblioteca do presídio. Sempre escolhia trabalhos religiosos; os favoritos eram *The Lives of the Saints* [As Vidas dos Santos] e *O Livro dos Mártires*. Ela se via como uma pessoa muito devota, "da mesma forma que fora quinze anos atrás", ressaltou o repórter com ironia, "quando envenenou a própria família".

Sobre o objetivo da visita (saber o que ela pensava sobre a nova "Bórgia" produzida nos Estados Unidos), o repórter se decepcionou. Isolada do mundo, a sra. Robinson nunca ouvira falar na enfermeira Jane Toppan, outra cuidadora homicida cujos hábitos alimentares acabariam se tornando questão de grande interesse público.

JUNE 25, 1902

JANE TOPPAN AS SHE APPEARED AT HER TRIAL FOR ONE OF HER 31 MURDERS.

HAROLD SCHECHTER

JANE TOPPAN

LADY KILLERS PROFILE

22
CAPITULUM

FATAL

DOSES LETAIS

> O professor Wood tem evidências que provarão, sem deixar dúvidas, que o arsênico encontrado nos corpos e que causou as mortes não estava nos embalsamantes injetados pelo agente funerário. As mulheres foram mortas pela ingestão de arsênico colocado na comida ou na bebida.
>
> PROMOTOR DISTRITAL LEMUEL HOLMES

Era a crença da maioria que, como Sarah Jane Robinson e Lydia Sherman, a enfermeira Toppan matara as vítimas com arsênico. O dr. William Lathrop, por exemplo, trabalhava com essa hipótese quando defendeu que, como Oramel Brigham não apresentara sintomas de "envenenamento por arsênico" no verão anterior, a doença dele não poderia ter sido causada pela enfermeira Toppan. Nem Lathrop, nem qualquer autoridade, achou adequado questionar as descobertas do professor Edward Wood da Escola de Medicina de Harvard, cujas análises químicas revelaram, nas vísceras de Genevieve Gordon e

Minnie Gibbs, arsênico em dose "suficiente para esvaziar toda a colônia de veraneio de Cataumet", segundo o *Boston Globe*. Wood, afinal, era o maior especialista forense do país. Trabalhara em centenas de casos. O testemunho dele fora essencial na condenação da sra. Robinson, além de ter sido a testemunha principal no caso mais chocante de homicídio da época, o da parricida de Falls River, Lizzie Borden.

Era natural, portanto, que, ao montar o caso contra o suspeito, o governo começasse tentando ligar Jane à aparente arma do crime, "encontrar evidências ligando a enfermeira Toppan à compra ou aquisição de arsênico", como relatou o *Boston Globe*. Assim que Jane foi levada em custódia, os detetives visitaram farmácias em Falmouth onde, de acordo com relatos não confirmados, ela comprara arsênico. Tinham a esperança, escreveu o *Globe*, "de encontrar qualquer farmacêutico que lembrasse de ter vendido o composto letal para a srta. Toppan".

Era a crença da maioria que, como Sarah Jane Robinson e Lydia Sherman, a enfermeira Toppan matara as vítimas com arsênico.

Nada foi descoberto pelos esforços deles. Poucos dias depois da prisão de Jane, "havia, pelo menos, um elemento faltando na cadeia de evidências do governo contra a srta. Toppan", segundo relatavam os jornais. "A promotoria fracassou em comprovar que ela comprou em qualquer lugar ou em qualquer época alguma quantidade de arsênico, o veneno que o prof. Wood disse ter encontrado nos estômagos da sra. Gordon e da sra. Gibbs."

Havia um bom motivo para essa falha. Jane nunca fizera tal compra em Falmouth ou em qualquer outro lugar. Em sua longa carreira assassina, nunca recorrera ao arsênico. O professor Wood, no fim, chegara à conclusão correta pela razão errada. As vítimas de Jane em Cataumet tinham, de fato, sido assassinadas, mas não com arsênico.

Como, então, essas substâncias em doses tão letais foram parar nos intestinos das duas irmãs? A resposta foi fornecida por um cavalheiro chamado W. C. Davis (que não tinha parentesco com o clã de Cataumet assassinado por Jane), proprietário de uma loja de móveis na Main Street em Falmouth. Ele era, também, agente funerário e preparara os corpos de Minnie Gibbs e

Genevieve Gordon para o enterro. Ao ser entrevistado na funerária na sexta-feira, 1 de novembro, Davis revelou que o arsênico era o ingrediente principal do líquido embalsamante.

A revelação do homem foi um presente dos céus para a defesa. O advogado de Jane, James Stuart Murphy, podia, então, alegar que Genevieve Gordon e Minnie Gibbs morreram de causas naturais, como a cliente dele afirmava e que os órgãos foram encharcados com arsênico no processo de embalsamento.

A imprensa percebeu de imediato a vulnerabilidade da promotoria na questão. "Ficou entendido que o líquido embalsamante que o agente funerário usou para preservar os corpos da sra. Gordon e da sra. Gibbs continha volume grande de arsênico", um jornal noticiou no sábado, 2 de novembro. "Se o agente funerário preencheu as cavidades dos corpos dos membros da família Davis com fluído que continha arsênico, fica a pergunta: como o governo provará que havia traços de veneno no corpo da sra. Gibbs antes da morte, e que o envenenamento por arsênico foi a causa da morte?"

Apesar dessa falha grave no caso, as autoridades estavam irredutíveis na crença de que a enfermeira Toppan matara as vítimas com arsênico. Entrevistado em Boston no domingo, 3 de novembro, o promotor Lemuel Holmes afirmou que, sem sombra de dúvidas, o "arsênico encontrado nos intestinos das irmãs Davis foram administrados por via oral" e "não poderia ser um resíduo do líquido embalsamante".

No dia seguinte, contudo, as autoridades apresentaram a teoria revisada. Um oficial anônimo, citado no *Boston Herald*, reconheceu que o arsênico poderia, de fato, ter vindo do tal líquido de W. C. Davis, mas ressaltou que era sabido que a enfermeira Toppan tinha o "hábito de auxiliar o agente funerário no preparo dos corpos". "O que poderia ser mais fácil para ela", propôs, "do que obter a mistura com arsênico usada para fins de embalsamento e, depois, dar aos pacientes na água Hunyadi que parece ter sido dada para muitos deles?".

Com o fracasso contínuo da polícia em encontrar um farmacêutico que tivesse vendido arsênico para Jane, essa teoria ganhou terreno com rapidez, uma vez que identificava a fonte possível do veneno que se presumia que ela usou nas vítimas, uma ligação entre a suspeita e a aparente arma do crime. Sem essa ligação, a promotoria seria forçada a montar o caso com base na ideia da "oportunidade exclusiva", isto é, a teoria de que Jane *tinha* que ser a assassina, já que ninguém mais ficou sozinho com as vítimas. A promotoria não desejava ter que recorrer a esse argumento, usado, sem sucesso, no julgamento de Lizzie Borden.

Na fé cega deles no dr. Wood, parece nunca ter passado pela cabeça do promotor Holmes, nem na de qualquer oficial, que o professor estivesse errado e que as vítimas de Jane não foram envenenadas com arsênico. Houve, contudo, uma pessoa que chegou exatamente a essa conclusão. Ele não apenas nutria dúvidas sérias sobre as descobertas de Wood; tinha uma teoria alternativa sobre o *modus operandi* de Jane que se provaria uma verdade chocante. Esse indivíduo improvável não era médico, professor de química ou oficial da lei. Era ninguém menos que o capitão Paul Gibbs, o "velho veterano do mar de opiniões francas e diretas" (como os jornais não cansaram de descrevê-lo) cujas suspeitas sobre a enfermeira Toppan ajudaram a iniciar o processo que a prendeu.

Na busca por qualquer informação sobre Jane, os repórteres não demoraram a chegar ao capitão. O primeiro a entrevistá-lo foi um jornalista do *Boston Journal*, que o encontrou sentado em um carrinho de mão na parte arenosa da propriedade de Drinnell, em Cataumet, contemplando as águas de Buzzards Bay. Tão logo o repórter se apresentou para Gibbs, que estava havia muitos dias sem ler um jornal, ele perguntou ansioso sobre a análise do professor Wood. A resposta do jovem (de que uma quantidade grande de arsênico fora encontrada nas vísceras tanto de Genevieve Gordon quanto de Minnie, nora do capitão Gibbs) deixou o velho marinheiro muito perturbado.

Franzindo a testa, ficou parado em silêncio por um longo tempo, tão perdido nos pensamentos que pareceu ter se esquecido do repórter. Quando perguntado qual seria o problema, o capitão Gibbs balançou a cabeça e respondeu: "Estou surpreso em ouvir que arsênico foi encontrado nos corpos. Suspeitei de envenenamento, mas não achei que Jennie Toppan usaria algo tão fácil de detectar como arsênico".

Algo ainda mais impressionante do que essa resposta — que revelava uma compreensão mais perspicaz da astúcia criminal de Jane do que a polícia ou o promotor pareciam ter — foi a declaração seguinte. Quando o repórter perguntou que tipo de veneno acreditava que a enfermeira Toppan usara, o capitão Gibbs disse: "Pensava que descobririam que a sra. Gibbs e a sra. Gordon foram mortas por morfina e atropina". Então, explicou "que atropina dilata as pupilas, enquanto a morfina contrai, assim, se uma pessoa é morta por ambos os venenos, as pupilas ficam praticamente no estado normal, e detectar traços desses venenos seria, naturalmente, muito difícil".

Nunca foi explicado exatamente como o capitão aposentado de barcos pesqueiros sabia tanto sobre morfina e atropina. É claro que o capitão Gibbs era um daqueles ianques práticos e cabeça-dura que tinha curiosidade intensa pela forma como tudo funciona e que, no decorrer de seus 70 anos de idade, recolhera informações em grande variedade de assuntos, inclusive os efeitos fisiológicos dos opiáceos administrados livremente pelos médicos da época. De qualquer forma, as especulações dele se revelariam de precisão notável, causando vergonha para os pronunciamentos oficiais dos especialistas.

Gibbs passou, então, a descrever alguns dos eventos que levantaram suas suspeitas em relação a enfermeira Toppan. "Ela tentou nos fazer acreditar que a sra. Gordon cometeu suicídio com uma injeção de Paris Green", contou ao repórter. "Ela disse que jogou a seringa no lavatório." O detetive Whitney, contudo, fuçou na sujeira da fossa e conseguiu localizar a seringa, enviada para análise química no laboratório do professor Wood. Não foi encontrado vestígio do inseticida letal.

Havia também circunstâncias estranhas envolvendo a morte abrupta e chocante da nora dele, Minnie. De acordo com Gibbs, a jovem estava "na melhor forma possível na segunda-feira antes da morte. Estávamos todos em Falmouth e quando voltamos à noite ela estava bem e muito animada".

Ao ser entrevistado na funerária na sexta-feira, 1 de novembro, Davis revelou que o arsênico era o ingrediente principal do líquido embalsamante.

Na manhã seguinte, contudo, segundo Gibbs, "fui chamado na casa da família Davis e avisado que Minnie estava muito doente. Sabíamos que ela era delicada, mas, ainda assim, era estranho que pudesse ficar doente tão depressa e de forma tão peculiar, deitada na cama, com os olhos entreabertos e quase sem respirar. Segurei a mão dela e ela não conseguia falar. Na manhã seguinte, estava morta. Jennie Toppan cuidara dela o tempo todo". Mais tarde, naquele mesmo dia, o viúvo de Genevieve, Harry, chamou o capitão e disse que, nas últimas horas da doença, Minnie parecia "com medo de Jennie Toppan, encolhendo-se toda vez que ela entrava no quarto".

Sobre as motivações de Jane, Gibbs estava convencido de que a enfermeira Toppan cometera os ultrajes pela razão mais mundana: dinheiro. De acordo com ele, Jane, que devia centenas de dólares à família Davis, pedira para Minnie assinar um papel lhe perdoando a dívida. "Algo que a minha nora se recusou", disse o velho com pesar. "E, então, ela morreu."

Gibbs também alegara que Alden Davis recebera 500 dólares como pagamento de empréstimo pouco antes da morte. Na verdade, ele ainda carregava o dinheiro no bolso quando adoeceu. Depois, o dinheiro sumiu. O velho marinheiro insistiu que Jennie Toppan, que preparara o corpo de Alden para o enterro, era "a única pessoa que teve a chance de pegá-lo".

As acusações do capitão Gibbs, que ele compartilhou com outros repórteres, tornaram-se de imediato tema das primeiras páginas dos jornais. "O MOTIVO FOI PEGAR O DINHEIRO!", alardeava o *Herald*. "JANE TOPPAN MATOU POR DINHEIRO?" inqueria a manchete do *Daily Mail*. O *Globe*, que descobrira os desejos românticos de Jane por Oramel Brigham (incluindo os esforços para chantageá-lo alegando que ele a engravidara), publicou uma variação do tema na manchete de sábado: "CASAMENTO E DINHEIRO — É EVIDENTE QUE A SRTA. TOPPAN DESEJAVA AMBOS".

O próprio diácono Brigham, que antes atribuíra os atos de Jane ao vício em morfina, depois pareceu inclinado a acreditar que as motivações dela eram mercenárias, como o capitão Gibbs alegou. Descobriu-se que Jane devia a Brigham 800 dólares. Independentemente da opinião do dr. Lathrop, o diácono seguia convencido que fora envenenado pela enfermeira Toppan no verão anterior. Era possível que ela tivesse tentado eliminá-lo para se livrar da dívida?

> **"Suspeitei de envenenamento, mas não achei que Jennie Toppan usaria algo tão fácil de detectar como arsênico."**

Logo, outras testemunhas surgiram com histórias sobre os "peculatos" de Jane, reforçando a percepção crescente de que a mulher estava possuída por "ganância insaciável e onipresente pelo todo-poderoso dólar" (nas palavras do *Boston Daily Advertiser*). Uma família amiga de Brigham revelou que, depois da morte repentina da sra. Edna Bannister, irmã mais velha de Oramel que morrera na casa do diácono quando estava a caminho da Exposição de Buffalo, "um livro de bolso dela com 75 dólares dentro desapareceu". Que Jane tinha uma história longa de pequenos furtos foi algo que logo ficou evidente. Um médico não identificado que a conheceu na época em que trabalhava no Hospital de Cambridge, por exemplo, declarou que sempre a considerou "sorrateira, falsa e com interesse exagerado em questões que não eram de sua conta", incluindo os "recursos financeiros" dos pacientes. De acordo com esse médico, sempre desaparecia dinheiro das enfermarias onde trabalhava, fato corroborado por outro médico chamado Swan, que afirmou haver reclamações constantes de furto de dinheiro durante a passagem de Jane pelo hospital, tanto dos pacientes quanto das outras enfermeiras.

Conhecidos da época das férias em Cataumet testemunharam que os ganhos ilícitos de Jane eram usados para bancar seu estilo de vida refinado. "Todo o dinheiro que possuía era gasto o mais depressa possível", relatou o *Herald*. "É dito que não hesitava em gastar dez ou doze dólares pelo passeio de um dia de carruagem. Tudo que comprava era da melhor qualidade. Se fossem flores, eram sempre as mais procuradas da estação. Se fosse uma caixa de doces, eram sempre os mais finos."

Como resultado desses hábitos onerosos, os vários anos de "peculato" não a deixaram rica. "Qualquer que tenha sido a quantia que ela possa ter obtido dessa forma", o *Herald* prosseguiu, "os amigos são da opinião de que ela tem bem pouco dinheiro agora, é provável que não seja o suficiente para contratar o melhor advogado para a defesa."

Entretanto, a crença de que Jane era compelida principalmente pela ganância não era, de forma alguma, universal. Na visão de muitas pessoas, a crueldade dos crimes dela era simplesmente grande demais para ser explicada pelo gosto por passeios de dez dólares e doces caros. A cada dia que passava, surgia uma estimativa nova e maior das supostas vítimas da enfermeira. Na sexta-feira, o número de mortos chegava a sete. No sábado, três outros nomes foram acrescidos ao "longo registro de mortos decorrentes dos tratamentos da enfermeira Toppan" (como o *Boston Traveler* afirmou): Israel e Lovey Dunham, o casal de idosos com que ela morou por vários anos, e a amiga de longa data Myra Connors, cujo cargo de chefe do refeitório no St. John's Theological School em Cambridge Jane cobiçava intensamente. Um dia depois, sob a manchete "LISTA DE MORTOS SÓ AUMENTA!" o *Herald* noticiou que a enfermeira Toppan passara a ser suspeita em, no mínimo, doze casos, incluindo o de William H. Ingraham, de Watertown, e outro homem cuja identidade o promotor se recusou a revelar.

Que aquele grande número de assassinatos tivesse sido cometido por algumas centenas de dólares era algo que não parecia crível para muitos. Nada além da insanidade poderia justificar uma maldade naquela escala.

E, de fato, de acordo com Jeannette E. Snow, que alegava ser prima dela, havia um extenso histórico de doença mental na família da enfermeira. Entrevistada por um repórter do *Herald*, a sra. Snow revelou pela primeira vez fatos básicos do histórico familiar de Jane: o nascimento dela como Nora Kelley no bairro North End, em Boston; a morte precoce da mãe "de coração bom"; os maus tratos nas mãos do pai, cujas "peculiaridades" extremas de comportamento lhe garantiram o apelido "Kelley de Pedra"; a adoção subsequente pela sra. Abner Toppan, de Lowell.

"Não seria surpresa para mim descobrir que Jane Toppan é insana", disse a sra. Snow ao repórter. "E se ela é, herdou isso do pai."

De fato, de acordo com a sra. Snow, Jane tinha uma irmã mais velha chamada Nellie, que fora tomada por "insanidade violenta" aos vinte e poucos anos e, depois, internada em um hospício. "Quando criança, Nellie era das mais doces e mais bonitas que já vi", contou a sra. Snow para o entrevistador em tom de lamento. "Mas, mesmo nessa época, havia algo de peculiar nela. Tinha um amor obsessivo por crianças negras e toda vez que via uma na rua, agarrava e beijava. Quando a insanidade real começou a transparecer, ela passou por uma mudança grande, e a doença logo ficou tão séria que não podia ser cuidada em casa. Fui vê-la uma vez quando estava no hospício e nunca me senti tão mal na vida. Levei algumas frutas e, enquanto ela resmungava alguma coisa sem sentido, levantou a roupa e começou a colocar as frutas na meia. Pobre Nellie! Ela não me reconhecia, e foi terrível ver as loucuras dela."

"Se Jane Toppan cometeu os crimes de que é acusada", continuou a sra. Snow, às lágrimas, "ela herdou a insanidade da fonte responsável pela doença da irmã."

Outros velhos conhecidos de Jane, incluindo aqueles que tinham lembranças boas para falar sobre "a alegria e a bondade" dela, atestaram o histórico de comportamento "errático" que datava da infância. Como a sra. Snow, só puderam concluir que, se os fatos mostrassem que Jane *era* realmente culpada, ela deveria estar sob o domínio da insanidade herdada: possuída, nas palavras do *Boston Post*, por "obsessão assassina". Como os jornais noticiaram, "a teoria dos problemas financeiros" era "bem menor perto das evidências massivas que mostram que a srta. Toppan é classificada por muitos como uma lunática perigosa".

O debate sobre a motivação real por trás das atrocidades da enfermeira Toppan (se era dinheiro ou loucura) continuaria acalorado por meses. Não seria resolvido até que ela própria oferecesse a resposta na confissão que impressionaria os especialistas e causaria ondas de choque em toda Nova Inglaterra e além.

HAROLD SCHECHTER

JANE TOPPAN

LADY KILLERS PROFILE

23
CAPITULUM

FATAL

VIDA NA CELA

Não me culpe, culpe a minha natureza.

JANE TOPPAN

Jane Toppan não foi a única enfermeira assassina que chegou às manchetes dos jornais em novembro de 1901. Em Illinois, duas enfermeiras de um hospício no entorno de Chicago foram acusadas de assassinar uma dupla de mulheres ao deixá-las intencionalmente sem comida até morrerem de fome. As vítimas, Kate Neddo e Kate Kurowski, não comeram nada por quase um mês, exceto eventuais cascas de pão e alguns goles de chá fraco. O motivo desse ultraje, de acordo com o responsável pela acusação formal contra as enfermeiras, o secretário Follet Withbull da Associação de Reforma do Serviço Público, "foi que as pacientes eram muito irritantes".

Crimes envolvendo mulheres malignas apareciam com frequência chocante nos periódicos. Sob a manchete "PROVOCADO PELA ESPOSA", o *Boston Globe* relatou o caso de Virginia Leslie, a recém-casada que instigou o marido a cortar a própria garganta na discussão em um restaurante popular de Manhattan. Outra jovem esposa que virou notícia foi Elizabeth Habash, de Boston, que, nas palavras dela, estava se sentindo "entristecida" depois da briga com o marido em que ela o desfigurou ao jogar a xícara de chá cheia de ácido carbólico no rosto dele. E houve também a história intitulada "VÍTIMA DO ÓDIO DE UMA MULHER", sobre Seamon L. Witherell, de Vermont, que passara anos na prisão estadual por acusação falsa de estupro inventada pela amante rejeitada.

Imigrantes também apareciam com frequência nas manchetes. Invasões a antros de jogos na comunidade grega de Boston ("GREGOS PEGOS!") e matanças terríveis realizadas pelos italianos ("ITALIANO ENCONTRADO MORTO EM BARRIL!") estavam entre as histórias que espalhavam uma ansiedade generalizada sobre os efeitos sociais da imigração desenfreada.

> **Jane Toppan não foi a única enfermeira assassina que chegou às manchetes dos jornais em novembro de 1901.**

A ansiedade era ainda maior na cidade onde Jane Toppan morou com a família adotiva, em Lowell, uma área industrial que presenciou tanto um influxo grande de trabalhadores estrangeiros quanto um aumento intenso do crime naqueles anos. Duas matérias de primeira página que apareceram no *Lowell Daily Mail* na semana da prisão de Jane refletiam a preocupação crescente com o fracasso da manutenção da lei e da ordem na "cidade do carretel" (como era chamada por ser um polo têxtil). A primeira, com a manchete "LOWELL EM PERIGO", recontava o caso irônico de um nova-iorquino chamado Harry English, que viera para Lowell das ruas pecaminosas de Manhattan, e foi roubado e espancado em um bar na Merrimack Street.

A segunda descrevia um sermão dominical do reverendo George F. Kennegott, da Primeira Igreja Congregacional Trinitariana, que falava sobre o "crime em Lowell". O reverendo ressaltou que, apesar da histeria crescente sobre o declínio moral alarmante da cidade, "Lowell não era Sodoma. Não tem muitos antros criminais ou bolsões de iniquidade. Nosso departamento de polícia é eficiente. O governo da nossa cidade é honesto".

Mas, depois de oferecer essa visão tranquilizadora, se contradisse ao admitir que a "reputação nada invejável" de Lowell como um lugar de criminalidade descontrolada não era de todo injustificada. "O pecado na sua forma mais terrível nos visitou", bradou. "Assassinato, fraude e desejo anormal se incendiaram. Os mesmos motivos de sempre (paixão pelo dinheiro, paixão pelo prazer) são a fagulha inicial que causam a destruição no cérebro do homem."

A solução proposta pelo reverendo Kennegott era do tipo que se pode esperar de um homem do clero: comedimento combinado à piedade religiosa. "Se os homens apenas tentassem viver com a própria renda, se os homens com paixões e desejos intensos satisfizessem os desejos apenas de formas normais, se os homens fossem fortes na religiosidade, o problema estaria resolvido. Rezem para que Deus nos mantenha limpos. Quando a tentação lhe atrair para prazeres falsos, reze para Deus. E quando encontrar alguém dando o primeiro passo no caminho do crime, o salve com a ajuda de Deus a qualquer custo."

Apesar de nunca ter mencionado o nome dela, é difícil de acreditar que o reverendo Kennegott não tinha a enfermeira Toppan em mente quando fez o sermão. A acusada de múltiplos assassinatos não só era uma antiga moradora de Lowell, era também uma frequentadora assídua da igreja de Kennegott, onde o cunhado, Oramel, era diácono.

De fato, tinha sido o reverendo Kennegott a fazer uma homenagem fúnebre muito eloquente para Elizabeth, esposa de Oramel, depois da morte repentina e chocante da mulher, em agosto de 1899, em visita à irmã adotiva, Jane Toppan, em Cataumet.

Enquanto o reverendo Kennegott fazia sua pregação, estava ocorrendo uma cerimônia religiosa na cadeia de Barnstable, onde sua congregada famosa passava o primeiro domingo.

A cerimônia aconteceu no corredor do térreo, oficiada pelo reverendo Spence, da Igreja Unitariana. Jane, contudo, não teve permissão de participar. A má fama dela já era tamanha que todos queriam vê-la. O carcereiro, xerife Cash, sentiu que a presença de Jane causaria tumulto, afastando a atenção do ministro e expondo-a aos olhares dos outros prisioneiros.

De sua cela no canto sudeste do piso superior, Jane estava isolada por completo do ritual. Não podia ouvir as preces do pastor nem a cantoria dos adoradores, mas, se ela se sentiu mal por perder a cerimônia, não demonstrou. Passou uma manhã agradável apreciando o café da manhã farto preparado pela esposa do xerife Cash, que trabalhava como chefe do refeitório da prisão.

Na verdade, para todos os efeitos, Jane se ajustara com facilidade à vida atrás das grades. Apesar de estar confinada na cela o dia todo, exceto por uma hora por dia quando tinha a permissão de andar, nunca reclamou das condições. Como sempre fora leitora ávida, passava horas imersa em revistas femininas e romances populares fornecidos pela sra. Cash. A janela fechada por barras lhe permitia ver a estação ferroviária, e ela gostava de observar os trens saindo e chegando de Cape, as pessoas se amontoando para entrar e sair da estação. Nas horas das refeições, a sra. Cash vinha com uma travessa e elas conversavam enquanto Jane comia a refeição caseira substanciosa (suplementada, segundo relatos dos jornais, "com guloseimas eventuais").

A vida na prisão, na verdade, parecia cair bem para ela. A cada dia, aparentava estar mais bem-disposta. Exceto pelo advogado e amigo de longa data, James S. Murphy, de Lowell, visitantes externos não eram permitidos. Mas ela não estava isolada por completo do mundo. Velhos conhecidos lhe escreviam na cadeia. Muitos eram pacientes antigos oferecendo apoio moral. (Afinal, Jane fora enfermeira por mais de uma década e, além das quase quarenta vítimas que matou por prazer, havia um grupo enorme de pessoas que tratou com cuidados profissionais.)

Ficava animada, em especial, com as cartas dos clientes ricos de Cambridge que, segundo o *Globe*, "declaravam a fé na inocência dela e prometiam a ajudar a ter o advogado mais qualificado do Massachusetts". Jane respondia com zelo todas as cartas, às vezes escrevia até o sol se pôr.

Ela também passava horas dedicada aos jornais. É claro, boa parte das notícias deve ter lhe abatido, incluindo o crescimento quase diário da extensa lista de supostos assassinatos. A essa altura, surgiram suspeitas sobre a sra. Mary McNear, a idosa de Watertown de que Jane cuidou até a morte, em dezembro de 1899. E mais revelações das tendências piromaníacas dela começaram a ganhar terreno. Além da série de incêndios na propriedade de Davis nas visitas de verão dela, havia o relato do fogo surgido de forma misteriosa na primavera anterior na Brattle Street 68, Cambridge. Como o *Boston Post* destacou com clareza, "a srta. Toppan estava, na época, empregada na casa como enfermeira, e na noite em que o fogo ocorreu, era a única pessoa no local".

Parecia quase não haver dúvida, como o mesmo jornal observou, que Jane Toppan levava "uma vida estranha, uma vida dupla, por assim dizer":

> Até o último mês de agosto, a srta. Toppan era vista por todos com quem teve contato como um exemplo perfeito de mulher cristã verdadeira, honesta e consciente.
>
> Hoje, por causa das acusações lançadas contra ela, uma montanha de evidências se acumulou e a mostram como, no mínimo, se as histórias forem verdadeiras, alguém destituída por completo de moral. O episódio com o diácono Brigham e as ameaças de chantagem causaram choque imenso naqueles que acreditavam nela. Notícias novas de Cambridge se somaram à lista. Acusações foram

feitas de que os pacientes da srta. Toppan suspeitavam dela por sumiço de objetos de valor e quantias em dinheiro. Há, também, acusações de mentiras e trapaças.

Esse é o motivo pelo qual as pessoas se mostram agora tão dispostas a acreditar que a promotoria não errou ao prendê-la.

Apesar de se ver exposta ao mundo como chantagista, mentirosa e ladra, Jane, aparentemente, estava bem animada com as notícias, em especial do fracasso da polícia em achar qualquer evidência conclusiva que a ligasse à morte de Minnie Gibbs. A manchete de 5 de novembro do *Boston Post* resumia bem a situação: "POLÍCIA PROCURA MUITO, MAS ACHA POUCO". De acordo com a matéria, a polícia estava "fazendo o máximo que podia para aumentar as evidências contra a srta. Toppan. Até agora, contudo, nada foi obtido, exceto o registro de outras mortes misteriosas sob os cuidados dela, mas há dúvidas de que possa ser usado como evidência no caso Gibbs. Pistas de mentiras da srta. Toppan em questões menores e indícios da enorme ganância por dinheiro também foram reveladas. Mas nada propenso, de verdade, a fechar o caso pelo suposto assassinato da sra. Gibbs foi apresentado".

De fato, o caso da promotoria parecia ficar mais frágil a cada dia. Na quarta-feira, 6 de novembro, W. C. Davis, o coveiro de Falmouth que preparou o corpo de Minnie Gibbs para o enterro, disse a um entrevistador que o líquido embalsamante dele "fora, em parte, injetado pelas narinas, descendo pela garganta da falecida". "Arsênico e álcool são as bases comuns desses líquidos", explicou Davis. "É natural que o arsênico se espalhe em poucas horas e apareça em todos os órgãos do corpo com que entrou em contato. Seria fácil para o líquido retornar para a boca e deixar evidências de arsênico." Essa revelação foi um golpe sério para o promotor Holmes, que declarara, confiante, que, uma vez que traços de arsênico foram encontrados na boca e na garganta dela, a sra. Gibbs deveria ter sido envenenada.

No mesmo dia, a sra. Beulah Jacobs, parente dos Davis hospedada na Jachin House quando Minnie Gibbs morreu, admitiu a um repórter do *Boston Traveler* que "não viu a sra. Gibbs tomar qualquer líquido" depois de voltar do passeio para Falmouth: "Logo depois de entrar na casa, Minnie reclamou de dormência peculiar em um lado do corpo. Ajudei-a até chegar no sofá, onde desabou e logo ficou inconsciente, antes mesmo de Jane Toppan entrar no quarto".

Como o *Traveler* destacou, essa informação era "de benefício inestimável para a defesa da acusada", uma vez que levantava dúvidas sérias sobre a argumentação da promotoria de que apenas Jane tivera a chance de matar a vítima. Não só outra pessoa estava presente, mas, segundo a confissão da própria sra.

Jacobs, Jane estava em outra parte da casa quando a jovem desmaiou. "PORTANTO, É PRECISO SER QUESTIONADO", o jornal declarou em letras maiúsculas para enfatizar a importância, "QUE OPORTUNIDADE EXCLUSIVA FOI DADA A JANE TOPPAN PARA ENVENENÁ-LA?".

À luz dessa informação nova que, como o *Traveler* declarou, "era muito favorável para a enfermeira", não causava nenhuma surpresa que o advogado e amigo de infância de Jane, James S. Murphy, parecia transbordar de otimismo quando falou com os repórteres na tarde de quinta-feira, 7 de novembro. Murphy chegara em Barnstable naquela manhã e se preparava para a audiência do dia seguinte.

Jane Toppan levava "uma vida estranha, uma vida dupla, por assim dizer".

"O promotor, como sempre, falou muito do caso e remexeu em assuntos externos que não têm nada a ver com o caso Gibbs", declarou Murphy. Quando um repórter perguntou o que queria dizer com "assuntos externos", Murphy explicou que se referia ao "relatório de mortes supostamente misteriosas sob os cuidados da enfermeira Toppan". Essas mortes, afirmou Murphy, foram "mera série de coincidências". Era verdade que, "muitos dos pacientes dela morreram em sequência". Insistiu, contudo, que "toda enfermeira e todo médico com boa reputação tiveram experiências similares".

Falando como um amigo de longa data da acusada, Murphy defendeu que ele "nunca soubera que a mulher tivesse feito qualquer coisa que pesasse contra o próprio caráter de qualquer forma. A prisão dela foi um choque imenso para todos os amigos. Não teremos dificuldade em provar sua completa inocência".

Murphy estava tão confiante de que as acusações eram insustentáveis que não hesitou em oferecer opinião do estado metal da cliente. O debate sobre a sanidade de Jane continuava intenso, com especialistas diferentes oferecendo diagnósticos contraditórios. O dr. E. F. Chadbourne, por exemplo, médico que a tratou no Hospital Geral de Lowell após as tentativas de suicídio, disse aos repórteres que, embora tivesse "atendido a moça sofrendo de nervosismo", ele "nunca detectou a menor evidência de insanidade". O dr. Lathrop, por outro lado, estava "inclinado para a visão afirmativa", isto é, que Jane era, de fato, "desequilibrada mental".

Murphy concordava com a opinião de Chadbourne e proclamou estar "convencido da boa saúde mental dela. Não acredito que a srta. Toppan é insana. Não sou especialista, mas essa é a minha opinião".

Para um advogado de defesa, fazer tal declaração era sinal ou de incompetência ou de fé extraordinária na inocência da cliente. Depois de dizer ao mundo que acreditava plenamente que ela estava sã, seria muito difícil mudar o curso e trabalhar a defesa alegando insanidade, estratagema que muitos observadores acreditavam ser a única chance de Jane escapar da forca.

Jane, por sua vez, parecia compartilhar da confiança serena do advogado no resultado do caso. Confinada na cela, aguardando julgamento, ela não apresentava, de acordo com a reportagem no *Boston Post*, qualquer sinal de ansiedade em relação ao futuro:

> "Você está lidando bem com isso", alguém disse a ela hoje.
>
> "Bem, o que tiver que ser, será", respondeu a srta. Toppan usando uma de suas expressões favoritas.
>
> E aquela expressão explicava a compostura dela como um todo e a indiferença aparente. Pois a srta. Toppan é uma fatalista. Uma amiga de Lowell certa vez a repreendeu por dizer uma mentira.
>
> "Não me culpe, culpe a minha natureza!", exclamou a srta. Toppan. "Não posso mudar o que é para ser, posso?"

Foi essa crença que a permitiu sorrir na cela da prisão sem se preocupar com a sombra assustadora que pairava como uma ameaça sobre ela. "O que tiver que ser, será."

Jane Toppan não se preocupava com o futuro.

JANE TOPPAN ON WAY TO CELL.
GREAT FALLS DAILY TRIBUNE (MT.), NOV. 17, 1901, P. 10

HAROLD SCHECHTER

JANE TOPPAN

LADY KILLERS PROFILE

24
CAPITULUM

FATAL

ÁGUA HUNYADI

> A audiência preliminar será postergada para a data mais distante possível, a promotoria não está com pressa de apresentar o caso antes da primavera. Os oficiais que trabalham no processo dizem que é provável que leve de três a quatro meses até completarem o trabalho. Que haverá uma grande despesa para o condado conduzir o caso é algo que os oficiais admitem. Faz muito tempo que não há um caso dessa magnitude por aqui e já há muitos residentes expressando o desejo de que tivesse ocorrido em outro lugar.
>
> BOSTON GLOBE, 5 DE NOVEMBRO DE 1901

Pouco antes das 9 horas na sexta-feira, 8 novembro, Jane Toppan saiu da cadeia pela primeira vez em uma semana. Acompanhada pelo detetive Letteney, o advogado, James S. Murphy, e o carcereiro, Judah Cash, ela caminhou o trajeto curto até o tribunal de Barnstable com o olhar fixo no chão, como se tentasse evitar contato visual com a multidão boquiaberta ao redor.

Ela se vestia com as mesmas roupas do dia da prisão: vestido preto de lã, chapéu preto adornado com imitação de flor vermelha e laço branco amarrado frouxo no pescoço. O figurino era acompanhando de um acessório estranho, uma gola alta, branca e ereta, característica dos uniformes de enfermeiras — peculiaridade que causou comentários nos espectadores e recebeu atenção fora do comum da imprensa faminta.

A corte pequena estava lotada de curiosos quando Jane se sentou ao lado do advogado. Relatos jornalísticos do comportamento dela durante os procedimentos difeririam de forma dramática. "SRTA. TOPPAN NERVOSA", proclamou o *Globe* no dia seguinte; enquanto a manchete do *Herald* dizia: "SRTA. TOPPAN DESPREOCUPADA". Para um observador, ela pareceu "calma como se fosse apenas um dos espectadores e não parecia se interessar muito pelo que estava acontecendo". Mas, de acordo com outro, ela "transparecia com clareza o trauma mental intenso que estava vivendo. Agarrava-se às luvas, mexia-se nervosa no banco e parecia estar à beira do desmaio".

> **A corte pequena estava lotada de curiosos quando Jane se sentou ao lado do advogado.**

Os procedimentos duraram menos de cinco minutos. Como esperado, o juiz Smith K. Hopkins, que substituía o juiz Fred C. Swift de Yarmouth, em outro compromisso, concedeu o adiamento e a postergação do caso até 15 de novembro. O único momento interessante na sessão que, exceto por ele, foi bem trivial, foi do advogado Murphy, que queria mais tempo para preparar o caso. De acordo com ele, o promotor Holmes lhe prometera o adiamento até 4 de dezembro. Hopkins respondeu que seguia com rigor às ordens do juiz Swift, que mandou "que o caso não fosse adiado por mais de uma semana". Os dois discutiram alguns minutos, mas Hopkins não cedeu.

Depois de ordenar que a prisioneira fosse mantida sem fiança até 15 de novembro, o juiz encerrou a audiência. Mais uma vez, os relatos das testemunhas sobre a reação de Jane foram muito contraditórios. "Quando saiu da corte", noticiou o *Herald*, "ela seguiu em um passo leve e animado e, do lado de fora, disse algo para o advogado e sorriu". De acordo com o *Globe*, contudo, "mal era capaz de manter o equilíbrio ao deixar a corte" e precisou "se agarrar no braço do advogado, que a manteve firme até chegar na cadeia".

Todos os repórteres concordaram, entretanto, que, quando Jane voltou para a cela, tinha "recuperado bem a compostura". Mais tarde, naquela manhã, uma declaração foi emitida em nome dela, segundo a qual a ré reconheceu que, apesar das muitas mortes repentinas dos amigos, familiares e conhecidos dela poderem *parecer* suspeitas, havia explicação perfeitamente lógica que tinha a ver com a geografia, o clima e a dieta.

"O fato de que sou inocente será provado na audiência da próxima semana", proclamou. "Se há justiça em Massachusetts, provarei minha inocência. Não consigo entender como posso ser condenada por um crime que nunca cometi. Admito que muitas das mortes que sou, supõe-se, a causa, compõem fortes evidências circunstanciais, mas podem ter acontecido por diversos motivos. Todas as mortes aconteceram no verão. A água potável em Cataumet é ruim. A altitude é baixa. O campo foi quase todo desmatado, e as condições favorecem doenças que podem ser transmitidas pela água. Eu mesma fiquei doente em Cataumet.

"Além disso, a sra. Brigham, a sra. Bannister e a srta. Calkins morreram no calor intenso do verão, e a doença do sr. Brigham também foi nessa época do ano. Todos eram de idade avançada e comiam sem comedimento as frutas cultivadas no velho mundo. Qualquer um que entende de medicina ou de higiene sabe o que isso significa.

"Eu conhecia pessoalmente cada uma das pessoas que morreram e tinha relação de amizade com elas. Eu não mataria nem uma galinha."

Enquanto Jane jogava a culpa das mortes das vítimas em qualquer coisa (do clima até a conservação das frutas), eventos que transcorriam em um lugar a alguns quilômetros de distância dali seriam um teste doloroso para sua compostura tão enfática.

Precisamente às 10h30, um inquérito sobre as mortes de Minnie Gibbs e Genevieve Gordon acontecia em Buzzards Bay, presidido pelo juiz Swift. A audiência aconteceu em condições sigilosas. Nenhum espectador ou repórter teve permissão de participar. Até mesmo as testemunhas ficaram fora da corte até serem chamadas para depor, uma de cada vez.

No decorrer das quatro horas seguintes, o promotor ouviu vários testemunhos, inclusive Oramel Brigham, o dr. W. H. Lathrop, o capitão Paul Gibbs, Beulah Jacobs, o professor Edward Wood e o médico-legista R. H. Faunce. Às 14h35, o inquérito foi adiado sem definição de retorno. Quando o promotor Holmes saiu do tribunal, transbordava confiança, apesar de se recusar à divulgar qualquer informação para a imprensa.

Poucas horas depois do adiamento, contudo, começaram a circular rumores de que uma evidência nova e dramática surgira no inquérito, algo que garantiria o caso da promotoria contra Jane. Na manhã seguinte, sábado, 9 de novembro, as primeiras páginas estavam repletas de dicas provocantes de uma descoberta importante e iminente. "HÁ ALGO NO CASO TOPPAN QUE AINDA NÃO VEIO A PÚBLICO!", alardeou o *Herald*. "PROMESSA DE ALGO SENSACIONAL!". De acordo com um oficial anônimo citado pelo jornal, "o testemunho mais importante, com o qual esperamos condenar a srta. Toppan, ainda não foi revelado para o mundo. Quando o momento apropriado chegar, será apresentado e convencerá àqueles que pensam que temos um caso fraco contra a srta. Toppan".

O mundo não teve que esperar muito. Naquela mesma noite, a edição noturna do *Boston Globe* publicou uma manchete gigante: "SEGREDO REVELADO! MORFINA E ATROPINA CAUSARAM A MORTE DA SRA. GIBBS! AS SUSPEITAS DO SOGRO DA MULHER FORAM CONFIRMADAS!".

O capitão Paul Gibbs fora ouvido. Depois de mais de uma semana insistindo que as vítimas de Jane morreram envenenadas por arsênico, o promotor, por fim, reconhecera o que o velho marinheiro dizia desde o princípio.

A mudança na postura da promotoria resultou, em partes, de uma reviravolta do professor Wood, que reviu sua opinião inicial. Wood, então, concordou que o arsênico no corpo de Minnie Gibbs tinha, de fato, "vindo do líquido embalsamante usado pelo agente funerário Davis e não era, de forma alguma, responsável pela morte". Análises químicas mais profundas revelaram traços letais de morfina e atropina nos órgãos da vítima, levando à conclusão de "que foram essas drogas, e não o arsênico, que mataram a sra. Gibbs".

De igual importância para o caso da promotoria foi o testemunho do sr. Benjamin Waters, proprietário de farmácia na cidade vizinha, Wareham. Waters disse aos oficiais que, na segunda semana de julho, Jane Toppan telefonara do posto do correio de Cataumet para a loja encomendando "um frasco de tabletes de morfina, do mais forte". Ele embalara o frasco em um saco marrom e despachara no próximo trem. De acordo com Waters, havia "veneno suficiente na morfina para mandar para o descanso eterno um bando enorme de pessoas".

O testemunho de Waters foi confirmado pelo chefe dos correios de Cataumet, Frank K. Irwin, que mantinha registro de todas as ligações feitas ali (que funciona não apenas como o correio da cidade e "cabine telefônica", mas, também, como armazém). Irwin não tinha apenas anotado a ligação de Jane no registro; tinha ouvido ela fazer o pedido de morfina.

Outro elo crucial na cadeia de evidências da promotoria foi oferecido por William Robinson, um balconista de farmácia. Ele se lembrava que Jane, com frequência, comprava água Hunyadi. O fato de que ela ministrava sem moderação para os pacientes essa bebida foi confirmado por várias testemunhas, inclusive Beulah Jacobs, que testemunhou que Minnie Gibbs recebera um copo cheio logo antes de entrar em coma e morrer.

Juntando todos esses fatos, o promotor tinha, então, convicção plena (e correta) de que compreendera o *modus operandi* dos assassinatos da enfermeira Toppan. Todas as vítimas, como o *Boston Post* relatou, "morreram da mesma forma, depois de um copo envenenado de água Hunyadi servido pela srta. Toppan".

Na verdade, o promotor Holmes estava tão confiante com a descoberta que, no fim da tarde de sábado, anunciou que "o inquérito não seria retomado, a promotoria está plenamente satisfeita de que obteve evidências suficientes contra a srta. Toppan para ligá-la à morte da sra. Gibbs".

Holmes tinha outro anúncio, também, uma notícia ainda pior para Jane e o advogado dela.

Ele pretendia solicitar mais exumações. Declarou que, em algum momento nos próximos dias, os corpos dos dois membros mais velhos da desafortunada família Davis, Alden e Mary, seriam desenterrados dos túmulos no cemitério de Cataumet a passariam por necrópsia em busca de vestígios de veneno.

NOVEMBER 1, 1901.

MISS JANE TOPPAN PLEADS "NOT GUILTY" IN COURT AT BARNSTABLE.

HAROLD SCHECHTER

JANE TOPPAN

LADY KILLERS PROFILE

25
CAPITULUM

FATAL

MANOBRA DE HOLMES

Um indivíduo pode sorrir, sorrir, e ser um vilão.

SHAKESPEARE, *HAMLET*

Publicamente, pelo menos, o advogado de Jane refutou as revelações que surgiram do inquérito. "Tenho vontade de rir quando penso no que tem sido publicado das descobertas da compra de morfina", disse Murphy aos repórteres. "Garanto-lhes que a defesa não está nem um pouco preocupada."

Jane também parecia inabalada na aparição pública seguinte. Apesar dos rumores de que a prisão afetou muito o estado mental dela ("A MENTE DELA ESTÁ SE RENDENDO!", alardeou a manchete do *Globe* em 13 de novembro), parecia muito calma e animada quando saiu da cadeia na sexta-feira pela manhã, 15 de novembro, para a audiência preliminar, já postergada por duas vezes.

Logo cedo, pouco depois das 8 horas, Murphy chegara à cela com um buquê grande de crisântemos e uma cesta de frutas para a cliente que, de acordo com os repórteres, ficou "feliz como uma garotinha".

Depois de uma hora de reunião, Jane e o advogado saíram da cadeia acompanhados pelo oficial Letteney e pelo carcereiro Cash. A expressão de Jane, de acordo com repórteres que compareceram ao evento, estava "retorcida com sorrisos". Conforme o grupo rumava para o tribunal, Jane mantinha um passo tão leve e saltitante que logo se distanciou dos outros. Ao perceber quanto estavam para trás, ela parou e fez piada do ritmo lento deles.

Havia uma multidão de jornalistas, vários deles com câmeras, reunida na frente do prédio grande de pedra do tribunal. "Oh, veja", gritou Jane para Murphy. "Querem uma foto minha." Apesar de um jornal, o *Lowell Sun*, sugerir que Jane se assustou com os fotógrafos ("SRTA. TOPPAN CHOCOU-SE COM AS CÂMERAS DEMONÍACAS" dizia a manchete), a maioria dos observadores concordaram que ela parecia até um pouco envaidecida em ser foco de interesse tão extraordinário.

Dentro da corte, Jane ficou no mesmo lugar de uma semana antes. Estava vestida com um figurino idêntico: vestido preto, chapéu preto, lenço branco e a gola incongruente. Com as mãos dobradas sobre o colo, ficou sentada, calma, ao lado de Murphy, observando os procedimentos "com a cabeça erguida e os olhos brilhantes" (nas palavras de um jornalista).

O juiz Fred Swift, que já estava sentado quando a prisioneira entrou, de pronto iniciou os procedimentos: "Ouvirei, agora, o que o advogado tem a dizer pelo prisioneiro sobre o prosseguimento do caso".

De pé, Murphy declarou que tinha acordado com a promotoria de postergar a audiência de novo, dessa vez até 11 de dezembro, e solicitou que o juiz concedesse o pedido. O detetive Letteney, representante da promotoria, não se opôs.

O juiz Swift pediu que a prisioneira se levantasse. Depois de se erguer com calma, Jane olhou direto para o rosto do homem enquanto ordenou que ela voltasse para cadeia e fosse mantida lá, sem fiança, até a data definida. Com uma batida do martelo, o juiz Swift, então, adiou o processo. A sessão toda não levou nem quatro minutos.

Quando Jane foi levada de volta até a cadeia, parecia ter a alegria de antigamente, "rindo feliz" (de acordo com o *Globe*) enquanto conversava com o advogado. Murphy permaneceu na cela até a hora de pegar o trem das 10h45 de volta para Lowell. Enquanto seguia para a estação, os jornalistas viram Jane o observando pelas grades da janela da cela, "lançando olhar de saudades para aquele a quem confiou tudo e com quem conta para garantir a liberdade".

Relatos da cadeia continuaram ressaltando a aceitação serena de Jane da situação. Embora o carcereiro Cash tenha recebido ordens de ficar de olho por causa da tentativa recente de suicídio, ela não demonstrava sinais de depressão. Pelo contrário, a "natureza divertida" pela qual era famosa estava bem evidente. Quando perguntada como aguentava ficar atrás das grades, ela respondeu, pelo que dizem: "Estou tirando um bom tempo de descanso aqui, pelo menos".

Cartas de apoiadores continuavam a chegar. Um cavalheiro chamado Charles M. Dauchy, cujo filho foi acometido pela febre tifoide durante a Guerra Hispano-Americana, expressou gratidão eterna pelos "cuidados esplêndidos" que Jane prestara ao filho. Gertrude L. Lafon, que fora colega de turma na Escola de Treinamento para Enfermeiras no Hospital de Cambridge, escreveu para dizer que sempre respeitou Jane.

Jane continuou a encontrar formas de passar o tempo. Com material fornecido pela sra. Cash, sempre muito maternal, começou a trabalhar em um novo vestido. Sentada no sol da manhã, que entrava pela janela da cela, trabalhava contente por horas. Também criou um laço afetivo com a neta de 3 anos da sra. Cash, Lucy, cujas visitas regulares, de acordo com o *Barnstable Patriot*, eram "os melhores momentos da vida de prisioneira da srta. Toppan". Quase toda tarde, a garota "caminhava até a porta da cela e, com os dedinhos agarrados nas barras, conversava com a enfermeira por uma hora".

Até mesmo as exumações do sr. e da sra. Davis não lhe causaram, ao que aparentou, qualquer preocupação em especial. Os corpos foram removidos dos túmulos na manhã fria e chuvosa da quinta-feira, 21 de novembro. Os oficiais pretendiam fazer a necrópsia no barracão de carroças anexo à igreja na frente do cemitério. Mas a estrutura pequena oferecia proteção tão ruim do clima, que os corpos foram carregados para dependências mais protegidas na casa do major Allen ali perto.

Além de vários representantes da imprensa, estavam o professor Wood, o agente funerário Davis e os detetives Whitney e Letteney. A necrópsia em si foi conduzida pelo médico-legista Faunce, com auxílio do dr. C. E. Harris de Hyannis. Apesar de terem ficado mais de três meses enterrados, os corpos, de acordo com testemunhas, estavam "em estado notável de preservação". Fígados e estômagos foram removidos e entregues ao professor Wood para serem levados até o laboratório em Harvard. Wood, que prometeu "toda a agilidade possível" na análise e estimou que o relatório ficaria pronto em "menos de duas semanas", tempo suficiente para a audiência reagendada de Jane.

Uma vez que a morte de Alden Davis fora atribuída, no atestado oficial, a hemorragia cerebral, o crânio foi serrado e o cérebro, examinado. Logo em um primeiro olhar, ficou claro que o diagnóstico do atestado de óbito estava errado. O cérebro não mostrava sinal de rompimento dos vasos sanguíneos. "NÃO FOI APOPLEXIA", proclamou a manchete do *Herald* no dia seguinte. "A CAUSA DE MORTE DE ALDEN DAVIS FOI OUTRA." Quanto à "outra causa", é claro, passou-se a acreditar que se tratava do coquetel letal de água envenenada da enfermeira Toppan. A descoberta foi uma vitória adicional para a promotoria e um golpe na defesa. Com certeza, o jornal conjecturou, a notícia desse desdobramento "faria com que a srta. Toppan perdesse a alegria que lhe era tão característica desde que fora levada diante da corte do distrito".

Mas o jornal estava errado. De acordo com a sra. Cash, pressionada pelos jornalistas todos os dias em busca de qualquer informação sobre a prisioneira célebre, o ânimo de Jane permanecia elevado.

"Estou tirando um bom tempo de descanso aqui, pelo menos."

Se havia algo que a preocupava era dinheiro. Segundo todos os relatos, ela estava falida. Apesar de ter recebido renda respeitável como enfermeira particular, não restara nada dos anos de trabalho, nenhuma poupança, nenhuma joia, nenhuma propriedade. E o apoio financeiro prometido pelos amigos ricos de Cambridge nunca se concretizou.

Do ponto de vista de alguns simpatizantes, as circunstâncias tornavam impossível preparar a defesa apropriada. Até mesmo o amigo de infância, James Murphy, representava Jane de graça. Alguns dias depois da última aparição dela na corte, surgiram relatos de que o próprio governo poderia ajudar a enfermeira Toppan designando alguns detetives para trabalhar a favor dela.

Uma vez que o governo tinha a clara intenção de condená-la, essa sugestão pareceu, para muitos, bem peculiar. Mas havia precedente para isso. Dezoito anos antes, um crime extraordinário ocorreu na região de Boston. Uma mulher de Watertown chamada Carleton fora assassinada de forma brutal na varanda de casa, o crânio fora esmagado com uma pedra de granito da calçada. Por fim, Roger Amero foi preso pelo crime. Incapaz de contratar os próprios investigadores por não ter um centavo, Amero apelou para o governador da época, Benjamin Butler, que concordou em deixar uma dupla de detetives à disposição da defesa. Competindo com os próprios colegas de trabalho, que deram o seu melhor para provar a culpa do investigado, os detetives conseguiram levantar evidências suficientes para libertar Amero.

Com esse episódio em mente, uma fonte anônima ligada ao caso Toppan alegou que a mesma assistência governamental deveria ser oferecida a Jane Toppan:

Qualquer um que acompanha de perto julgamentos sabe que leva um tempo considerável para chegar à etapa processual propriamente dita. O Grande Júri levaria meses para receber o caso, e o advogado só seria designado depois do indiciamento. Enquanto isso, a promotoria trabalharia para aperfeiçoar o caso. Os melhores talentos investigativos seriam empregados para esse fim.

Se a srta. Toppan é culpada de metade dos crimes que foi acusada, nenhuma punição será severa o suficiente para ela. Em Massachusetts, contudo, um acusado é visto como inocente até que se prove o contrário. Portanto, do ponto de vista da lei, a srta. Toppan é inocente. Mas ela está limitada pelo encarceramento, bem como pela falta de meios para buscar evidências que podem ser vitais para o julgamento. A comunidade de Massachusetts pode ser generosa. No mínimo, pode ser justa. Há um batalhão de detetives cujo trabalho é investigar crimes e prender criminosos. Dois deles trabalham para aperfeiçoar o caso da promotoria. Não seria um ato magnânimo se outros oficiais fossem deixados à disposição da srta. Toppan para buscar evidências para a defesa?

Na verdade, contudo, o governo não tinha interesse em prestar assistência à srta. Toppan. Pelo contrário, enquanto essa proposta bem elaborada era distribuída para a imprensa, o promotor Holmes planejava uma pequena surpresa para Jane e o advogado, uma jogada que os pegaria desprevenidos por completo e os colocaria em desvantagem legal considerável.

O mundo soube da notícia antes de Jane. Na edição extra que chegou às ruas na terça-feira, 3 de dezembro, o *Globe* anunciou uma "ação bem sensacional e inesperada" por parte da promotoria.

Em vez de esperar até abril, quando o Grande Júri de Barnstable se reuniria para a sessão oficial, o promotor Holmes deu um passo incomum e convocou uma sessão especial. Ocorreria em poucos dias, na manhã de sexta-feira, 6 de dezembro.

Estava claro que essa manobra fora projetada para "pegar desprevenida" a defesa (como o *Globe* colocou). Era a forma de Holmes evitar a audiência preliminar em que lhe seria exigido que revelasse a evidência contra a acusada na corte distrital. Tanto Jane quanto o advogado contavam com a audiência preliminar justamente por essa razão, isto é, ter uma prévia do caso da promotoria. A audiência, já postergada duas vezes, estava agendada para 11 de dezembro. Com a sessão especial do júri no dia 6, porém, não havia mais necessidade para a formalidade da audiência.

199

O passo surpreendente tomado por Holmes, portanto, privava a defesa de vantagem tática importante. Em vez de dar uma dica sobre o jogo dele para toda a corte, o promotor seria capaz de apresentar as descobertas com o elemento surpresa a seu favor.

O carcereiro Cash soube do desdobramento na quinta-feira logo cedo, mas decidiu não contar a Jane, preferindo que o advogado dela lhe desse as más notícias. Cash tinha certeza de que essa virada surpreendente seria um golpe pesado para a enfermeira, que parecia convencida de que logo estaria livre. Ela vinha planejando uma declaração na audiência e estava confiante de que o juiz a libertaria sob fiança.

Alguns dias antes, enquanto aproveitava o almoço de Dia de Ação de Graças preparado pela sra. Cash, Jane fez um comentário em tom de brincadeira que "aquele era o primeiro feriado que passava na cadeia", mas que esperava estar de volta em Lowell para a ceia de Natal com os amigos. A neta da sra. Cash, Lucy, estava perto da cela nesse momento. Com os dedos agarrados às grades, a garotinha reluziu animada quando a mulher gentil de rosto redondo, que ela chamava de "Jennie", prometeu lhe enviar um presente especial de Natal.

Agora, parecia certo de que "Jennie" e a nova amiguinha se decepcionariam muito.

HAROLD SCHECHTER

JANE TOPPAN

LADY KILLERS PROFILE

26
CAPITULUM

FATAL

OS 23 DO JÚRI

> O soar lento do sino de tom incômodo anunciou, às 9 horas, para a srta. Toppan, que a corte superior do condado se reunira para ouvir o caso dela. O sino estava na torre do prédio pequeno do tribunal, bem ao lado da cadeia de aparência sombria, e o vento noroeste gélido que vinha da baía fazia com que o som das badaladas fúnebres reverberasse pelas dunas.
>
> *BOSTON HERALD*, 6 DE DEZEMBRO DE 1901.

Os 23 membros do grande júri tinham vindo de toda a região de Cape: Brewster, Bourne, Truro, Chatham, Orleans, Eastham, Harwich, Mashpee, Wellfleet e Provincetown. Alguns chegaram ao condado de Barnstable no fim da tarde de quinta-feira e passaram a noite em um hotel em Hyannis. Outros esperaram até o último minuto. Quando o sino tocou na torre da corte de Barnstable às

9 horas na manhã seguinte, três dos jurados, William Chadwick e Daniel Phillips, ambos de Falmouth, e Horace Percival de Sandwich, ainda não tinham chegado, mas apareceram logo depois.

O chefe de justiça Albert Mason (que veio de Brookline) abriu a corte às 9 em ponto. O escriturário venerável de cabelo branco, Smith K. Hopkins, anunciou o início da sessão depois que o reverendo Albert H. Spence, da Igreja Unitariana de Barnstable, fez a oração. O chefe de justiça instruiu os jurados, além de aconselhá-los a ouvir com atenção "as questões conforme lhes fossem apresentadas pelo promotor".

Os 23 jurados seguiram em fila para a mesma salinha da corte em que Jane comparecera das outras vezes. Não havia espectadores, e as portas estavam fechadas. As testemunhas ficaram no escritório do juiz. Às 9h15 em ponto, o promotor Holmes começou a apresentar o caso.

As testemunhas foram levadas até a corte, uma por vez. O professor Wood entrou primeiro, carregando uma mala grande. Saiu 30 minutos depois e, na sequência, foi a vez do professor W. P Whitney, do Hospital Geral de Massachusetts, que prestou assistência ao médico-legista Faunce nas necrópsias da família Davis. O professor Wood foi, então, chamado de volta para perguntas adicionais. Às 10 horas, tanto Wood quando Whitney concluíram os testemunhos. Ignorando as perguntas berradas pelos jornalistas reunidos no corredor, seguiram direto para a estação ferroviária e pegaram o trem das 10h15 de volta para Boston.

Beulah Jacobs foi a seguinte. Ficou lá por duas horas. Foi seguida pelo oficial Letteney e o general Josephus Whitney, ambos detetives da polícia. Esse último tinha acabado de terminar o testemunho quando o chefe de justiça ordenou a pausa para o almoço.

Oramel Brigham abriu a sessão à tarde. Ele terminou às 15 horas, no momento em que Benjamin Waters, o farmacêutico de Wareham, que vendera morfina para Jane, era esperado.

Ele nunca teve a oportunidade.

Antes de ser chamado, a porta da corte se abriu. O promotor Holmes saiu correndo e foi em disparada para o escritório particular do chefe de justiça, no andar de cima. Os dois permaneceram trancados por quase uma hora.

Enquanto isso, os jurados começaram a se dispersar da sala da corte e seguiram até a tesouraria para receber seu pagamento pelo dia. A notícia se espalhou depressa entre os repórteres. Mais nenhuma testemunha seria chamada; o júri ouvira todos os testemunhos de que precisava.

Alguém foi enviado para a cadeia para notificar o carcereiro Cash. Às 17 horas, os jurados, que ficaram aglomerados no corredor por 45 minutos, foram chamados de volta para a corte. Assim que se sentaram, Jane Toppan, acompanhada do advogado e cercada por uma dupla de vice-xerifes, foi escoltada para a sala.

Sobre o escrutínio cerrado dos jornalistas (que receberam autorização para testemunhar essa parte da sessão), Jane andou com vivacidade até o seu lugar e se sentou entre os dois homens da lei. Os repórteres analisaram a expressão da mulher em busca de sinais de ansiedade, mas não viram nada. De cabeça erguida e olhos fixos no chefe de justiça Mason, ela não desviou o olhar até que o escrivão Smith K. Hopkins se virou para o presidente dos jurados, Herman Cook, e disse: "Sr. presidente, os senhores têm algo a relatar para a corte?".

"Temos, senhor", disse Cook. Então entregou um maço de papéis datilografados para Hopkins, que os passou ao juiz sem nem espiar.

Nesse momento, o promotor Holmes ficou de pé: "Atendendo ao interesse do tribunal", pronunciou. "O grande júri relatou os indiciamentos contra a ré, e peço que ela seja acusada agora."

Com um aceno sutil de cabeça, o chefe de justiça Mason devolveu os papéis para o escrivão.

"Jane Toppan", chamou Hopkins.

Levantando-se com rapidez, Jane segurou o corrimão e olhou atenta para o escrivão enrugado.

Apertando os olhos diante do primeiro indiciamento, o velho começou a ler. Com a diminuição das luzes do crepúsculo, teve dificuldade para compreender as palavras. Em dado momento, alguém apareceu com uma lamparina de querosene. Mesmo assim, a leitura foi sofrida, com Hopkins gaguejando e tropeçando no "juridiquês" tortuoso do indiciamento:

> Os jurados para a comunidade de Massachusetts, cumprindo seu juramento, anunciam que: Jane Toppan, atualmente residente de Cambridge, no condado de Middlesex e comunidade supracitada, no décimo segundo dia de agosto no ano do nosso Senhor de 1901, em Bourne, no condado de Barnstable supracitado, em e sobre Mary D. Gibbs cometeu ataque criminoso, intencional e de malícia premeditada, e contra ela, a citada Mary D. Gibbs, agiu de forma criminosa, voluntária e com malícia premeditada ao, ali e então, dar e administrar, de alguma forma e maneira e por meios desconhecidos para os jurados supracitados, determinada quantidade do produto a saber: 650 mg de certo veneno mortal chamado morfina; ela, a citada Jane Toppan, ali e então, sabendo muito bem ser a citada substância veneno mortal, com a intenção de que a dita Mary D. Gibbs tomasse e

ingerisse a substância no corpo dela; e que a dita Mary D. Gibbs tomou e ingeriu no corpo dela a dita morfina, assim dada e administrada conforme dito anteriormente, a dita Mary D. Gibbs, não sabendo, ali e então, que a substância se trata de veneno mortal; por meio do que a dita Mary D. Gibbs ficou mortalmente doente e enferma de corpo, e a dita Mary D. Gibbs do veneno acima mencionado, então por ela tomado e engolido como acima citado, e da doença e enfermidade ocasionada por isso, do referido décimo segundo dia de agosto do ano mencionado até o décimo terceiro dia de agosto do ano mencionado em Bourne supracitado, no condado de Barnstable supracitado, definhou, e viveu em sofrimento; e no dia 13 de agosto do mesmo ano em Bourne supracitado, no condado de Barnstable supracitado, a referida Mary D. Gibbs, do veneno supracitado e da doença e enfermidade ocasionada por isso, morreu. E assim os jurados supracitados, em seu juramento supracitado, afirmam que a dita Jane Toppan, na maneira e na forma supracitada, de maneira criminosa, intencional e de malícia premeditada envenenou, matou e assassinou a dita Mary D. Gibbs, contra a paz da referida comunidade e contrariando a forma do estatuto, em tal caso feito e fornecido...

Conforme Hopkins lia, os repórteres anotavam, transcrevendo empenhadamente a essência do indiciamento nos cadernos. Tirando o jargão, o documento acusava Jane de matar a irmã Davis mais velha, Mary "Minnie" Gibbs, dando-lhe doses massivas de morfina e atropina.

Demorou quase 15 minutos para Hopkins passar pelo indiciamento de quatro páginas. A essa altura, Jane (como a maioria das pessoas no recinto) mostrava sinais de tensão.

Havia, ainda, mais dois indiciamentos. Antes que Hopkins pudesse começar o próximo, o advogado de Jane ficou de pé e, em nome da cliente, dispensou a leitura dos outros indiciamentos: "São praticamente iguais e não vejo a necessidade da leitura deles".

Sem dúvida, para alívio dos presentes, o chefe de justiça Mason concordou de pronto.

Voltando-se para Jane, Hopkins, então perguntou se ela era culpada ou inocente da acusação de acordo com o indiciamento de Gibbs.

Com voz clara e calma, alta o suficiente, de acordo com um jornalista, "que pôde ser ouvida quase no corredor", Jane respondeu: "Inocente".

Ela foi, então, informada de que também era acusada dos assassinatos de Alden Davis e Genevieve Gordon.

De novo, Jane respondeu "inocente" quando perguntada o que alegava para cada acusação.

Os procedimentos duraram poucos minutos. Após se sentar, Jane, calma e com as mãos dobradas sobre o colo, ouviu quando Murphy pediu para a corte "designar um advogado sênior" para a cliente que, como explicou, "estava sem nenhum recurso financeiro."

"Você está dizendo que ela não tem dinheiro?", perguntou o chefe de justiça Mason.

"Sim, senhor", respondeu Murphy.

"Muito bem", falou o juiz. "A corte analisará o pedido."

Segundos depois, Mason dispensou o júri, e Jane Toppan foi levada de volta para a cela.

Logo depois da audiência, o promotor foi procurado pelos repórteres, que clamavam por detalhes. Holmes se recusou a comentar o caso. Contudo, fez uma previsão que se provaria de imprecisão extraordinária: "Agora que indiciamos a srta. Toppan, há muito a ser feito para provar as acusações, e posso dizer com segurança que, quando o caso for para o tribunal, será um dos julgamentos mais longos que o estado de Massachusetts já teve".

Na manhã seguinte, os repórteres interrogaram a esposa do carcereiro, a sra. Cash, sobre o estado mental da enfermeira Toppan. Será que, depois das evidências apresentadas no grande júri, a famosa compostura de Jane tinha, por fim, cedido? Será que ela passara uma noite terrível depois de ser acusada formalmente de tantos homicídios premeditados?

A sra. Cash, contudo, logo deu um basta a essas especulações. Após retornar para a cela, Jane e o advogado tiveram uma longa conversa. Depois, a enfermeira comeu o jantar com o prazer habitual. Quando a sra. Cash passou para recolher os pratos, Jane pareceu perfeitamente calma, até alegre. As duas conversaram um pouco.

Então, Jane se recolheu cedo e, até o ponto que a sra. Cash poderia dizer, dormiu o sono dos justos.

MENTE ENVENENADA

JANE TOPPAN

JANE TOPPAN DECLARED INSANE

Experts to So Report to the Attorney-General

JANE TOPPAN,
Accused of many murders, who has been declared insane.

Jane Toppan will be declared insane. She will never be brought to trial for the 11 deaths alleged against her, but will live her life out in an asylum.

The alienists who examined her have made out their report, and it will be sent to the attorney-general today or tomorrow.

The report will go at some length into that especial phase of irresponsibility which Drs. Jelly, Stedman and Quimby have decided exists in the case of Miss Toppan.

Before the examination was made there was some question as to whether or not it would be advisable to send an agent to Ireland to trace out the woman's ancestry.

So much of it, and of her early life, as it has been possible to learn here, has been gathered by James Stuart Murphy, the junior counsel in the case.

Some of what Mr. Murphy learned has ing to almost stake my professional reputation that she will not live for twice that length of time."

The physician said that Miss Toppan was rapidly developing a suspicious nature, of which she did not seem to have the slightest trace when she was arrested.

She has little to say to the people of the jail, and she is scarcely more communicative to her lawyers. When asked about certain things, she assumes an air of extraordinary cunning and returns evasive answers.

No such thing as a confession is to be expected from her. As her insanity becomes more pronounced, she will grow more and more reticent, and the mystery of those wholesale deaths of men and women who died while under "Jennie" Toppan's nursing is likely to be forever enumerated with the unfathomable mysteries of crime.

Those who knew Miss Toppan before her arrest scout the idea of her insanity, but at the jail, those who see her daily have noticed a marked change in her.

HAROLD SCHECHTER

JANE TOPPAN

LADY KILLERS PROFILE

27
CAPITULUM

FATAL

HÁBITO DE MATAR

Como posso ser insana? Quando matei as pessoas, sabia que o que estava fazendo era errado.

JANE TOPPAN

Dada a fascinação perene da humanidade por crimes sensacionalistas, não é surpresa que a imprensa da Nova Inglaterra tenha se dedicado a todos os aspectos da história de Jane Toppan. Na época, assim como agora, assassinatos em série vendiam jornais, e a competição entre as várias publicações diárias de Boston era intensa. *Globe, Post, Herald, Traveler, Transcript, Journal, Daily Advertiser, Morning Journal, Evening Transcript*, todos rivalizavam pela atenção (e pelos centavos) do público. Cada rumor insano e cada acusação infundada se tornavam base para uma manchete escandalosa e, quando revelações dramáticas estavam em falta, os jornalistas, às vezes, recorriam à mentira descarada (várias supostas entrevistas exclusivas com Jane na cadeia, por exemplo, foram totalmente inventadas).

Com a entrega dos indiciamentos, contudo, a história de Toppan desapareceu por um tempo das primeiras páginas. Só um detalhe significante chegou aos jornais durante o inverno: em janeiro, o chefe de justiça Mason atendeu ao pedido de James Murphy e designou um novo advogado, Fred M. Bixby, para defender Jane. Oficial de justiça da polícia da corte de Brockton e residente de veraneio de Hyannis, Bixby era conhecido, nas palavras do *Brockton Enterprise*, "pelo bom conhecimento da lei, a habilidade como orador e a capacidade notável de compreender uma questão depressa e virar a situação de imediato a seu favor. Ele tem o dom do humor, não se abala com o ridículo e pode ser de eloquência impressionante quando a ocasião pede". Era o advogado júnior em um caso que atraiu muita atenção local anos antes, o julgamento de Arthur Albee pelo assassinato do barbeiro Leaman. Graças em grande parte a Bixby, Albee foi absolvido.

Entretanto, além da indicação de Bixby, não houve nenhum desdobramento no caso Toppan nos meses seguintes ao indiciamento. Somente na primavera de 1902 que o nome dela reapareceu nos periódicos. No último dia de março, os jornais noticiaram que Jane passara por exame psiquiátrico meticuloso realizado por especialistas que determinaram que ela era insana.

Ao contrário das declarações anteriores do promotor Holmes, que tinha previsto com confiança que o julgamento seria "um dos mais longos" já conduzidos em Massachusetts, parecia provável, então, que Jane Toppan pudesse nem ser julgada.

O dr. Henry Rust Stedman era um dos psiquiatras mais qualificados de Boston (ou "alienista", como era comum se referir a eles na época). Nativo de Boston, recebeu o título de bacharel em Harvard em 1871, depois cursou medicina na instituição, graduando-se quatro anos depois, aos 26 anos, depois de prestar serviços como cirurgião e clínico no Hospital Geral de Massachusetts e em hospitais da cidade de Boston.

Depois de um período em um consultório particular, embarcou no estudo da psiquiatria. Passou cinco anos como superintendente assistente no Hospital Estadual de Danvers para Insanos antes de se mudar para a Grã-Bretanha, onde trabalhou como assistente clínico no Asilo Real de Edimburgo e no Asilo West Riding em Yorkshire, Inglaterra.

Em 1884, voltou para casa em Boston, e se fixou no Hospital Bournewood, instituição particular para tratamento de doenças nervosas e mentais. Por 34 anos, foi superintendente e médico residente em Bournewood (em funcionamento até hoje). Colaborador frequente da literatura de doenças mentais, Stedman presidiu a Associação Neurológica Americana, a Sociedade de Psiquiatria da Nova Inglaterra e a Sociedade de Psiquiatria e Neurologia de Boston. Com frequência, dava pareceres como médico-legista e participava de julgamentos famosos.

Em algum momento no início do ano novo, o promotor distrital Holmes e o novo advogado de Jane, Fred Bixby, apresentaram uma proposta ao advogado-geral Parker. Para evitar a clássica bagunça no tribunal (em que ambos os lados marchariam com os respectivos peritos que apresentariam testemunhos diametralmente contraditórios), Bixby e Holmes gostariam de indicar uma comissão de "especialistas em insanidade" para diagnosticar o estado mental de Jane "no que tange à responsabilidade dela".

Depois de considerar a questão por semanas, Parker concordou. Stedman era a escolha natural para a comissão. Em 20 de março de 1902, com dois alienistas preeminentes, os doutores George F. Jelly, de Boston, e Hosea M. Quinby, superintendente do Hospital Worcester para Insanos, ele chegou à cadeia de Barnstable para a série de entrevistas com a enfermeira assassina.

A princípio, Jane pareceu suspeitar dos médicos, tratando-os com cautela e dando respostas concisas e relutantes às perguntas. Não demorou muito, contudo, até que se soltasse e (como Stedman explicou depois em artigo apresentado para a Associação Médico-Psicológica Americana) "falasse com liberdade, fluência e inteligência". A aceitação calma, quase alegre, da situação, que os repórteres perceberam desde a prisão, era muito evidente. Ela parecia, como Stedman definiu, "bem indiferente e pareceu ver nossas visitas como um descanso agradável da vida monótona".

Vários aspectos da personalidade doentia de Jane logo se manifestaram. Havia, antes de tudo, muito rancor (e até mesmo maldade) que ficava escondido por uma superfície genial. "A falsidade absoluta e disposição para difamar até mesmo os melhores amigos e acusá-los, quase sem exceção (elogiava-os agora e os culpava logo depois), era algo muito evidente", Stedman destacou.

Apesar de não ser clinicamente delirante, era, com certeza, mentirosa patológica, que fazia muitas das mesmas alegações ultrajantes desde a infância: que o pai morou na China, por exemplo, que a irmã partiu o coração de um lorde inglês. Ela também deu muita ênfase "ao horror que sentia diante da morte, que era tão grande ao ponto de, às vezes, perder os sentidos diante da mera visão de um cadáver", apesar do fato irrefutável de que, como Stedman registrou, "ela lidava com cadáveres de modo rotineiro" na profissão de enfermeira.

Sobre a culpa, Jane também continuou a hesitar, mesmo que por pouco tempo. A princípio, ela pareceu determinada ao negar que cometera qualquer um dos crimes de que era acusada. Mas, por fim, a verdade acabou saindo.

Stedman e os colegas chegaram a Barnstable sabendo muito bem que a enfermeira Toppan era uma criminosa de crueldade incomum, talvez única. Tiveram, afinal, acesso irrestrito às evidências coletadas pela promotoria desde o início da investigação. E, assim, não se surpreenderam quando Jane confessou espontaneamente tanto a piromania quanto os múltiplos assassinatos. Até mesmo a quantidade de homicídios que admitiu, a princípio (doze), não foi um choque, uma vez que os investigadores do governo tinham concluído que, até então, ela fora responsável por, no mínimo, aquela quantia de mortos.

O que pegou Stedman e os colegas desprevenidos foi a maneira como ela relatou os crimes, bem como certos detalhes que divulgou pela primeira vez. Esses fatores, até mais do que o volume em si das maldades, seriam o elemento determinante no diagnóstico.

Assim que Jane começou a falar dos homicídios, ela o fez, nas palavras de Stedman, com "calma absoluta". Descreveu as mortes das vítimas de modo perfeitamente natural, acrescentando o que os psiquiatras descreveram como "comentários elogiosos" ocasionais, isto é, lembranças agradáveis dos pacientes que tiveram mortes tão trágicas. Ela se referia a eles como amigos e "negou qualquer hostilidade da parte dela ou deles".

Ao mesmo tempo, não demonstrou "o menor sinal de remorso" pelos crimes. Pelo contrário "por muito tempo no decorrer das entrevistas, manifestou falta de seriedade e leviandade frequente, de contraste flagrante com o que se espera de alguém levada a confessar tantos crimes hediondos".

A própria Jane pareceu um pouco perplexa com sua falta de reações normais humanas. "Quando tento visualizar", falou para Stedman, "digo para mim mesma, 'eu envenenei Minnie Gibbs, minha amiga querida, envenenei a sra. Gordon, envenenei o sr. e a sra. Davis'. E não causa nada em mim, e quando tento sentir as dores das crianças e as consequências, não consigo perceber o quanto é horrível. Por que não sinto pena ou tristeza? Não consigo entender o sentido disso tudo."

Quando pressionada a dar detalhes dos crimes, Jane pôde oferecer ajuda limitada. Não era capaz de se lembrar de todas as especificidades porque o assassinato se tornou uma rotina. Envenenar, como ela descreveu, "tornou-se um hábito na vida dela".

Os fatos que ela forneceu, contudo, eram muito perturbadores. Não havia nada apressado ou descontrolado nos crimes. Ela os planejava com cuidado e os realizava com "calma e clareza mental" perfeitas. Depois de adulterar um copo de água mineral com veneno e de garantir que a vítima bebesse até a última gota da mistura letal, "sempre sentia um alívio grande, ia para a cama e dormia profundamente". Com o mesmo tom bizarro de indiferença, revelou aos psiquiatras, chocados, que tinha o hábito "de se deitar na cama com o paciente que acabara de envenenar". Algo ainda mais grotesco foi a admissão de que, depois de administrar o veneno a Minnie Gibbs, ela "levou [o filho Jesse, na época com 10 anos] para a cama com ela". Essa alegação pareceu tão incrível para os investigadores que, depois, se deram ao trabalho de confirmá-la interrogando o garoto e, no artigo apresentado para a Associação Médico-Psicológica Americana, Stedman foi bem enfático ao dizer que o incidente de perversidade terrível era "*um fato*".

A princípio, Jane pareceu suspeitar dos médicos, tratando-os com cautela e dando respostas concisas e relutantes às perguntas.

Stedman e os colegas, contudo, ficaram ainda mais chocados com o motivo que Jane, por fim, deu para os crimes. Quando pressionada a contar "o que incitou seus atos", ela soltou "um recital desavergonhado sobre o histórico de excitação sexual que ocorria na presença de um moribundo". Ela era levada a matar por "impulso sexual irresistível". A necessidade tinha se intensificado no ano anterior, e durante o verão ela "se deixou levar".

A confissão era tão "chocante" (nas palavras de Stedman), que os colegas e ele ficaram relutantes em acreditar, pois nunca tinham ouvido nada assim. Há algo pitoresco na insistência de Stedman de que, como escreveu no artigo, as "representações [de Jane] da natureza desse impulso e as condições envolvidas fossem tão distantes de qualquer forma conhecida de perversão sexual que os entrevistadores suspeitaram que se tratava de fingimento". Parece evidente que esses médicos respeitáveis da Boston puritana não estavam familiarizados com o livro *Psychopathia Sexualis*, de Krafft-Ebing, cujas páginas estão repletas de pessoas precisamente como Jane Toppan, sadistas homicidas que obtêm êxtase tremendo ao levar outros seres à morte.

Além do que a própria Jane descreveu como "o desejo de experimentar a excitação sexual ao matar pessoas", ela não tinha explicações para seu comportamento criminoso. "Alguma coisa me possui, não sei o que é", falou. "Parece causar um tipo de paralisia no pensamento e na razão. Tenho desejo incontrolável de dar veneno sem pensar nas consequências. Não me oponho a dizer meus sentimentos, mas não conheço minha mente. Não sei por que cometo esses atos."

Não demorou muito para Stedman e os colegas chegarem a um consenso do estado mental de Jane. A opinião foi relatada para o advogado-geral na última semana de março. Os pontos principais, resumidos por Stedman, eram os seguintes:

1. A prisioneira, Jane Toppan, vem de família em que a intemperança e a fraqueza e doença mentais são características patológicas de destaque.

2. A falta completa de senso moral fica evidente desde a infância em sua inclinação incorrigível à falsidade, desonestidade, prática de travessuras, irresponsabilidade generalizada e prováveis furtos. O treinamento moral, mental e religioso que recebeu na juventude não gerou modificações no caráter e foram praticamente desperdiçados com ela.

3. A insensibilidade moral é ainda mais aparente na ausência de medo antes, durante ou após o cometimento do crime e de remorso, de pesar ou de afeição genuína a qualquer momento. Esse defeito é reforçado pelas principais vítimas serem amigos próximos.

4. A falta de compreensão da situação, ou leviandade de tais circunstâncias e inabilidade de perceber a maldade dos atos são evidências fortes de problemas mentais.

5. Que a propensão irresistível a incita aos crimes de incêndio e assassinato é algo percebido pela frequência alta e pela variedade de tais atos, além da insistência neles independente das consequências.

6. Há ausência de motivação aparente para os atos criminosos dela em alguns casos e a presença de motivos inadequados em muitos outros. O que demonstra falta total de evidências do ganho pecuniário ou da satisfação por vingança como regra, exceto por pequenos furtos e animosidades passageiras, o que seria incapaz de ser um incentivo ao homicídio habitual em criminosos mentalmente sadios.

7. O histórico de doenças da prisioneira e o estado mental atual correspondem com a forma bem documentada de doença mental de tipo moral devido a degeneração congênita na qual pode haver alterações intelectuais aparentes mínimas ou inexistentes ao observador comum.

As características mentais descritas nesse resumo (duplicidade congênita; falta completa de qualquer "senso moral"; inabilidade de sentir tanto empatia quanto remorso; sangue-frio bizarro sob condições de estresse extremo; ausência de "perturbação intelectual" aparente) são, é claro, elementos clássicos do que chamamos hoje de personalidade psicopata. Nos tempos de Jane Toppan, essa classificação ainda não era usada. Na época, a doença era tecnicamente conhecida como "insanidade moral" (ou "imbecilidade moral").

No artigo para a Associação Médico-Psicológica Americana, Stedman dedica um trecho considerável para a definição do termo, que descreve da seguinte maneira:

> Esses pacientes possuem memória e compreensão boas, habilidade de argumentar e inventar, muita esperteza e astúcia e aparência geral de racionalidade, coexistindo com autocontrole deficiente, com a ausência de senso de moralidade e de sentimentos humanos, com instintos pervertidos e brutais e com a propensão para atos criminosos de vários tipos que podem ser perpetrados de forma deliberada e com planejamento inteligente, mesmo que com pouco ou nenhum comprometimento para com as motivações e com desprezo pelas consequências para si e para os outros.

É difícil achar descrição mais concisa da psicopatia criminal do que essa. Mas a real questão tinha a ver com a responsabilidade de Jane. Stedman e os colegas não tinham dúvida de que a enfermeira Toppan era, como atestaram no relatório, um "monstro moral". Mas era legalmente insana? A própria Jane insistia que não poderia ser insana porque sabia que aquilo que estava "fazendo era errado" e fizera muito esforço para evitar ser descoberta. De fato, uma vez que a sanidade, no geral, é definida como a habilidade de distinguir o certo do errado, há uma dificuldade excepcional até para os *serial killers* mais assustadores em alegar insanidade exatamente por essa razão. Por mais horríveis que sejam as atrocidades, o mero fato de que se deram ao trabalho de ocultar os crimes e fugir da captura prova que sabiam que estavam envolvidos em algo errado.

Stedman e os colegas reconheceram que as faculdades intelectuais de Jane não foram afetadas pela degeneração moral, que, ao perpetrar os crimes, exerceu "julgamento frio, sagaz e consistente" (para citar a descrição memorável de Herman Melville do vilão psicopata de *Billy Budd*). E, assim, a conclusão a que chegaram foi um tanto surpreendente: "Portanto, somos da opinião de que a prisioneira, Jane Toppan, estava insana e irresponsável no momento do homicídio de que é acusada, assim como está agora; e que, se ficar à solta de novo, será ameaça constante à comunidade".

Embora os detalhes chocantes do relatório não tenham ido a público, a essência do texto foi divulgada em meados de abril. Como o *Barnstable Patriot* anunciou no dia 14 daquele mês, a enfermeira Toppan foi "considerada insana oficialmente por três alienistas designados pela promotoria para investigar o estado mental dela".

A crença geral e imediata era que não haveria julgamento. "É esperado que o juiz da corte superior receba a solicitação do promotor para encerrar o caso da srta. Toppan internando-a em um asilo", noticiou o *Patriot*. Para os residentes de Barnstable, essa era uma notícia bem-vinda. Por meses as pessoas vinham reclamando do fardo fiscal do caso. A investigação já custara aos contribuintes uma quantia considerável, e o jornal local estimava que "se a srta. Toppan fosse julgada, as despesas do condado de Barnstable ficariam por volta de 15 mil dólares", um valor substancial em 1902.

Foi com um misto de decepção e alívio que os cidadãos de Barnstable leram a matéria publicada no *Patriot* em 28 de abril. Haveria um julgamento, afinal. Depois de se consultar com o promotor Holmes e Fred Bixby, o advogado-geral Parker "decidiu que a srta. Toppan seria levada para a corte em Barnstable e seriam apresentadas evidências dos crimes de que era acusada e do estado moral e mental dela". Parker tomou essa decisão porque não queria criar um precedente. "Se a srta. Toppan for internada sem que as evidências passem pelo júri", explicou, "os mesmos privilégios podem ser exigidos por advogados de defesa no futuro e o governo pode se sentir à vontade para conceder."

A boa notícia era que as audiências não deveriam ser longas. Fred Bixby falou a um repórter do *Brockton Enterprise* que "o julgamento da srta. Toppan será breve. É provável que a minha cliente seja inocentada por motivos de insanidade e, então, internada em um asilo, talvez no Hospital para Insanos de Worcester ou no Asilo para Insanos de Taunton, e, se ela for para qualquer um deles, será para passar o restante da vida".

HAROLD SCHECHTER

JANE TOPPAN

LADY KILLERS PROFILE

28 CAPITULUM

FATAL

VEREDICTO

> A mania dela, como descoberto pela comissão médica, não tem paralelo na história dos crimes e dos criminosos extraordinários desse país. Para encontrar caso análogo, temos que buscar nas regiões mais degeneradas da Europa e ler os relatórios dos cientistas das paixões mais revoltantes que incitaram uma sucessão de assassinos que só podiam interessar aos psicólogos.
>
> BOSTON GLOBE, 23 DE JUNHO DE 1902

Nas semanas que precederam o início do julgamento da enfermeira Toppan, o povo de Barnstable, ao que pareceu, quase não tinha outro assunto. Nem mesmo o julgamento de Charles Freeman, o fanático de Pocasset, que sacrificou da filha de 4 anos, gerou tanta agitação. Turistas de todos os cantos de Cape foram ver o prédio cinza do tribunal com a arquitetura que, graças às quatro colunas caneladas parcialmente ocultas pelas sombras das árvores, remetia às construções gregas. Até mesmo os moradores, que tinham passado na frente do prédio a vida toda, pararam para admirar o lugar em que a maior assassina da época seria levada a júri na última semana de junho de 1902.

Um dia antes do julgamento, curiosos aos montes apareceram em Barnstable. Na noite de domingo, todos os quartos vagos no raio de 1,5 quilômetro da corte tinham sido alugados. O *Boston Post* noticiou que fazendeiros estavam "dormindo nas cozinhas para alugar os quartos". Mesmo assim, não havia quase quartos suficientes para acomodar a multidão de visitantes. Dezenas de pessoas foram forçadas a buscar acomodações em Hyannis, a oito quilômetros dali. Outros decidiram dispensar hospedagem. Um grupo de mulheres, determinadas a garantir os melhores lugares no tribunal, chegaram de Truro no final da tarde de domingo e acamparam durante a noite. Para alimentar a multidão, um balcão com refeições foi montado no corredor do tribunal.

> **Nas semanas que precederam o início do julgamento da enfermeira Toppan, o povo de Barnstable, ao que pareceu, quase não tinha outro assunto.**

Era esperado que o julgamento iminente provocaria uma fascinação tão intensa. Embora os detalhes dos relatórios dos alienistas não tivessem sido divulgados, vazaram informações o bastante para deixar claro para o público que Jane Toppan era um monstro cujos crimes não tinham precedentes, pelo menos no país. Para encontrar atrocidades paralelas, o *Boston Globe* sugeriu que seria necessário buscar relatos científicos de assassinos em série europeus, estrangeiros degenerados cujas "paixões revoltantes" os incitaram a cometer uma "sucessão de assassinatos". Na América, não havia caso análogo, exceto uma exceção possível. "Quem mais se aproxima", destacou o *Post*, "é Jesse Pomeroy", o "garoto demônio [notório] de Boston", cujos assassinatos com mutilações de crianças perpetrados no começo dos anos 1870 aterrorizaram a cidade.

Apesar da insistência do *Post* de que tais questões "revoltantes" poderiam "interessar apenas aos psicólogos", as dicas instigantes da natureza terrível dos crimes de Jane, sem dúvida, inflamariam o interesse lascivo daquele povo temente a Deus e cumpridor da lei da Nova Inglaterra. Os que foram em bandos para Barnstable satisfazer sua curiosidade mórbida, contudo, estavam fadados a se decepcionar. "A descrição direta e sincera da mania homicida da srta. Toppan é tão terrível", declarou o *Post*, "que é possível que seja abordada apenas em termos mais gerais para indicar o caráter dela aos jurados."

Mesmo assim, estava claro que a jornada para Barnstable valia o esforço para muitas pessoas. Mesmo se os detalhes suculentos das atrocidades de Jane não fossem revelados, ainda teriam a excitação deliciosa com a viagem e uma visão em primeira mão de uma das assassinas mais malignas que o país já produzira.

O vilarejo ficou agitado na manhã de 23 de junho, uma segunda-feira quente e iluminada. O sol mal havia nascido quando os espectadores começaram a invadir a cidade. Em poucas horas, o gramado que se estendia entre a prisão e o tribunal estava lotado. Os jurados chegaram por volta das 7 horas, alguns de carruagem, outros no trem matutino vindo de Provincetown.

Um segundo trem, esse de Boston, parou na estação de Barnstable por volta das 9h40. A maioria dos oficiais da corte estava a bordo, com quase todas as testemunhas, incluindo Harry Gordon, o professor Wood, a sra. Beulah Jacobs, Oramel Brigham, o detetive Whitney e os três alienistas, os doutores Stedman, Jelly e Quinby.

As portas de ferro do tribunal foram abertas pontualmente às 9 horas. Em minutos, a galeria atingiu a lotação máxima, sendo o térreo reservado para 55 possíveis jurados e quase 35 testemunhas. Um pouco antes das 10 horas, os dois juízes que conduziriam o caso, Charles U. Bell e Henry K. Braley, entraram. Após a chamada dos jurados, o reverendo Spence da igreja Unitariana ofereceu uma oração. O advogado-geral Parker, então, solicitou que o advogado-geral distrital assistente de Fall River fosse designado a auxiliá-lo. O pedido foi atendido de imediato pela corte.

Então, espichando-se nos assentos para ter uma boa visão, os espectadores fixaram o olhar na porta por onde Jane Toppan entraria.

Os prisioneiros normalmente são acordados às 6 horas da manhã, mas Jane teve permissão para dormir até mais tarde no dia do julgamento, que prometia ser longo e estressante, e a cozinheira de bom coração, sra. Cash, convenceu o marido a conceder uma hora a mais de descanso para Jane.

Quando a sra. Cash apareceu com a bandeja de café da manhã, Jane parecia estar em seu estado emocional natural: serena, despreocupada e faminta. As refeições fartas que vinha devorando nos últimos oito meses, combinadas à ausência quase completa de atividade física, produzira um resultado inevitável: tinha ganho quase 23 quilos desde a última aparição pública.

Com a sra. Cash na cadeira ao lado da cama da prisioneira, Jane mergulhou no prato cheio de ovos e batatas picadas, conversando animada entre as garfadas. Os eventos do dia pareciam a última coisa na cabeça dela.

Na verdade, nas semanas anteriores, Jane pareceu bem menos preocupada com o julgamento iminente do que com a empreitada literária dela. Por meses, trabalhara em um livro. Não era, como esperado, uma autobiografia ou um livro de memórias do cárcere, mas, sim, uma história de amor. Desde criança, Jane fora leitora ávida das ficções sentimentais açucaradas da época, livros com títulos como *Um Coração Nobre* e *Quando o Amor Ordena*. Por muito tempo, ela teve o desejo de se tornar escritora de romances populares. Mesmo nos turnos longos no curso de enfermagem, com frequência fugia para um canto remoto do hospital e escrevia. Em Cataumet, várias vezes foi vista "rabiscando" no caderno (como o capitão Paul Gibbs falou aos repórteres).

Com tanto tempo livre, Jane se dedicou com seriedade à escrita e, nas semanas anteriores, o romance que produzia parecia ser tudo com que se importava. Mesmo na tarde anterior, quando James Stuart Murphy foi até a cela prepará-la para o julgamento, teve dificuldade em fazê-la se concentrar na questão. Tudo que queria era discutir o título do livro. Estava indecisa entre três e queria saber qual ele achava mais "vendável": *A Tristeza de Maude, Florence Presa pela Razão* ou *Doces Olhos Azuis*. Quando Murphy ficou irritado e a lembrou que havia questões mais importantes no momento, ela respondeu com grosseria que ele, mais do que qualquer um, deveria se interessar pelo livro, uma vez que ela planejava pagar os honorários dele com os direitos autorais, uma vez que estava destinado a ser um best-seller.

Enquanto Jane terminava de limpar o prato, informou para a sra. Cash que, depois de refletir muito, tinha se decidido por *Doces Olhos Azuis*. A esposa gentil do carcereiro concordou que era a melhor das três opções. Resolvida de forma satisfatória a questão, Jane, por fim, voltou a atenção ao julgamento.

A essa altura, já passava das 8 horas e ela era esperada no tribunal em menos de uma hora.

Embora as opções fossem muito limitadas, ela passou os 30 minutos seguintes tentando decidir o que vestir. Tinha apenas dois vestidos e três blusas (sendo que todos passaram por muitas alterações para acomodar a expansão da cintura). Ainda assim, ela parecia não ser capaz de escolher um figurino. Tentou todas as variações, pelo menos, uma dezena de vezes. E ainda estava com dificuldade em decidir quando os advogados chegaram para acompanhá-la ao tribunal. No fim, optou pelo vestido preto e a blusa branca, o chapéu preto grande com véu pesado e ornamentado com buquê de não-me-esqueças, além de uma fita branca amarrada no pescoço.

220

Estava claro que ela queria passar a melhor imagem quando aparecesse para o público pela primeira vez em seis meses. Mas a multidão no gramado era tão densa que poucos espectadores puderam ter ao menos um vislumbre dela enquanto, cercada pelo carcereiro Cash e o vice-xerife Hutchins, caminhou até o prédio de pedras cinzentas do tribunal a menos de 40 metros de distância.

O véu preto pesado ocultou a expressão de Jane ao entrar às pressas na corte que a aguardava. Depois de assumir seu lugar entre os dois corrimões altos na área comprida para prisioneiros, ela prendeu o tecido atrás do chapéu e deu uma olhada em volta.

Para um observador, o rosto dela pareceu "branco e tenso", como se estivesse à "beira de um ataque físico e mental". A maioria das pessoas no recinto, contudo, viu a situação de forma bem diferente. Para eles, Jane pareceu bem relaxada durante os procedimentos. "Muitas vezes, durante o desenrolar do julgamento", escreveu um correspondente para o *Boston Herald*, "sorriu e conversou com alegria com a sra. Cash, com o advogado e com conhecidas sentadas próximas a ela."

Duas semanas antes do início dos procedimentos, o *Barnstable Patriot* previu que o julgamento de Toppan "não demoraria mais do que três dias". Acontece que aquela estimativa estava errada em mais de dois terços. Do momento que a sessão se iniciou até o júri dar o veredito, passaram-se menos de oito horas.

A primeira atividade era a seleção dos jurados. Samuel Chapman, da cidade de Dennis, foi o primeiro a ser chamado. Jane o estudou com atenção quando ele andou até a área do júri, com bigodes grisalhos longos até o cinto. Quando ele se apoiou no corrimão, retribuiu com tranquilidade o olhar até que ela baixou os olhos e sussurrou alguma coisa para o sr. Cash, sentado bem ao lado dela. Pela meia hora seguinte, ela sujeitou cada um dos jurados em potencial ao mesmo escrutínio intenso. Diferentemente do imperturbável Chapman, alguns estremeceram de forma visível diante do olhar penetrante dela.

Apesar de Jane demonstrar expressão de contrariedade evidente diante de vários jurados, nenhuma contestação foi feita pela promotoria, ou pela defesa. Mais de meia hora depois de iniciada a seleção, os doze "homens bons e verdadeiros", com histórias de vida diversas e de várias cidades de Cape, foram escolhidos.

Smith K. Hopkins, o escrivão enrugado que precisou de quinze minutos para ler o indiciamento ao final da audiência do grande júri, dessa vez demorou quase o mesmo tempo (mais de doze minutos), para ler de novo. De acordo com o *Boston Post*, Jane "parecia prestes a desmaiar" enquanto ouvia a voz trêmula de Hopkins, mas, se a reação dela era resultado de estresse emocional intenso ou da experiência excruciante de ouvir o velho gaguejar de novo ao longo do documento, é algo impossível de afirmar.

Assim que o indiciamento foi lido, o advogado-geral Parker se levantou para fazer a exposição inicial. Ele apresentou um resumo breve das circunstâncias da morte de Mary "Minnie" Gibbs, declarando que Jane confessou espontaneamente o assassinato. Como resultado da confissão, a "questão tradicional" dos julgamentos, isto é, se a acusada de fato cometeu o crime, não seria contestada. "Os fatos conhecidos pela comunidade, no que se trata da realização do crime, não podem e não serão contestados pela defesa", disse. A única questão para o júri decidir é se Jane tem responsabilidade criminal, "se a acusada estava ou não moralmente consciente dos atos dela".

Após concluir a fala, Parker procedeu o interrogatório de uma série de testemunhas para estabelecer os fatos do crime. A prima da sra. Gibbs, Beulah Jacobs, em vestido preto longo que enfatizava seu corpo, contou ao júri que Minnie ficou doente e morreu depois de beber água mineral e licor de cacau entregue pela enfermeira Toppan. O testemunho foi corroborado por Harry Gordon. A terceira testemunha, o dr. Frank Hudnut, de Boston — chamado para examinar a sra. Gibbs junto do falecido dr. Latter —, disse aos jurados que a aparência de Minnie era "totalmente consistente" com envenenamento por morfina.

Outras testemunhas acrescentaram informações que a incriminavam. O dr. James Watson de Falmouth, que tratou Minnie por mal-estar estomacal no final de julho de 1901, afirmou que ela estava muito bem de saúde na época. Com certeza, não demonstrara sinal de qualquer doença que possa ter "causado a morte" semanas depois. A sra. Caroline Wood, de Cohasset, amiga da família Davis e mãe do general Leonard Wood, revelou que Jane se opôs radicalmente à ideia da necrópsia no corpo de Minnie. O antigo objeto de desejo de Jane, Oramel Brigham, disse ao júri que ouviu conversa peculiar entre Jane e o dr. William Lathrop em agosto do ano anterior. "Ela perguntou: caso alguém seja envenenado com morfina e atropina e, depois, embalsamado, essas drogas venenosas seriam descobertas se o corpo fosse exumado e autopsiado?" O próprio Lathrop descreveu as tentativas de suicídio durante a estadia dela na casa de Brigham em setembro de 1901.

O farmacêutico Benjamin Waters, de Wareham, testemunhou que, durante duas semanas no final de julho de 1901, Jane telefonou para a loja dele e encomendou 120 comprimidos de 16 mg de morfina. O dr. Edward Wood, de Harvard, atribuiu, sem sombra de dúvida, a morte da sra. Gibbs a "envenenamento por morfina". O exame dele revelou "grandes quantidades" de morfina no fígado, indicando que "teria que ser absorvida pelo estômago antes da morte". Ele estimou que o veneno deveria ter sido tomado "nas 24 horas que antecederam a morte".

Uma vez que a questão real apresentada ao júri não era se Jane cometeu assassinato, mas sim se era insana, a testemunha principal do dia era o dr. Stedman. Como previsto pela imprensa, Stedman não abordou os detalhes mais chocantes da confissão de Jane: o prazer voluptuoso que o assassinato gerava; a excitação ao abraçar forte a vítima moribunda; a emoção de colocar o filho de 10 anos de Minnie Gibbs para dormir enquanto a mãe do garoto definhava a alguns metros de distância. Mesmo assim, o testemunho de Stedman deixou pouca dúvida sobre a personalidade profundamente perturbada de Jane.

> **Jane se dedicou com seriedade à escrita e, nas semanas anteriores, o romance que produzia parecia ser tudo com que se importava.**

"Ela nos contou por vontade própria que causou a morte da sra. Gibbs ao lhe dar doses letais de morfina e atropina", declarou em resposta ao questionamento de Parker. "Ela confessou que as drogas eram no formato de comprimidos ou pílulas separadas de morfina e atropina; que cada pílula de morfina continha 16 mg da droga e cada pílula de atropina continha 11 mg da substância; que não sabia quantas deu; que, com certeza, foram mais de uma dezena de comprimidos e a ouvi dizer que deu essa quantia duas vezes."

Quando Parker perguntou ao psiquiatra se Jane deu algum motivo para administrar o veneno para Minnie Gibbs, Stedman assentiu. "Sim, deu", respondeu.

"E qual era o motivo?"

O tom neutro com que Stedman respondeu deixou tudo muito arrepiante: "Para causar a morte", falou simplesmente.

Não havia mais nada a dizer. Em resposta à última pergunta do advogado-geral, Stedman confirmou a crença de que Jane disse a mais pura verdade nas entrevistas com os três alienistas. Alguns minutos depois, apenas seis horas desde a declaração inicial de Parker, a promotoria encerrou o caso.

O restante do julgamento transcorreu com rapidez. Depois de recesso breve, James Stuart Murphy se levantou para fazer o argumento inicial da defesa. Reconhecendo "a forma um tanto superficial" com que o julgamento vinha sendo conduzido, explicou que defesa e promotoria, "depois de várias reuniões", entenderam "que deveria ser feito daquela maneira".

"É normal que casos como este sejam debatidos até um final amargo", declarou. Esse não era um caso normal, contudo. Por causa da "natureza notável", a defesa concordou em seguir a conclusão dos especialistas em psiquiatria, que descobriram "que a ré é e sempre foi insana".

"Devemos, portanto, nos contentar", disse Murphy, "em apresentar para a consideração dos senhores o testemunho de três cavalheiros, os mais proficientes e mais eminentes em sua profissão, os especialistas mais qualificados em doenças mentais."

Murphy, então, na sequência, chamou separadamente os três alienistas para testemunharem, começando com George F. Jelly, e ele declarou que Jane "sofria de doença mental degenerativa" caracterizada "por falta de senso moral, por autocontrole deficitário e por impulso irresistível para atos criminosos". Stedman, chamado mais uma vez para testemunhar, repetiu a opinião que "a ré era insana e irresponsável pelos crimes de que era acusada". Hosea Quinby corroborou a opinião dos colegas. Declarou que a srta. Toppan tinha "insanidade incurável" e era "ameaça para a sociedade se ficasse a solta".

Após o testemunho de Quinby, a defesa encerrou o caso. Menos de uma hora se passou desde que Murphy fizera a declaração inicial.

Já que a promotoria e a defesa concordavam plenamente, nenhum lado se deu ao trabalho de apresentar argumentos finais. De acordo com a natureza pré-orquestrada da sessão, o juiz Braley, então, instruiu aos jurados que, em vista ao testemunho dos três especialistas em psiquiatria, apenas um resultado era possível: "que a srta. Toppan não era culpada por motivos de insanidade".

Assim, os jurados se retiraram, supostamente para deliberar. Sob as circunstâncias, chegou a ser uma surpresa a demora para chegar à decisão, mais de vinte minutos.

Às 17h12, voltaram para os lugares deles e entregaram o veredito que foram instruídos: "Inocente por motivos de insanidade". Quando o juiz Braley perguntou à prisioneira se desejava "dizer alguma coisa em relação à sentença que a corte daria como veredito", Jane se recusou. Foi, então, sentenciada a passar "o resto da vida" em confinamento no Hospital para Insanos de Taunton.

O julgamento foi tão carente de drama e suspense que ninguém no recinto manifestou a menor surpresa com o resultado. Apenas Jane demonstrou alguma emoção.

"A srta. Toppan ouviu o veredito com sorriso largo", escreveu o repórter para o *Boston Herald*. "Quando o escrivão Hopkins leu a ordem dos juízes que a enviava ao Hospital para Insanos de Taunton por toda a vida, ela se virou para os amigos com olhar de felicidade absoluta e riu alto. Quando tudo terminou, ela quase saiu dançando da corte atrás do carcereiro Cash e do vice-xerife para esperar na cadeia do condado até ser levada à Taunton na quarta-feira."

O resultado do caso Toppan foi uma notícia relevante e ocupou as páginas dos jornais de todo o Nordeste, incluindo o *New York Times* ("ENFERMEIRA TOPPAN DECLARADA INSANA"), mesmo que o julgamento em si, como admitiu James Stuart Murphy, tenha sido mera formalidade. O veredito era uma conclusão esperada, os testemunhos, um recital árido de fatos com ampla divulgação na imprensa. Não houve revelações sensacionalistas. Como esperado, nada foi dito da patologia sexual de Jane, das "paixões revoltantes" que incitaram os crimes. O público já ouvira todos os detalhes sinistros do caso que seriam divulgados; não havia mais novidades chocantes no estoque.

Pelo menos, era o que todos pensavam na segunda-feira, 23 de junho. Mas, como se viu depois, todos estavam enganados.

MISS JANE TOPPAN.
The alleged murderess, as she is today, from a photo taken last August.
THE SUNDAY POST (BOSTON, MA.), NOV. 3, 1901, P. 1

HAROLD SCHECHTER

JANE TOPPAN

LADY KILLERS PROFILE

29
CAPITULUM

FATAL

INTERNAÇÃO

Por trás da maioria dos assassinatos está à espreita o interesse sexual: ciúmes, abandono de amor rejeitado, sede de sangue de um degenerado sexual.

HAROLD EATON, *FAMOUS POISON TRIALS*

O advogado sênior de Jane, Fred Bixby, esperou até o julgamento terminar para divulgar a verdade inacreditável. Algo que ouvira de Jane na primeira entrevista com ela seis meses antes.

Tinha chegado à cadeia de Barnstable em janeiro com a intenção de falar com a cliente sobre as onze vítimas de que ela era suspeita de ter matado: a irmã adotiva, Elizabeth Brigham; a amiga, Myra Connors; a paciente idosa, sra. McNear, de Watertown; os ex-senhorios em Cambridge, Israel e Lovey Dunham; a irmã de Oramel Brigham, sra. Edna Bannister; a faxineira dele, Florence Calkins, e os quatro membros da família Davis.

Na primeira reunião, Jane foi totalmente franca com Bixby, e admitiu esses assassinatos. Descreveu de forma detalhada e horripilante como matou os amigos e familiares com "doses de comprimidos de morfina e atropina dissolvidos em água mineral e, algumas vezes, em uísque". Em certas ocasiões, complementou as bebidas com injeções mortais. Bixby ficou chocado com a frieza total com que ela recontou os detalhes sinistros dos crimes.

"Você não sente remorso?", perguntou, por fim.

"Nem um pouco", respondeu Jane indiferente. "Nunca me senti mal pelo que fiz. Mesmo quando envenenei os amigos mais queridos, como os Davis, não me arrependi depois."

Ela negou com veemência que teria cometido qualquer um dos crimes por motivações mercenárias. "Independentemente do que eu fiz", insistiu, "nunca roubei um centavo. Não me importo com o dinheiro para roubá-lo."

Era o prazer que a impulsionava a matar, a "exultação" que sentia quando "beijava e acariciava os pacientes indefesos e inertes conforme se aproximavam da morte".

Demorou quase uma hora para Jane recontar todos os onze assassinatos. A essa altura, Bixby estava se sentindo "empanturrado com os detalhes homicidas" (como disse depois) e com um profundo alívio por ela ter chegado ao fim da confissão pavorosa. Ele foi pego de surpresa, portanto, quando ela acrescentou de repente: "mas não é tudo".

"Por que, o que você quer dizer?" questionou Bixby.

Foi então que Jane revelou a verdade tão chocante que Bixby perdeu o fôlego, horrorizado.

Os onze nomes conhecidos pela polícia e pelo público eram mera fração das vítimas. Ela vinha envenenando pacientes há anos; começou quando era aluna no Hospital de Cambridge e continuou ao longo da carreira como enfermeira particular. Ao todo, ela disse, contando nos dedos para ter certeza de que não omitiu ninguém, matara 31 pessoas.

Além do advogado-geral, Bixby não compartilhou a informação apavorante com ninguém. Quando, logo após o julgamento, ele revelou a verdade, até mesmo os três alienistas foram pegos de surpresa. O dr. Stedman, que preparava um estudo psicológico sobre a enfermeira Toppan para publicação, declarou que, à luz da "magnitude do caso", pretendia "consultar os médicos de cada um dos outros vinte pacientes que a srta. Toppan diz ter envenenado para confirmar se a história é consistente com os sintomas observados".

No dia seguinte, terça-feira, 24 de junho, os jornais alardearam nas manchetes de todo o Nordeste. O *Boston Globe* classificou a enfermeira Toppan como a "MAIOR CRIMINOSA NO PAÍS".

"Mesmo se apenas uma parcela pequena da história dela for verdade", a matéria dizia, "Jane Toppan se torna a maior criminosa já acusada pela lei dos Estados Unidos. É pouco provável que, por ser a envenenadora astuta que enganou com sucesso muitos homens e mulheres no decorrer da carreira, qualquer maníaco homicida dos tempos modernos esteja à altura dela. Com certeza nenhuma das publicações médico-legais apresentam um caso similar. Em nenhum volume impresso autoridades e pesquisadores acadêmicos apresentaram quantia tão inexplicável de ofensas horríveis contra a lei e a natureza."

O *Boston Traveller* foi ainda mais longe, bradando que Jane não era apenas a "maior criminosa" da história dos Estados Unidos, mas, como dizia a manchete, era o "CASO MAIS HEDIONDO QUE O MUNDO JÁ TEVE NOTÍCIAS!". Essa avaliação teve concordância do *Post*, que publicou matéria de uma página colocando Jane como a primeira entre as envenenadoras mais cruéis da história. Acompanhada por um tríptico de retratos, com a imagem de Jane na posição central, o artigo declarava que Lucrécia Bórgia e Catarina de Médici foram rivalizadas, se não ultrapassadas, pela enfermeira de "rosto agradável" de Massachusetts:

> Nas páginas da história, o nome de Jane Toppan ficará marcado como uma das envenenadoras mais notórias que o mundo já viu. Os registros criminais anteriores afundaram para a insignificância diante da lista terrível de vítimas que essa mulher sorridente diz ter arrastado para os túmulos de forma prematura. Lucrécia Bórgia, Catarina de Médici e Jane Toppan formam uma trindade nada sagrada de envenenadoras cujos atos assombram a imaginação. É evidente que a própria Bórgia foi ultrapassada por Jane Toppan. Catarina de Médici não teve paixão pelo envenenamento sorrateiro maior do que a dessa filha de um asilo amistoso. Os amigos dela receberam bebidas mortais entregues com tanta indiferença quanto se fossem estranhos. Supõe-se que mais de 20 pessoas estão nos cemitérios por causa dela. Por 33 anos, essa mulher de rosto agradável levou vida tão horrível e tão revoltante que os detalhes mais apavorantes não podem ser ditos em público.

Foi o *Globe* que chegou mais perto de revelar os detalhes "horríveis e revoltantes" que, até então, só haviam sido insinuados para o público. Apesar de expressa em linguagem oblíqua, a descrição dos "paroxismos" extáticos que Jane sentia enquanto "acariciava" os pacientes à beira da morte deixaram poucas dúvidas da natureza perversa sexual dos crimes:

> Usando a linguagem mais decente possível para descrever a mania dela, Jane Toppan só conseguia satisfazer sua paixão anormal lidando com pessoas à beira da morte. Tornou-se tão degenerada que era preciso acariciar homens e mulheres em agonia mortal para excitar-se.

Esses paroxismos eram intermitentes, segundo confessou aos médicos. Podia tratar de um paciente com todo o zelo e ser leal aos interesses dele, buscando apenas curá-lo. No meio dessa atenção devotada ao dever, contudo, às vezes, era dominada pela tensão da paixão, uma ânsia por satisfazer suas emoções estranhas. Aquilo crescia até se tornar um impulso de intensidade incontrolável. Quando os paroxismos vinham, ela, de imediato, independentemente da fase de recuperação da vítima, administrava um veneno que, em pouco tempo, a deixaria inconsciente.

Como a morfina normalmente leva a pessoa à dormência, a enfermeira se deleitava com a impotência da vítima cuja vida era arrastada devagar para o sono final. Ela apreciava, com avidez das mais incríveis, estar na presença da morte. Algumas vezes os pacientes convulsionavam e, então, as maiores exigências da paixão revoltante dela eram satisfeitas.

Depois do clímax do paroxismo passar, ela se tornava normal de novo.

Sobre a identidade exata das outras vinte pessoas que Jane alegou ter matado no decorrer da carreira, os nomes nunca foram divulgados. Questionado sobre relatos de que Jane fornecera uma lista das vítimas, James Stuart Murphy foi muito evasivo e se recusou a confirmar ou negar:

Fui questionado várias vezes da suposta lista de vítimas da srta. Toppan, mas respondi a todos que não tenho nada a acrescentar. Não posso fazer nada se o público entendeu a partir das minhas respostas que existe uma lista assim. Não autorizei ninguém a dizer que tenho tal lista ou mesmo que ela é real. Supondo que *exista* a lista, o que se ganha com a publicação dela? Jane Toppan foi internada em um asilo pelo crime de que foi acusada. Para além disso, não vejo como o caso dela pode interessar a alguém.

Como um dos amigos mais antigos e leais de Jane, Murphy prometeu permanecer ao lado dela até o final. E cumpriu sua palavra. Diferentemente do outro advogado, Fred Bixby, que, com os demais participantes, foi embora de Barnstable assim que o julgamento terminou, Murphy passou a noite no vilarejo. Cedo na manhã seguinte, ele chegou à cadeia para ajudar Jane a se preparar para a jornada até Taunton.

Ela estava, como sempre, com um bom humor bizarro. A sra. Cash estava presente, e as duas conversaram com alegria enquanto Jane embalava os seus poucos pertences. Depois de se despedir da neta da sra. Cash, Jane saiu da cadeia na companhia de Murphy, do carcereiro Cash e da dupla de xerifes e caminhou pelo trajeto curto até a estação, onde um grupo de repórteres estava reunido.

A roupa dela era de preto enlutado, mas a expressão, de acordo com um jornalista, era "sorriso de orelha a orelha. Ela parecia muito feliz, como se fosse partir em viagem de compras".

Um dos motivos para a alegria dela logo ficou claro. Apesar de a corte ordenar que fosse internada em Taunton pelo resto da vida, Jane parecia convencida de que logo estaria livre. Quando um repórter do *Post* perguntou como estava se sentindo, ela abriu um sorriso largo e respondeu: "Melhor do que nunca. Eu me sinto ótima".

"Não tem medo da sua vida nova?", questionou.

"De forma alguma", replicou Jane. "Estarei bem de novo em alguns anos. Daí me deixarão sair, do mesmo jeito que aconteceu com Freeman". A referência, é claro, era a Charles Freeman que, apenas oito anos depois de ser enviado para o asilo Danvers pelo sacrifício da filha, foi declarado recuperado e posto em liberdade.

Apresentando grau incomum de compunção para um membro da imprensa, o jornalista, então, pediu desculpas por qualquer incômodo que ele e os colegas pudessem ter causado à srta. Toppan ao submetê-la a um escrutínio tão incessante.

"Oh, está tudo bem", falou rindo. "Não sei, mas eu gosto." Então, para mostrar que não havia ressentimento, Jane deu a mão para todos enquanto embarcava no trem das 10h30.

Conforme a estrada de ferro ia se distanciando da estação, ela olhou pela janela e gritou para os repórteres: "Venham me visitar".

Durante todo o trajeto até Taunton ela pareceu perfeitamente relaxada. Olhou os relatos dos jornais do julgamento e observou a paisagem com muito interesse. Quando o agente ferroviário anunciou que os passageiros para Cataumet deveriam trocar de trem na estação seguinte, Jane se virou para Murphy e começou a se lembrar dos verões agradáveis que passou no balneário.

Já era o começo da tarde quando o trem parou em Taunton. Jane foi levada de imediato de carruagem para o asilo, onde foi registada com rapidez e designada para a ala seis, onde os pacientes menos perigosos eram confinados. Um pouco antes de desaparecer no hospital, se virou para a multidão de curiosos que foram observá-la, deu um sorriso agradável e um último aceno.

Mais tarde naquele dia, o advogado sênior de Jane, Fred Bixby, foi entrevistado na casa de veraneio dele em Hyannis. O repórter, um jovem do *Journal*, disse-lhe que, logo antes de entrar no trem para Taunton, a enfermeira Toppan expressou a máxima confiança na recuperação e consequente soltura.

Bixby disse que era tolice. É verdade, afirmou, que a enfermeira Toppan "ainda não é idosa". Sempre há chance de que "quando se aproximar da meia-idade, possa ocorrer uma mudança notável para melhor no estado mental dela".

Ainda assim, essa possibilidade parecia extremamente remota. Se fosse para ocorrer qualquer mudança, o estado mental de Jane estava fadado a piorar. E em todas as instâncias, segundo opinião dos especialistas. Na visão deles, era quase certo que Jane estava a caminho da loucura total.

Ou, como Bixby afirmou: "Todos os médicos acham que ela se tornará uma imbecil em alguns anos".

HAROLD SCHECHTER

JANE TOPPAN
LADY KILLERS PROFILE

30
CAPITULUM

FATAL

CONFISSÃO
DE JANE

Há um mistério sobre mim que ainda não foi resolvido e, talvez, nunca seja.

DAS CONFISSÕES DE JANE TOPPAN

O status de Jane Toppan como celebridade criminal foi certificado alguns dias depois do julgamento quando a íntegra de sua "confissão terrível" (como foi anunciada) apareceu em destaque no suplemento dominical do *New York Journal*, de William Randolph Hearst. Apenas uma vez a história de um assassino recebeu tratamento tão generoso. Seis anos antes, em março de 1896, Hearst publicou, com alarde, "a confissão verdadeira e precisa" do dr. H. H. Holmes, o "Demônio" de Chicago que matou um número incerto de vítimas em seu maligno "Castelo dos Horrores".

Com os direitos autorais registrados por Hearst, a confissão de Jane abre com uma introdução breve divulgada como nada menos do que "o documento mais notável e apavorante já publicado". De acordo com esse prefácio, "a confissão fora feita logo antes de Jane ser levada para o Hospício Taunton... Nela, a enfermeira relata com brilho horrendo como tramou e causou a morte de uma pessoa após a outra". Várias imagens acompanhavam o texto: uma fotografia de Jane com 24 anos, retratos de quatro vítimas (Myra Connors, Minnie Gibbs, Alden Davis e a esposa, Mary) e um fac-símile do bilhete escrito à mão em que Jane descreve o envenenamento de um paciente.

É difícil saber quanto da confissão foi de fato escrita por Jane. Com certeza Hearst não tinha escrúpulos em alterar fatos, ou mesmo inventá-los, em favor do sensacionalismo. Parece provável que a confissão foi muito editada ou até mesmo escrita por um dos jornalistas. Estava claro que foi projetada para retratar Jane como "puramente malévola" e de "engenhosidade diabólica" (segundo o texto de introdução).

Ainda assim, os acontecimentos que o texto reconta são consistentes com a verdade que Jane revelou para o dr. Stedman. E, de fato, o próprio médico parece ter considerado a matéria um documento significativo e preservou com cuidado uma cópia no arquivo que manteve por vários anos sobre o caso Toppan. (Junto de outros documentos, o arquivo integra o acervo da Biblioteca de Medicina Francis A. Countway em Harvard.)

A confissão iniciava com a alegação chocante de que Jane *queria* ser considerada insana pela comissão de alienistas enviada para examiná-la. As afirmações que fez da própria sanidade eram mero estratagema. Tinha enganado por completo Stedman e os colegas dele, manipulando-os com esperteza por meio da psicologia reversa:

> Fui aconselhada a confessar e me apresentar culpada pelo assassinato de 31 pessoas que bani deste mundo com veneno. Mas pensei em uma estratégia melhor.
>
> Quando os famosos especialistas em insanidade de Boston, dr. Henry R. Stedman, dr. George F. Jelly e dr. Hosea N. Quinby, foram à cadeia de Barnstable para ver se eu era insana, sabia como enganá-los.
>
> Trabalhei como enfermeira por quinze anos, conheço médicos e sei manipulá-los. Sei que as pessoas que de fato são insanas sempre negam. Então disse aos alienistas: "não sou louca".
>
> Sabia que, se quisesse me passar por insana, podia enganar todos. O dr. Jelly e os outros me submeteram a um questionamento pesado.
>
> Tentaram se aproveitar da minha simpatia feminina e me perguntaram se não achava que era terrível privar aquelas criancinhas das mães, a sra. Gibbs e a sra. Gordon. Mas eu conhecia o jogo e disse que só fui lá e as matei, não sabia o porquê.

Quando disse que matei quatro pessoas em 51 dias e iniciei três incêndios, disseram: "por que, Jane Toppan? Você tem que ser insana para fazer algo assim", mas eu ainda insisti que não era louca e que não queria que eles me vissem como insana.

Depois, eles se foram e deram o veredito que eu era insana, justamente o que eu queria.

Eu fui esperta demais para eles. Tenho mais coragem e ousadia do que qualquer um.

Após apresentar a autora como alguém de astúcia diabólica, capaz de enganar os principais "especialistas em insanidade" do país, a confissão passava a recontar os assassinatos de Mary e Alden Davis e a filha mais nova deles, Genevieve Gordon. Em tom de "alegria apavorante" (como o jornal descreveu), Jane se lembra como "agitei a vida dos agentes funerários e dos coveiros daquela vez, três túmulos em um pouco mais de cinco semanas em um só lote do cemitério".

Antes de terminar o relato sobre a aniquilação dos Davis, Jane parou para explicar seu *modus operandi*. Nesse ponto, também, ela se gaba da habilidade de enganar os especialistas "grandiosos" e "famosos".

Mas não contei com exatidão como envenenei essas pessoas. Foi, na maioria das vezes, com morfina e, em alguns casos, atropina.

Morfina e atropina enfraquecem o batimento cardíaco e deixam poucos resíduos para médicos ou químicos detectarem. São venenos vegetais, bem diferentes do arsênico e de outros venenos minerais, mais fáceis de rastrear.

O uso de morfina e atropina em Minnie Gibbs foi o que confundiu o professor Wood, o químico famoso da Universidade de Harvard. Ele pôde achar traços de morfina nas partes dos corpos que examinou, mas houve complicações que foi incapaz de explicar. Só depois que confessei o uso de atropina que o professor Wood pôde fazer o teste para aquela droga e se certificar da análise.

Se meus venenos puderam enganar um médico e químico importante como o dr. Wood, você pode imaginar como foi fácil iludir os médicos comuns. Foi por isso que emitiram atestados de problemas cardíacos, diabetes, degeneração gordurosa do coração, prostração, anemia etc., nas pessoas que matei. Quase toda pessoa de meia-idade, tratada com água Hunyadi e drogada com morfina e atropina, apresentará sintomas dessas doenças.

Depois de retomar o tema da família Davis e descrever o assassinato de Minnie Gibbs, "o crime que, por fim, me levou à prisão", a confissão volta no tempo para abordar os assassinatos anteriores:

> Assim que eu me tornei enfermeira, quinze anos atrás, quando tinha uns trinta anos, me veio à mente, não sei como, que poderia matar as pessoas muito facilmente com o mesmo remédio que os médicos davam aos pacientes: morfina e atropina.
>
> Depois de testar em alguns casos com sucesso e sem que ninguém suspeitasse, pensei em como seria fácil me livrar de quem eu quisesse.
>
> Minhas primeiras vítimas foram pacientes do hospital. Fiz experiências com o que os doutores chamariam de "interesse científico".
>
> Não posso repetir os nomes deles, porque nunca soube. Estavam registrados com números nas enfermarias hospitalares. Foi na época em que estava no Hospital de Cambridge. Talvez tenha sido mais de uma dezena em que fiz experiências dessa forma.
>
> Mas você não deve achar que matei todos os pacientes sob meus cuidados no hospital. Acompanhei a recuperação de vários casos graves de febre tifoide.
>
> Um dos médicos do hospital suspeitou de mim, mas não ousou me acusar de envenenamento. Então, só fui demitida. Não me importei, porque coloquei na cabeça que poderia ganhar mais dinheiro e ter uma vida mais fácil trabalhando para famílias como enfermeira particular.

A confissão, então, voltava para o passado recente, recontando de forma breve os assassinatos dos Dunham, Myra Connors, Elizabeth Brigham, Florence Calkins e Edna Bannister. "Teria matado George Nichols e a irmã dele também", acrescentou Jane, "se tivesse ficado por tempo o bastante na casa deles em Amherst, New Hampshire."

Sobre a contagem completa das vítimas, a falta de clareza da confissão é provocante, sugerindo que Jane matou número ainda maior de pessoas do que a quantidade revelada por Fred Bixby. "Até onde lembro, envenenei 31 pessoas. Mas há algumas que não sou capaz de listar, meros pacientes dos hospitais."

A confissão esclarece as motivações: os assassinatos foram cometidos "por várias razões". Ela não faz menção dos apetites sexuais depravados, só diz que matar "sempre me deu o prazer mais extraordinário".

Jane admite que é um mistério até mesmo para ela. Fica maravilhada com a própria falta de remorso pelas coisas terríveis que fez. "Não é estranho que não me sinta mal? Mas não consigo evitar. Não posso chorar."

Ainda assim, ela insiste que não é totalmente insensível, afirmação que a leva para lembranças do amante que a abandonou na juventude. Esse evento trágico que, como ela sugere, foi a raiz de todos os problemas.

> As pessoas dizem que não tenho coração, mas tenho. Enquanto estava na cadeia, uma amiga em Lowell me enviou um buquê de não-me-esqueças, e eu chorei. Eram as flores que o meu primeiro amante me mandava quando eu ia para a escola. E uma não-me-esqueças estava gravada naquele anel de noivado precioso.
>
> Nunca contarei o nome dele, que ainda me é sagrado, mesmo que ele tenha se voltado contra mim e que pareça que toda minha natureza positiva tenha mudado depois. Ainda dou risada e sou divertida, mas aprendi a odiar, também.
>
> Se fosse casada, é provável que não mataria todas aquelas pessoas. Teria meu marido, meus filhos e minha casa para ocupar a cabeça.

A confissão não detalhava a vida de Jane na cadeia. Contudo, citava alguns dos livros que gostou de ler na prisão. Os favoritos, declarou, foram *Um Conto de Duas Cidades*, de Dickens ("em especial aquelas descrições das guilhotinas na Revolução Francesa e as cabeças cortadas aos montes") e os romances de Charles Reade, escritor vitoriano popular de romances sensacionalistas. Um dos títulos de Reade, em especial, tinha relevância maior para essa mulher tão perturbada cuja genialidade aparente ocultava uma alma tão malévola: *Singleheart and Doubleface* [Um coração e duas caras].

Como todos os psicopatas, Jane era capaz de se sentir mal apenas por si mesma. Perto do final da confissão, ela manifesta um único arrependimento: que sua carreira como assassina foi encurtada pela destruição dos Davis. "Poderia ter seguido com o envenenamento por anos se não tivesse matado quatro pessoas da mesma família quase de uma vez só. Foi o maior erro da minha vida."

No final, Jane aceitava que "merecia ser punida por todos aqueles assassinatos". Concluía, porém, expressando a mesma esperança que compartilhou com os repórteres antes de entrar no trem para Taunton: "Decidi ser enviada para o hospício. Mas tenho esperança de sair em dez ou quinze anos, quando os médicos dirão que estou curada".

Jane Toppan, Murderess, Dies At Taunton Insane Hospital

Lowell Nurse, Convicted in 1902, Had Spent 36 Years in State Institution; Once Admitted Poisoning 100 Persons

Credited by her own admission with the murder by poisoning of at least 100 persons, Jane Toppan, a former resident of the Ch... trouble and calmly awaited her end

Among her victims were ...

NURSES HOME, STATE HOSPITAL, TAUNTON, MASS. 852

Retreat for Insane. Hartford, Conn.

HAROLD SCHECHTER

JANE TOPPAN

LADY KILLERS PROFILE

31
CAPITULUM

FATAL

O HOSPITAL TAUNTON

A parte baixa dos intestinos de um maníaco fica normalmente cheia; deveria ser esvaziada com enema grande de água à temperatura de 32 graus, com mais de três litros se necessário, sendo repetido sem parar até se ter sucesso.

J. G. ROGERS, THE AMERICAN JOURNAL OF INSANITY

Em uma colina arenosa, baixa e estéril cercada por terreno baldio pantanoso de 56 hectares com arbustos e pedregulhos, o Hospital Estadual para Lunáticos de Taunton (como era chamado originalmente) foi aberto em 1854. O prédio central, com três andares e coberto por um domo de mais de vinte metros, era grande o suficiente para acomodar 250 pacientes. Nos primeiros anos da instituição, eles compunham uma mão de obra bem conveniente. Sob a direção do dr. George C. S. Choate, o primeiro superintendente, os pacientes eram forçados a podar os arbustos, drenar os pântanos e arrastar os pedregulhos que foram usados para construir um muro imponente no entorno da propriedade.

239

No projeto original, o hospital continha 42 dos chamados "quartos reforçados", para conter os pacientes mais incontroláveis, "os pacientes violentos e imundos", como foram descritos no primeiro Relatório Anual dos Curadores. Construídas com pedra, tijolo e ferro, essas celas continham todas as características das masmorras medievais. As paredes tinham 40 centímetros de espessura. Frestas pequenas fechadas com barras de ferro serviam como janela. As portas de ferro eram estreitas a ponto de não permitir a alguém se espremer por elas e eram fechadas com travas robustas. Na parede ao lado de cada porta havia uma pequena abertura, só o suficiente para permitir a passagem da tigela de mingau. Uma vez que os pacientes para quem tinham sido feitas eram pessoas enfurecidas que se recusavam a usar roupa e chafurdavam na própria sujeira, os "quartos reforçados" tinham piso de pedra inclinado na direção da frente da cela, terminando em calha, "para facilitar a lavagem" (como afirmou o Relatório dos Curadores).

Essas celas pareciam tumbas tão sombrias que os administradores do hospital ficaram relutantes em usá-las mesmo para o confinamento daqueles com "insanidade furiosa". Poucos anos após a construção, os "quartos reforçados" foram demolidos, e outras acomodações menos desumanas foram construídas no lugar.

Entretanto, mesmo com o espaço extra, o hospital logo chegou à superlotação desesperadora. Nos anos 1860, a população interna chegara a quase quatrocentos. Somente em 1874 duas alas adicionais foram acrescidas ao prédio principal. Uma história oficial breve do Hospital para Lunáticos de Taunton, publicada alguns anos depois, apresentava um retrato esperançoso do hospital renovado pouco tempo antes:

> As novas alas são bem iluminadas, arejadas e agradáveis, com vista da água e do horizonte pelas janelas e varandas. Desde a construção dos novos setores, várias alterações significativas foram feitas nas partes antigas do hospital; algumas alas foram reconstruídas quase por completo, o que as tornou mais alegres e agradáveis, com mais iluminação e a melhoria da ventilação.
>
> Há nove alas para cada gênero, com os pacientes classificados em famílias de acordo com o estado mental. Cada ala consiste em um corredor longo com quartos de ambos os lados ocupados como dormitórios para pacientes; o corredor tem uma varanda na ponta para permitir a entrada de luz e criar um espaço agradável para se sentar. Cada ala está conectada a um refeitório e a um vestiário, com lavatórios, chuveiros e privadas. A comida é preparada na cozinha central, levada em carrinhos pelo porão e entregue nos refeitórios por elevadores.

O hospital passou por mais uma expansão nos anos 1890. Entre 1892 e 1893, dois prédios de enfermarias foram construídos, um para homens e outro para mulheres, grandes o suficiente para acomodar 75 pacientes cada. Cinco anos depois, uma fazenda de 60 hectares foi comprada na cidade vizinha, Raynham, e criou-se a colônia agrícola onde 72 pacientes viviam e trabalhavam. Na época em que Jane chegou, havia quase mil pessoas no Taunton.

Desde o início (como os curadores relataram), "o trabalho" foi considerado "agente medicinal no tratamento das doenças mentais". Além do trabalho agrícola, os pacientes eram designados para serviços manuais diversos. O Relatório do Superintendente de 1902, ano da internação de Jane, descreveu a variedade de trabalhos executados:

> Por volta de oitocentos pacientes foram empregados no decorrer do ano em vários departamentos do hospital: na fazenda, no celeiro, no chiqueiro, no jardim, na estufa, nos gramados, na lavanderia e na caldeira, na cozinha e no porão, nas oficinas de costura, na fabricação de calçados e escovas e nas alas auxiliando as enfermeiras no trabalho local; e as mulheres que não eram empregadas de outra forma, costuravam e tricotavam nas alas, sendo os trabalhos definidos para elas por uma pessoa encarregada. Os prédios novos em processo de construção nesse ano proveram trabalhos adicionais para os homens. Toda a demarcação e escavação para os prédios, a abertura de trincheiras para os encanamentos de esgoto, água, vapor e gás, foram feitas pelos pacientes, com um único funcionário na supervisão.

O relatório também incluía uma lista que detalhava o trabalho realizado em várias partes do hospital: Edifício Industrial, Departamento de Estofamento, Sala de Costura e Alas. Entre os milhares de produtos feitos ou reparados estavam: 3.244 pares de chinelos masculinos, 1.522 toalhas de banho, 635 colchões, 136 saias de algodão, 82 guardanapos de mesa, 74 capachos, 70 cobertores, 24 sobretudos e 3 luvas de beisebol.

Havia outras atividades menos onerosas. Em ocasiões especiais, os pacientes eram agraciados com entretenimento. O Natal, como os curadores ficaram felizes em relatar, foi celebrado "com uma árvore na capela, com músicas natalinas e um presente para cada paciente no hospital". Durante o verão, quatro piqueniques foram feitos na área externa, "animados com música da orquestra da casa, jogos de bola e outras atividades atléticas".

Bailes sociais regulares eram realizados na capela, "com música da orquestra do hospital". Havia, também, palestras educativas "descrevendo questões de interesse do cenário nacional e internacional" e "ilustradas com um estereóptico". Como presente especial, aproximadamente 350 dos pacientes mais confiáveis foram levados em viagem à Feira do Condado de Bristol, "ingressos gratuitos foram dados a todos os pacientes". Como relatado pelos curadores com orgulho, "vários pacientes em liberdade condicional tiveram permissão para ir sem supervisão e voltar sem problemas, por mérito próprio".

Apesar da descrição idealizada da vida no asilo apresentada na história oficial e os relatórios anuais, Taunton era, sem dúvida, tão sombrio e desumanizador quanto qualquer outra instituição mental norte-americana da época; lugares em que (como Erving Goffman os apresenta no estudo clássico *Asylums* [Asilos]) os pacientes eram submetidos a "uma série de degradações, humilhações e profanações do 'eu', processos pelos quais o 'eu' de alguém é mortificado de modo sistemático". Apesar de todas as alegações de transparência, o tratamento dos pacientes era de obscuridade terrível. Como documenta a historiadora Ruth Caplan no livro *Psychiatry and Community in Nineteenth-Century America* [Psiquiatria e Comunidade na América do Século XIX], era comum os pacientes mentais serem brutalizados pelos atendentes; submetidos com frequência a expurgos, enemas e procedimentos cirúrgicos primitivos; drogas perigosas administradas à força; também eram explorados como mão de obra não remunerada; imobilizados com "restrições mecânicas", e, em geral, tratados como algo inferior a um ser humano, "objetos a serem manipulados em vez de indivíduos que seriam motivados e liderados".

No caso de Jane, essas condições terríveis eram exacerbadas por outro fator que tornou sua vida em Taunton um pesadelo ainda maior: ela foi enclausurada dentro do asilo para lunáticos, cercada por (e tratada como se fosse um dos) insanos irrecuperáveis. E, ainda assim, ela própria parecia ter o controle total das faculdades mentais. A situação sinistra foi descrita com vivacidade por um repórter do *Boston Globe* que viajou até Taunton alguns meses depois da internação de Jane.

Era uma manhã nublada no fim de outubro quando o jornalista fez a visita. Encontrou Jane na sala de estar no final do corredor do terceiro andar, na seção do hospital conhecida como "ala de pacientes moderados". O repórter não se aproximou dela. Em vez disso, estudou-a do modo mais discreto possível bem de perto. O superintendente o alertou que Jane era "muito sensível a olhares curiosos". E, de fato, quando percebeu que era observada pelo repórter, "mudou de lugar para a parte mais isolada da sala e, em silêncio, virou a cadeira para não ser vista com facilidade".

Várias dezenas de mulheres, talvez quarenta ao todo, vagavam pela ala. Essas eram as almas perdidas e fragmentadas entre as quais Jane passava a vida, seres desvairados com cabelos desgrenhados e roupões malcuidados que sussurram ou murmuram para si mesmas ruídos incoerentes enquanto se moviam sem rumo de um lado para o outro no corredor. "Os olhos delas", ressaltou o jornalista, "não eram os olhos de alguém em plena sanidade mental."

Cercada por essas criaturas dignas de pena, Jane Toppan, escreveu o jornalista, criava um "contraste chocante". Ela estava "muito bem trajada com vestido modesto marrom escuro, o cabelo penteado de forma apropriada e preso. Ela nunca se agitava. Nunca andava sem rumo".

Em dado momento, a supervisora da ala entrou na sala com a travessa de remédios em copos etiquetados. Exceto por Jane, os pacientes "olharam para a autoridade sem compreender ou mesmo perceber a presença dela e seguiram vagando incansáveis de um lado para o outro". Só Jane respondeu. Ela "se levantou em silêncio do banco de couro e disse apenas, com o tom de pessoa perfeitamente sã, 'eu sou a srta. Toppan'".

Esse ato singelo de obediência era típico do comportamento de Jane. De acordo com os cuidadores, ela "nunca causou o menor problema. É a definição da cortesia e da consideração. Qualquer auxílio que lhe prestassem, ela agradecia com um sorriso doce e gracioso".

Na visão do repórter, Jane parecia ter a sanidade perfeita. Era o que tornava a situação dela um pesadelo tão terrível. De certa forma, estava em situação muito pior que os outros pacientes que eram, pelo menos, agraciados com "ignorância [piedosa] da própria situação" e que recebiam certos privilégios, proibidos para Jane. "Diferente dos outros", destacou o jornalista, "Jane Toppan não podia sair e andar pelo gramado ou, sob a vigilância atenta de um auxiliar, vagar no frescor das árvores da colina. Com resignação silenciosa, se sentava hora após hora, dia após dia, na espaçosa sala de estar, de onde podia ver o terreno da instituição. Às vezes, levantava-se com um suspiro e se sentava no final de um sofá de couro que percorria a lateral do cômodo grande. Desse ponto de vista privilegiado, podia observar as colegas despenteadas que perambulavam pelo corredor. Essa pode ou não ser a diversão dela; não havia opção."

Quando saiu do hospital, o repórter estava impressionado com o horror absoluto da situação dela. "Uma prisão comum, ou até mesmo a morte na cadeira elétrica, seria algo maravilhoso em comparação à vida que ela levava", escreveu. Porque, se Jane Toppan era sã de verdade, como parecia ser, a clausura dentro das paredes que cercam o asilo para lunáticos não era nada menos do que "um inferno na terra".

JANE TOPPAN
NEW YORK

HAROLD SCHECHTER

JANE TOPPAN
LADY KILLERS PROFILE

32
CAPITULUM

FATAL

A QUEDA DE JANE

A suspeita sempre assombra a consciência culpada.

SHAKESPEARE, *HENRIQUE VI*, PARTE III

Na verdade (e ao contrário das especulações do repórter do *Globe*), Jane não via as circunstâncias dela como desagradáveis em nenhum nível, principalmente nos primeiros anos da internação. Na verdade, ela se adaptou com relativa facilidade à vida institucionalizada. De acordo com o superintendente médico do hospital, dr. J. P. Brown, "ela era, no geral, sociável, alegre, amável e, algumas vezes, solícita, passava boa parte do tempo lendo. A mudança da reclusão da cadeia para vida mais ativa em uma ala ampla a agradou. Nesse período, engordou e estava em forma física excelente... em pouco tempo, passou a preferir a companhia dos pacientes a das enfermeiras".

A informação de que a vida no asilo combinava com Jane foi confirmada na carta que ela escreveu para um amigo de longa data em Lowell, no primeiro aniversário da internação: "Imagine, estou aqui há apenas um ano e já gosto das pessoas e me apeguei ao lugar de certa forma. Sim, somos bem tratados, com gentileza e respeito."

Obviamente havia alguns detalhes que ela ocultou do jornalista. Não era apenas o tratamento "gentil e respeitoso" que recebia da equipe que tornava a vida em Taunton tão interessante para Jane. O hospital também se provou conveniente para as necessidades sexuais perversas dela. Em relatório psiquiátrico inicial sobre Jane, o dr. Brown destacou que ela desenvolvera um "carinho especial" por uma paciente "demente" dada à masturbação pública, "autoabuso declarado", na terminologia vitoriana de Brown. Em várias ocasiões, as enfermeiras que faziam a ronda noturna encontraram Jane na cama com essa paciente.

"... Nesse período, engordou e estava em forma física excelente... em pouco tempo, passou a preferir a companhia dos pacientes a das enfermeiras."

Nas primeiras entrevistas com Brown, Jane pareceu franca e cooperativa, exibindo curiosidade genuína sobre o próprio estado mental. Estava disposta a concordar com sua insanidade, mas parecia ter uma perplexidade sincera diante dessa constatação. "Não me pareço com esses outros pacientes", falou para Roberts. "Consigo ler e compreender um livro. Não tenho pensamentos ruins, então não sei a origem dessa degeneração moral."

Se Jane parecia confusa com a natureza de sua doença, o próprio Brown tinha pouca dúvida. Em relatório anexado aos registros do hospital em abril de 1903, ele apresentou a confirmação clara do diagnóstico dado inicialmente pelo dr. Stedman e os colegas. Na descrição da mentalidade e do comportamento de Jane, Brown fez o retrato de uma psicopata criminal clássica, uma assassina em série que sentia prazer evidente diante do sofrimento alheio e que, em vez de sentir remorso pelas maldades, orgulhava-se da própria reputação como a prisioneira mais temível dos anais do crime:

> Com base no meu estudo e observações sobre Jane Toppan desde que entrou nesse hospital, sou da opinião de que a doença mental dela deveria ser classificada como insanidade moral ou afetiva. Ela me parece desprovida por completo de senso moral ou da compreensão clara do que é certo ou errado em sua relação com as pessoas ou com a sociedade. Em todas as conversas sobre os homicídios, que admite

espontaneamente, não exibe remorso, arrependimento ou tristeza por qualquer um deles, pelo contrário, tem sensação de orgulho e satisfação pelo número ser tão grande ao ponto de a diferenciar de todos os outros pacientes cujas histórias são conhecidas.

Essa falta de piedade e tristeza pelos que estão em dificuldade ou sofrendo fica evidente sempre que acontece qualquer problema na enfermaria entre os pacientes ou entre as enfermeiras e pacientes. Nessas horas, ela manifesta alegria considerável e ri como uma criança tola, mas nunca expressa qualquer simpatia ou piedade pelo paciente ou pela pessoa com problema ou que está sofrendo. As dificuldades e os sofrimentos dos outros parecem incitar nela alegria e diversão em vez de tristeza.

Ao falar dos homicídios, diz que quando os cometeu não estava consciente de qualquer crime ou malfeito pelo qual deveria ser punida; a ideia daquilo que fazia ser errado não passou pela sua cabeça e não lhe preocupou em nada e que, agora, ela aparenta não ter compreensão de que a ordem da corte foi correta e justa.

Apesar de Brown classificar o problema de Jane como doença das faculdades morais, não demorou até que ela começasse a demonstrar sintomas de degeneração mental bem mais extensa. Na verdade, até mesmo na época desse relatório, já começara a manifestar comportamento cada vez mais errático. "Durante os últimos três ou quatro meses", destacou Brown, "ela parece mais temperamental e emotiva, deprimida ou eufórica em intervalos curtos, e tem exibido menos autocontrole; com isso, causa a impressão de que a mente está enfraquecendo e que tem menos domínio mental de eventos passados e presentes e em relação ao entorno. Exceto por isso, ela parece ter consciência dolorosa de si própria. Foi vista rindo sem controle sozinha e, quando percebe a presença de outros, fica corada como se quisesse ocultar, além de parecer confusa."

O controle cada vez mais tênue de Jane sobre a realidade foi ilustrado pela série de cartas que escreveu para o correspondente dela em Lowell, entre maio e outubro de 1903. Na primeira, a enfermeira apresentou um tom bizarro de jovialidade ao descrever o quanto estava alegre nos últimos tempos: "Eu me diverti muito na sala de costura nos últimos dois dias. Nunca posso dizer que gosto de [fazer] algo até que me divirta um pouco e de fato me diverti muito... É verdade que foi muito bom o tempo em que fiquei na prisão de Barnstable depois dos primeiros dez dias, mesmo esse começo não foi tão ruim".

A carta seguinte, um mês depois, é ainda mais maníaca. Referindo-se a incidente não especificado na sala de costura, ela escreveu: "Me fez rolar de rir. Senti vontade de rolar no chão agora de novo. Gosto de me sentir assim. Estou me divertindo muito, muito mesmo, na sala de costura".

Algumas semanas depois, no entanto, Jane assumiu um tom bem mais sombrio: "Nunca me pergunte nas cartas o que eu quis dizer com o que escrevi, eu não me entendo. Estou falando de cabeça... Não gosto do lugar que eu vivo, também".

> **Apesar de Brown classificar o problema de Jane como doença das faculdades morais, não demorou até que ela começasse a demonstrar sintomas de degeneração mental bem mais extensa.**

Logo depois dessa carta, em julho de 1903, Jane teve um surto intenso à noite, acordando a ala inteira com uma "gritaria violenta sem causa óbvia" (nas palavras de Brown). A situação foi tal que teve que ser contida a força pelas enfermeiras. Na carta seguinte escrita para o amigo em Lowell, o senso de identidade dela passara por mudança dramática. Ela não se referia mais a si mesma como Jane Toppan, como criada desde a infância entre os unitaristas do lar adotivo, mas, sim, ao nome de batismo como católica irlandesa, Honora Kelley: "medito, oro e agradeço o tempo todo e estarei pronta ao final para me tornar Mãe Honora das Sete Chagas".

Se isso não tivesse sido escrito por um "monstro moral" indigno de simpatia, haveria, ao certo, uma melancolia na última carta da série, escrita em um período cada vez mais raro de lucidez de Jane: "Sofro de verdade por estar nesse estado, sofro mesmo, quando tenho força mental para pensar nisso. Quando estou descontente, questiono o que eu quero e não sei. Qualquer mudança parece uma tortura só de imaginar e desconheço o motivo de eu querer viver dessa forma".

O processo de deterioração mental de Jane foi acompanhado de perto não apenas pelo superintendente médico, mas pelo dr. Stedman, um dos curadores do hospital que a visitava com frequência. Para o eminente alienista, o caso de Jane oferecia a oportunidade única para compreender a "desordem intrincada" da insanidade moral.

Stedman, junto de outros, tinha uma teoria sobre o fenômeno. Ele acreditava que não existia "esse tipo de doença mental que afetava apenas a esfera *moral*". Insistia que "o envolvimento intelectual em algum nível" era um "elemento essencial da doença". Pensava, também, que aqueles que sofrem de insanidade moral, com frequência desenvolvem "delírios permanentes, em especial de suspeita e perseguição". Na maioria dos casos, "a incapacidade mental evolui para a demência notória". No progresso da doença de Jane, Stedman se deparou com a confirmação chocante da tese que depois foi apresentada como artigo, "*A Case of Moral Insanity with Repeated Homicides and Incendiarism, and Late Development of Delusions*" [Um caso de insanidade moral com homicídios repetidos e piromania e desenvolvimento tardio de delírios].

Como Stedman documentou no artigo, poucos anos depois da internação, Jane mergulhou em estado ativo de paranoia. No começo de 1904, ela "se tornara, no geral, adversária de todos ao redor, assim como cheia de suspeitas e irritação". Em contraste com as cartas anteriores, elogiando o asilo e declarando seu "apego" ao lugar, passou "a escrever discursos longos contra o hospital e a administração, contra o tratamento dos pacientes etc., com acusações e denúncias absurdas e generalizadas, algumas delas de natureza delirante".

Em carta, endereçada ao amigo de longa data em Lowell, Jane escreveu: "Sabia que a supervisora colocou veneno no meu chá? Uma paciente viu e me contou, e não bebi. Uma mulher ouviu a supervisora dizer que tinha dado um jeito em Jane Toppan dessa vez".

Em sua perspectiva cada vez mais psicótica, não era apenas a equipe do hospital que tinha algo contra ela. Todos faziam parte da conspiração, até mesmo os correspondentes devotos de Lowell. "Às vezes me vem à mente que você é parte da gangue", Jane escreveu para a pessoa no começo de 1904. "Se me enganou, vou amaldiçoar você. Oh, que se dane mesmo." Ela fez acusações semelhantes contra o advogado e amigo de infância, James Stuart Murphy, acusando-o de ser membro da "gangue" que "daria um jeito" nela.

A equipe da sala de costura, por quem declarara tanto afeto nas cartas anteriores, também foi atacada. "Não desejo me associar com as pessoas baixas e vulgares empregadas na sala de costura", anunciou para o dr. Brown. "Falam de mim para os outros pacientes de forma baixa e vulgar." Ela, então, começou a descrever (como Brown disse depois para Stedman) "uma cena revoltante, impossível de encarar, causada pelas duas funcionárias encarregadas, mulheres modestas e autoconfiantes, e fez um relato de conversas e ações da parte dela do tipo mais vil, de maneira que sugere delírios intensos, mania de perseguição e alucinações auditivas".

O foco real da paranoia, contudo, era a comida. Ela ficou cada vez mais convencida que todos os membros da equipe, desde as enfermeiras até o próprio dr. Brown, queriam envená-la.

"Não, eu que agradeço, dr. Brown", ela escreveu no início de 1904, depois de se recusar a comer um bife servido para o jantar. "Vou ficar com a sopa de feijão e me manter em segurança sobre a terra. Um bife, com certeza, atrai algumas pessoas. Esse bife é a morte garantida."

Em outra carta de março de 1904, ela escreveu para James Stuart Murphy (que fora designado responsável legal por ela havia pouco tempo):

> Sou vítima de paralisia nervosa, resultado da comida. Tenho que comer ou sou alimentada por um tubo com comida que paralisa os nervos que eu escolho em uma bandeja. Oh, acho que você e o sr. Bixby são criminosos por me fazerem passar por isso. É uma coisa horrível para se fazer com qualquer ser humano e tenho opinião sobre cada um que tomou parte disso. Acho que, conforme os nervos do meu corpo ficam mais adormecidos, meu cérebro fica mais consciente do caminho ultrajante em que fui posta. Suponho que o próximo passo seja algo que vai me tirar do caminho de vez. Seria uma misericórdia perto disso.

O próprio Stedman recebeu várias cartas similares de Jane. "Gostaria de informar que estou viva apesar da alimentação deletéria que vem sendo servida", escreveu em abril de 1904. "Muitos esforços vêm sendo feitos para me envenenar nesta instituição, disso tenho plena certeza. Estou magra e com muita fome o tempo todo. Cada nervo pede por comida. Por que não posso receber ajuda? Comi o pote de sorvete e quatro laranjas no sábado. E foi tudo."

Outra carta para Stedman (preservada entre os documentos dele na Escola de Medicina de Harvard) apresenta um retrato muito perturbador, não apenas do aprofundamento da "insanidade delirante" de Jane, mas do tipo de tratamento a que os pacientes intratáveis são submetidos, mesmo em hospícios de humanismo ostensivo como o Taunton:

Doutor Stedman:

Gostaria de dizer para o senhor que estou mortalmente enjoada com o tratamento recebido na sua instituição. Não posso comer essa comida. Não ouso e, por consequência, sou presa pela cabeça por um médico e por uma enfermeira e outra se senta nas minhas pernas e outra me alimenta com um tubo no estômago. Serviram-me creme de ovos hoje, e as claras dos ovos estavam erradas, isto é, estragadas. Não acho que vou viver muito, acho que morrerei aqui em breve. Recebi um pouco de mingau indiano no almoço, mas a enfermeira nunca me dá melaço como para as outras pessoas.

Estou cheia de dores e aflições dos pés à cabeça e a minha mente e o meu corpo são torturados dia e noite.

Norah Kelley

Na demência crescente, Jane tentou arrastar outros pacientes para seu mundo de fantasia paranoica, "chegando ao ponto de gritar com uma melancólica que a enfermeira tentava alimentar, avisando-a para que não comesse a comida, pois estava envenenada".

A desintegração psicológica de Jane ficou evidente no declínio físico dela. A mulher que sempre cuidou tão bem de suas roupas, que chegou a passar horas na manhã do julgamento decidindo o que vestir, passou a negligenciar por completo a aparência, "sendo preciso, até mesmo, que lhe mandassem lavar o rosto". Em dezembro de 1903, Stedman escreveu no registro "a condição física dela decaiu muito":

> Ela perdeu 23 quilos em poucos meses, como consequência da recusa em comer por causa da falsa crença. Devido ao estado frágil dela, foi removida para a enfermaria. Lá, ficou mais perturbada, bem como destrutiva, com hábitos imundos, enfurecida e um tanto violenta, ameaçando matar as enfermeiras etc. Em fevereiro de 1904, ela estava com uma fraqueza extrema, tendo perdido mais de 36 quilos, tão frágil que foi preciso recorrer à alimentação forçada por tubo durante vários dias. Desde então, tem comido de forma voluntária, mas só o suficiente para evitar ser forçada de novo.

Em março de 1904, logo depois de ela sair da enfermaria, Stedman foi visitá-la. Ele a encontrou "animada, falando sem parar, e sem fazer sentido, com as enfermeiras". Mas, assim que ele perguntou sobre a saúde, ela desatou a fazer, com amargor, um discurso contra o hospital, os funcionários e tudo mais. Ela insistiu que tudo estava "podre", que a carne era de boi "embalsamado" etc. Tudo era sujo, falou, até mesmo das paredes de tijolos, que deveriam estar "saturadas com a imundice dos anos"; a água era "poluída com esgoto"; os vegetais eram "veneno puro". Às vezes, disparava de forma inesperada uma onda de risos peculiares agudos que pareciam impossíveis para alguém em estado tão frágil.

Stedman saiu do asilo naquele dia mais convencido do que nunca de que Jane Toppan tinha a "mente fraca" impossível de ser curada. Parece que a previsão de Fred Bixby se realizou. Jane podia ou não ser clinicamente insana quando foi internada no Taunton. Mas, em menos de dois anos no hospício, apresentou o tipo de sintoma que, como Stedman escreveu, "só podia ser encontrado em imbecis".

HAROLD SCHECHTER

JANE TOPPAN

LADY KILLERS **PROFILE**

33
CAPITULUM

FATAL

VINGANÇA DIVINA

> Mas estão todos atrás de mim agora, todos eles! Alguns querem me envenenar e outros vêm para cima de mim com as mãos de esqueleto como se quisessem me sufocar! Olha! Estão vindo atrás de mim agora! Socorro! ASSASSINO!
>
> JANE TOPPAN, *AMERICAN JOURNAL-EXAMINER*, 7 DE AGOSTO DE 1904

A situação era de ironia tremenda: a maior envenenadora do mundo estava morrendo de fome, convencida de que vinha sendo envenenada. Quando os jornais souberam, fizeram a festa.

O *Boston Daily Advertiser* foi o primeiro a dar a notícia em 12 de julho de 1904: "ENVENENADORA ATERRORIZADA TEM MEDO DE MORRER ENVENENADA", dizia a manchete. Afirmando sem rodeios que "Jane Toppan se tornou uma imbecil", o jornal retratou o declínio terrível dela à paranoia como lição direta da intervenção divina.

253

Jane, de acordo com a matéria, chegou ao asilo Taunton "alegre e saltitante", convencida de "que tinha enganado a justiça". Em pouco tempo, no entanto, começou "a pensar nas várias pessoas de quem tinha se livrado" com sua "arte sombria". Em menos de dois anos,

> Jane Toppan, que foi para o asilo se gabando da forma como ludibriara os especialistas, tornou-se vítima dos próprios medos. Hoje, ela se estremece diante do que acredita ser uma trama para tirá-la do caminho do asilo, onde ninguém do mundo exterior sabe o que está se passando. Ela sussurra para si quando ninguém está por perto. Diz que não tocará a comida "envenenada". E, se fizesse do jeito dela, morreria aos poucos de fome, vítima dos próprios pensamentos malignos.

A moral da história era clara. "O colapso da mulher que antes fora conhecida pelos nervos indomáveis e pela crueldade implacável é, em si, um grande exemplo da incansável justiça", concluía o artigo. "Não a justiça dos homens, mas os desígnios invisíveis dos deuses."

Em sequência à matéria do *Advertiser*, houve uma série de artigos ainda mais exagerados figurando em vários jornais. Explorando todo o potencial instigante da história, esses artigos cruzaram todos os limites do sensacionalismo. Cada texto era acompanhado por ilustrações sinistras. Em uma delas, Jane é retratada curvada sobre a mesa de jantar ao lado da tigela intocada de mingau, afastando-se, aterrorizada, enquanto uma horda de fantasmas envoltos em preto se aproxima. Em outra, ela olha com medo para fora de uma teia de aranha, como se estivesse presa nos fios tortuosos da própria tecelagem maligna. Já um terceiro a mostra nas garras das vítimas fantasmagóricas que a arrastam para o túmulo inevitável.

Junto desses desenhos havia fotografias de antes e depois, mostrando a transformação de Jane, que foi da figura rechonchuda maternal do passado a uma louca de bochechas fundas e olhos assombrados. Sobre os textos dos artigos, compartilhavam o tom com a típica sensibilidade de tabloide: um tipo de deleite lascivo disfarçado de piedade maravilhada diante do trabalho da vontade divina.

Sob a manchete "A PUNIÇÃO TERRÍVEL DELA É PIOR DO QUE A MORTE", o *American Journal-Examiner* descreve, em linguagem extraída diretamente do caldeirão gótico, a "punição terrível pelas próprias mãos da Natureza ou de Deus":

> Ela imagina que as vítimas mortas voltaram das tumbas e estão tentando envenená-la.
>
> As enfermeiras levam a tigela de mingau ou a xícara de chá para a cela estreita e ela grita: "está envenenado!".

Afasta-se e cobre o rosto com as mãos para ocultar a imagem dos dedos ossudos dos pacientes mortos agarrando-a e para afastar a visão das cabeças mortas flutuando sobre si.

Como se os fantasmas de todos aqueles que matou tivessem se libertado dos caixões e viessem para torturá-la até a morte.

Quando Jane Toppan foi internada em junho de 1902, muitos pensaram que a cadeira elétrica fora privada da vítima que lhe era de direito. Muitos declararam que nenhuma forma de execução reconhecida pela lei seria torturante o suficiente para essa tigresa em pele humana.

Mas, agora, a Natureza, por meio de Deus, a sua própria maneira, está trabalhando na punição mais terrível do que qualquer tortura medieval que pudesse ser planejada para a mulher.

Com o progresso da doença, Jane Toppan passou a acreditar que não apenas todo alimento trazido para ela, mas toda xícara de chá ou café e cada copo de água, estão todos envenenados.

Ela pode ver os fantasmas de suas vítimas flutuando e jogando veneno nesses alimentos, da mesma fora que ela fazia.

Jane Toppan está pagando pelo crime, seguindo a lei da Natureza ou do próprio Deus, na forma de lição moral terrível que ensina que ninguém pode tirar uma vida humana sem sofrer as torturas mais terríveis até o fim da própria existência exausta.

A noção de uma satisfação intensa de que a assassina cruel passou a sofrer os tormentos dos condenados ganhou eco em matéria publicada na semana seguinte da revista dominical do *New York Post*. O artigo, intitulado "JANE TOPPAN, MORRENDO LENTAMENTE, É VÍTIMA DAS FANTASIAS DAS PRÓPRIAS ATIVIDADES ASSASSINAS", foi escrito em tom meio sinistro e agourento que, trinta anos depois, seria padrão nos melodramas de rádio:

Seria melhor se Jane Toppan estivesse morta.

Seria melhor se, após a justiça apresentar a decisão, logo depois, ela morresse.

Há algo mais apavorante do que a forca, mais assustador do que a cadeira elétrica: é a mente humana.

Enquanto a carreira demoníaca dela corria solta, Jane Toppan ficou famosa como a Lucrécia Bórgia norte-americana. Agora, sua mente perturbada vê em toda mão estendida uma dose mortal, em cada pedaço de comida oferecida, uma droga oculta.

> Dia e noite, noite e dia de novo, semanas viram anos, Jane Toppan encara, desconfiada das mãos amigas, passando fome lentamente, mas, com certeza, até a morte.
>
> Essa assassina confessa assustadora está sendo executada aos poucos pela própria mente.

Está claro que esse artigo (e outros como ele) foram feitos com a intenção de satisfazer a paixão primitiva por vingança que pouco tinha a ver com os valores da misericórdia e do perdão cristãos. Talvez reconhecendo esse fato, outra matéria de domingo tratando do mesmo tema, publicada no *Boston Globe* sob o título "O INIMIGO VENENOSO DE JANE TOPPAN", invocava uma mitologia pagã para descrever a situação de Jane.

Prefaciada com citação de *Eumênides* de Ésquilo ("e nos apresentamos implacáveis, / para cobrar-lhe a dívida de sangue!"), o artigo imaginou Jane Toppan presa na "gaiola" em Taunton com

> o mesmo sorriso, imaginando Parcas que se sentaram tanto tempo atrás no santuário do templo de Apolo e entoaram as canções de vingança contra o filho desafortunado da rainha Clitemnestra. A presença delas no quarto da mulher ianque faz uma reconciliação estranha da mitologia ancestral com a realidade da Nova Inglaterra. Para a envenenadora de Massachusetts, assim como para o matricida grego, as irmãs apareceram para cobrar em sangue, com juros, e para realizar de forma soberba e implacável um destino lamentável e inexorável que está além da compreensão humana.

Seja representando o destino desesperado de Jane em termos da lei da natureza, de punição do Velho Testamento ou da mitologia grega, contudo, todo artigo que tratava do assunto concordava em um ponto: a envenenadora não duraria muito nesse mundo.

"Jane Toppan é hoje uma sombra, tão fraca e abatida que a morte não parece estar muito distante", escreveu o *Boston Advertiser* em setembro de 1904.

"O estado dela é tal que não se espera que viva por muito tempo", o *Globe* relatou algumas semanas depois.

O *Post* ofereceu o pronunciamento mais direto de todos. "Ela não será um problema para os funcionários do hospital ou para si mesma por muito tempo", declarou o jornal sem rodeios na edição de 23 de outubro. "O destino humano dela está quase aí. Jane Toppan morrerá."

Jane Toppan Dies; Admitted Killing 100

Taunton, Mass., Aug. 18 (AP)— Death focused the spotlight for the last time today on Jane Toppan, 81, a "quiet old lady" who once told newsmen she killed "at least 100 persons."

Once described as "one of the most infamous poisoners of the world," she was acquitted of murder by reason of inherited insanity and committed to the Taunton State Hospital for life in 1902.

Her victims included Captain Abner Toppan and his wife, a Lowell couple who took her as an infant from a Boston foundling home. Her trial, at Barnstable, came after the deaths of Alden P. Davis, his wife and two daughters at Cataumet, Cape Cod. Attorney General Herbert Parker testified she killed many friends and twice wiped out entire families.

HAROLD SCHECHTER

JANE TOPPAN
LADYKILLERSPROFILE

34
CAPITULUM

FATAL

A MORTE DE JANE

No prazer ou na emoção do crime, Jane Toppan parecia encontrar a excitação criminosa da execução de um trabalho artístico ao qual o perigo parecia adicionar um tempero.

BOSTON DAILY GLOBE, 18 DE AGOSTO DE 1938

O *Post* estava certo, é claro, Jane Toppan *morreria*. Mas só depois de outros 34 anos.

Ela ficou doente em 1 de julho de 1938 e permaneceu na cama por mais de um mês. Às 19 horas na quarta-feira, 17 de agosto, morreu com 81 anos. O atestado de morte, assinado pelo dr. Jack Oakman do Hospital Estadual de Taunton, cita broncopneumonia como causa principal da morte, e miocardite crônica como fator acessório.

Fazia muitos anos desde que o público tinha ouvido falar de Jane Toppan, e é certo dizer que a assassina, antes notória (a "Lucrécia Bórgia norte-americana"), tinha sido esquecida por muitos, talvez por todos. Ainda assim, a morte dela foi notícia importante e recebeu a primeira página dos principais jornais de Boston e foi destacada com um obituário relevante, mesmo que não muito preciso, no *New York Times*, que divulgou incorretamente tanto a idade (de acordo com o jornal, 84), quanto o número de vítimas ("ao menos cem pessoas").

Nunca saberemos com exatidão como foi a vida de Jane nas três décadas e meia de confinamento no Taunton. O hospital ainda está em operação, e os registros médicos e psiquiátricos de Jane foram preservados. Mas são inacessíveis para pesquisadores, mantidos envoltos pelas leis de confidencialidade estrita do estado.

De acordo com os obituários, Jane ficou muito violenta após o início dos delírios e, "por vários anos, foi mantida em camisa de força". Contudo, a paranoia cedeu. Ela recuperou o peso e se tornou uma paciente dócil na maior parte do tempo.

Ainda assim, havia episódios de violência de tempos em tempos. De acordo com um residente da cidade de Taunton, cujo pai era bombeiro nos anos de 1920 a 1930, Jane possuía "força [quase] sobre-humana quando provocada. Em várias ocasiões, ela se irritou com algo e foi preciso chamar vários policiais para subjugá-la".

Nos últimos anos, porém, ela se tornou, nas palavras de um funcionário do hospital, uma "senhora idosa silenciosa, só mais uma paciente que não causava problemas".

Há uma história de Jane que se espalhou depois de sua morte e continuou a ser relatada por aqueles que escrevem sobre crimes e que mantiveram a lenda dela viva nos anos que se seguiram ao falecimento. Dado o histórico da enfermeira, o conto parece plausível. Talvez até verdadeiro.

De acordo com a lenda, Jane passou a maior parte do tempo lendo romances e escrevendo as histórias de amor. Mas de vez em quando, ela chamava uma das enfermeiras.

"Pegue a morfina, querida, e vamos passear pelo hospital", dizia para a enfermeira com um sorriso. "Vamos nos divertir muito vendo eles morrerem."

VENENOS SECRETOS

Os venenos eram utilizados de forma rotineira no século XIX. Além disso, a maioria das assassinas em série recorreu ao veneno para despachar suas vítimas — seja por sua praticidade, seja pela dificuldade em identificar sua presença na análise posterior dos corpos. Por isso, trouxemos uma lista dos principais venenos utilizados por essas mulheres que eram as verdadeiras guardiãs dos melhores segredinhos femininos.

ACÔNITO

O poderoso veneno causa uma arritmia cardíaca que leva à asfixia. Devido à dificuldade de ser identificado no corpo das vítimas, foi a substância escolhida por diversas assassinas, inclusive Agripina — que, ao que tudo indica, assassinou seu marido Imperador Cláudio ao colocar acônito em um farto prato de cogumelos que preparou para o homem.

ARSÊNICO

Ele já foi chamado de "rei dos venenos" por sua discrição e potência — era o preferido das mulheres por ser praticamente indetectável. Além disso, em pequenas doses, era utilizado como tônico para saúde e como um composto que estimulava a anemia — deixando a pele branca, um dos grandes atrativos femininos. Mas as donzelas acabaram encontrando outra utilidade para o produto.

AQUA TOFANA

Não era apenas um veneno, mas uma necessidade social de algumas mulheres massacradas por maridos abusivos. Constituída por arsênico, chumbo e beladona, foi uma substância criada pela envenenadora profissional Giulia Tofana, embora alguns historiados digam que a verdadeira autora da mistura tenha sido a mãe dela. Seja qual for a versão correta, a verdade é que esse veneno foi capaz de matar mais de 600 homens.

BELADONA

No século XIX, mulheres passaram a usar uma gotinha de beladona, um veneno altamente letal que pode levar à taquicardia e alucinações, para que as pupilas ficassem mais dilatadas e os olhos mais brilhantes. Elas também aplicavam uma gotinha nas bochechas para que elas ficassem rosadas! Uma planta que parece inocente, mas, se ingerida uma única folha, é extremamente mortal.

ESTRICNINA

A substância mais utilizada para eliminar desafetos. Uma das mais notórias assassinas, Belle Gunness, utilizava o veneno para concretizar seus planos macabros e tirar pessoas de seu caminho. A estricnina produz os sintomas mais dramáticos e dolorosos que qualquer outra substância conhecida.

MANTEIGA DE CAMUNDONGOS

Essa foi a mistura usada por Gesche Gottfried, que distribuía suas receitas com o ingrediente às pessoas da vizinhança e até aos seus filhos. O veneno era uma mistura de manteiga com arsênico que, com sua textura pastosa, era vendido para exterminação de camundongos. Um único pote durava meses em uma residência que desejasse se livrar dos roedores, mas, veja só, na casa de Gottfried um pote inteiro durava poucos dias.

PÓ DO HERDEIRO

Um composto de diversas substâncias tóxicas que Catherine Deshayes vendia aos seus clientes entre 1660 e 1680. Os interessados pelo produto tinham a intenção de oferecer o composto a algum parente próximo que pudesse lhe deixar uma farta quantia como herança.

VERMÍFUGO HARRISON

O composto era facilmente encontrado em farmácias e, em geral, recomendado para casas que estivessem sofrendo com infestações de ratos. No entanto, Mary Ann Britland encontrou outra função para o vermífugo. Ela matou a filha, o marido e a esposa do vizinho por quem estava apaixonada.

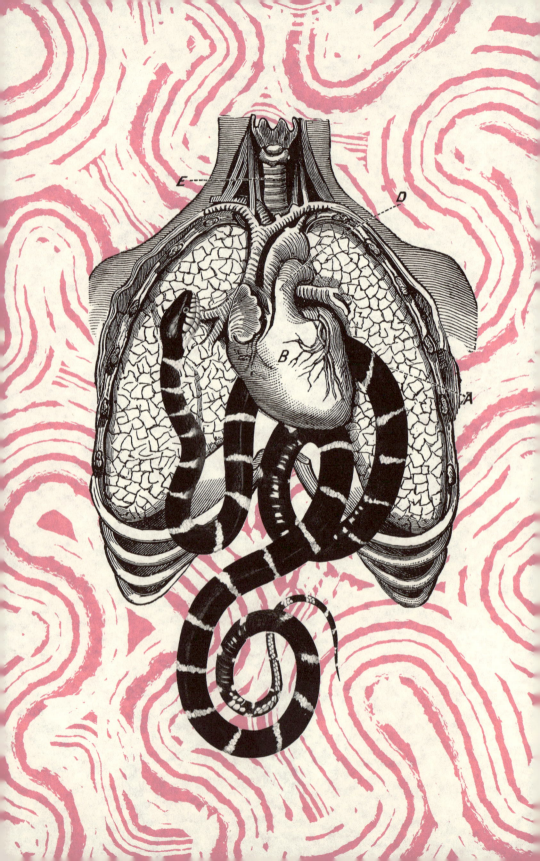

ENVENENADORAS
MACABRAS

Com arsênico, estricnina ou veneno de rato, essas lady killers marcaram a história do crime no ocidente.

O envenenamento é um método de assassinato utilizado por séculos. Nas camadas mais ricas, foi um dos grandes protagonistas em disputas políticas entre reis e imperadores; e, nas camadas populares, foi amplamente utilizado na resolução de pequenas intrigas cotidianas. Facilmente encontrado em farmácias e depósitos, envenenar era prático — e até mesmo muito difícil de ser identificado quando no corpo de desafetos.

De certa forma, por muitos anos acreditou-se que o envenenamento era uma forma de assassinato tipicamente feminina. Apesar dessa ser uma afirmação errônea, com envenenadores existindo em todos os gêneros e camadas sociais, alguns nomes femininos realmente ficaram conhecidos pelo método de envenenamento.

Este conteúdo planejado pela Macabra em uma parceria com a DarkSide® Books lista em ordem cronológica vinte mulheres do Ocidente que foram presas, acusadas ou ligadas eternamente ao veneno.

AGRIPINA
A Jovem

Século I d.C. | Júlia Agripina Menor ou Agripina, a Jovem (15 d.C.–59 d.C.), foi imperatriz-consorte romana e é considerada a mulher mais poderosa da Dinastia júlio-claudiana — sua árvore genealógica explica bem a razão disso, visto que Agripina foi bisneta do imperador Augusto, irmã de Calígula e mãe de Nero.

Como bem sabemos, os reinados antigos eram cheios de tramas políticas e disputas entre seus membros, e Agripina esteve envolvida em algumas delas. Em uma delas, a que ficou conhecida como Trama das Três Adagas, Agripina, sua irmã Júlia Lívila e seu primo Marco Emílio Lépido armaram para assassinar Calígula, que a cada dia perdia a sua pouca sanidade e se tornava mais cruel. Já a outra, que é tema de discussão entre historiadores, foi que Agripina teria envenenado o Imperador Cláudio, com quem era casada, oferecendo-lhe um prato de cogumelos — pois ele estava desfavorecendo Nero na sucessão ao trono.

Apesar de todos os momentos importantes que Agripina viveu, seu nome ficou marcado apenas pela suspeita de envenenamento.

LOCUSTA
A Imperatriz

Século I d.C. | Na mesma época que Agripina, e trabalhando diretamente com seu filho Nero, estava uma envenenadora potente e extremamente eficaz: Locusta, cuja vida foi relatada pelos historiadores Tácito, Suetônio e Dião Cassio. Muitos acreditam que ela teve participação no envenenamento de Cláudio, marido de Agripina, e Britânico, filho do primeiro casamento de Cláudio e irmão de criação de Nero.

Locusta já estava presa quando Agripina pediu seus conselhos para o assassinato de Cláudio, que a aconselhou a utilizar beladona. Mais tarde, e ainda aprisionada, conta-se que Nero foi até ela para saber como assassinar Britânico. O veneno pareceu ineficaz, e Nero usou de força bruta para que Locusta desse um veneno mais potente. Com a morte de Britânico pelo segundo veneno, Nero libertou Locusta, que, dizem, se tornou uma de suas favoritas e ajudou no treinamento dos envenenadores do próprio imperador.

LUCRÉCIA BÓRGIA
A Filha

Século XV–XVI | Uma das famílias nobres mais controversas, a vida dos Bórgia foi cercada por mortes, traições e acusações. Lucrécia, reconhecida como filha ilegítima do patriarca da família, Rodrigo Bórgia — ou Papa Alexandre IV —, também entrou na dança das denúncias como uma conhecida envenenadora (possuindo até mesmo um anel oco, que usava para carregar venenos e envenenar bebidas).

Diz-se que o veneno utilizado por Lucrécia se chamava cantarella, uma variação do arsênico. Apesar da forma como foi retratada pela literatura e pelo teatro clássico, não existem muitas fontes confiáveis que apontem uma quantidade de possíveis vítimas ou mesmo seus nomes listados. Mesmo assim, Lucrécia é lembrada como uma das grandes envenenadoras do passado.

CATARINA DE MÉDICI
A Rainha

Século XVI | Esposa de Henrique II, Catarina de Médici (1519–1589) é considerada a mulher mais poderosa da Europa do século XVI, sendo a rainha mãe de três futuros reis, e agindo como rainha regente durante suas vidas.

Catarina foi rainha regente em um período extremamente conturbado da França, e tomou atitudes pouco diplomáticas com os revoltosos. Apesar de alguns historiadores estarem revendo as acusações contra a nobre, muitos ainda acreditam que ela tenha sido culpada.

Quanto aos venenos, diz-se que assassinou a rainha Joana d'Albret com luvas envenenadas. Joana era mãe de Henrique III de Navarra, da linhagem Bourbon, e a intenção de Catarina era de que sua filha mais nova, Margarida, se casasse com ele para unir os Bourbon aos Valois. Joana não estava de acordo com o casamento e, quando cedeu, posteriormente indo até Paris comprar roupas para a celebração, acabou falecendo ao vestir as luvas de Catarina.

GIULIA TOFANA
A Inventora

Século XVI–XVII | Não se tem muitas informações sobre a vida de Giulia Tofana, mas seu nome é amplamente reconhecido quando o assunto é veneno, pois, de acordo com a história, foi a inventora da aqua tofana, um veneno letal, incolor, inodoro, insípido e altamente tóxico. Tofana seria neta (ou filha) de Tofana D'Adamo, executada na cidade de Palermo em 1633 por envenenar e assassinar seu marido. Embora fique evidente que, na maioria das vezes, Giulia apenas vendeu o veneno para mulheres infelizes em seus casamentos, ela ficou conhecida por ser uma assassina em série.

Após um assassinato que gerou suspeitas, chegaram ao nome de Giulia, que confessou ter vendido o produto entre os anos 1633 e 1651, e que essas doses seriam capazes de assassinar, pelo menos, seiscentas pessoas. Giulia foi executada no Campo das Flores, em Roma.

FRANCES CARR
A Condessa

Século XVII | A Condessa de Somerset foi acusada de bruxaria e satanismo por não conseguir "consumar" o casamento com seu primeiro marido. Após isso, Frances foi bastante perseguida pela opinião pública até se casar de novo, com Robert Carr, 1º Duque de Somerset.

Frances ficou conhecida pelo assassinato de sir Thomas Overbury, amigo próximo de Robert, que o aconselhou a não se casar com a mulher. Em um engodo para o jovem, a quem foi oferecido um posto distante do qual ele negou, Overbury foi preso e passou a ser envenenado por Frances e por alguns ajudantes — mortos quando descobertos, consequentemente —, através de geleias e tortas. Com a investigação, Robert e Frances foram julgados culpados, mas após algum tempo receberam o perdão do rei James I.

MARIE-MADELEINE DE BRINVILLIERS
A Estudante

Século XVII | Apesar de todos os nomes anteriores, é a marquesa de Brinvilliers quem acreditam ser a primeira assassina série envenenadora da história. Acredita-se que Marie-Madeleine tenha envenenado seu pai, seus irmãos, a filha, o marido, e alguns outros membros de sua família.

De acordo com as histórias, insatisfeita com seu casamento, começou a estudar venenos. Com a intenção de descobrir se as misturas venenosas que estudava estavam certas, testava os venenos em pacientes hospitalares, e a estimativa é que ao menos trinta deles tenham morrido. Após levantar suspeitas, refugiou-se em um convento em Liège. Após uma carta de confissão ter sido encontrada em seus pertences, foi presa e condenada à morte em 1676. Mesmo com todos os envenenamentos, o crime que mais pesou contra Marie-Madeleine constava em sua carta: ela admitiu ter tentado cometer suicídio. Na carta, também constavam os crimes de sodomia, adultério e incesto.

GESCHE GOTTFRIED
O Anjo

1785–1831 | De acordo com os registros, a alemã Gesche cometeu ao menos 15 assassinatos entre os anos de 1813 e 1827. Seus casamentos sempre terminavam com a morte dos maridos, e não demorou muito para que a mãe dela e suas filhas também morressem. Nesse período, uma epidemia de cólera atingiu a cidade de Bremen. Gesche foi de extremo auxílio para a cidade, e ela ficou conhecida como O Anjo de Bremen, mas as mortes levantaram suspeitas.

Sua história inspirou a graphic novel *Veneno: Anjo de Bremen*, de Peer Meter e Barbara Yelin, prato cheio para os estudiosos de true crime.

MARY ANN GEERING
A Fazendeira

1800–1849 | Nascida Mary Ann Plumb, viveu por anos na paróquia de Westfield, na Inglaterra. Se casou aos 18 anos com Richard Geering. Ambos se mudaram para uma fazenda pouco tempo depois, aos arredores de Guestling, e por muitos anos foram felizes ao lado dos sete filhos. Em 1846, o filho mais velho do casal perdeu a esposa, e ele e seus três filhos foram morar com Richard e Mary Ann.

De repente, Richard ficou doente e faleceu, suspeitava-se de uma doença no coração. Mais tarde, dois outros filhos do casal pereceram. Quando o quarto filho teve sintomas, os médicos o tiraram da companhia de sua mãe, e assim que ele começou a melhorar, perceberam que algo estava errado. As suspeitas recaíram sobre Mary Ann, e logo descobriram que ela havia comprado arsênico em Hastings. A assassina de Guestling, como ficou conhecida, foi condenada à morte.

MARY ANN COTTON
A Maldita

1832–1873 | Outra Mary Ann que escandalizou a sociedade vitoriana com venenos foi Mary Ann Cotton, conhecida como Viúva-Negra — foi casada cinco vezes, em todas elas seus maridos foram mortos. Conforme se casava, Mary Ann tinha filhos e pedia que seus maridos fizessem seguros de vida e testamentos. E, conforme o tempo se passava, as crianças e os homens tinha dores de barrigas e padeciam da doença.

Acredita-se que Mary Ann Cotton tenha assassinado ao menos vinte pessoas com arsênico. Apesar de muitos acreditarem que ela seja a primeira assassina em série da Inglaterra, temos Mary Ann Guestling para mostrar que não. Nesse período, os julgamentos por envenenamento começaram a ser cada vez mais frequentes.

ADELAIDE BARTLETT
A Absolvida

1855–? | A história de Adelaide Bartlett envolve um triângulo amoroso e um envenenamento difícil de ser comprovado. Adelaide Blanche de la Tremoille se casou com um rico merceeiro, Thomas Edwin Bartlett, em 1875. Adelaide afirmou que era um casamento platônico, mas ambos tiveram um filho natimorto em 1881. Quando conheceu o reverendo George Dyson, e este se tornou conselheiro espiritual do casal, conta-se que foi o próprio Edwin quem permitiu os avanços românticos de Dyson a Adelaide.

O assassinato de Thomas Edwin ficou conhecido como "O Mistério de Pimlico", bairro onde o casal morava. Edwin foi morto com clorofórmio, mas sem sinais do veneno em sua garganta ou traqueia, então a causa morte era um mistério. As suspeitas se voltaram a Adelaide, única herdeira de Edwin, e Dyson, o próprio executor de seu testamento. O problema é que não tinha como a acusação afirmar como Adelaide matara seu marido — mesmo que conseguisse demonstrar que fora Dyson quem comprara quatro garrafas de clorofórmio pouco tempo antes da morte de Edwin. Charles Russell, advogado de acusação, perdeu o julgamento e Adelaide foi absolvida.

BERTHA GIFFORD
A Pacata

1871–1951 | Bertha Gifford era uma pacata moradora de uma fazenda em Catawissa, Missouri. Era conhecida por suas habilidades culinárias e por sua presteza ao cuidar dos doentes da comunidade.

Enquanto cuidava dessas pessoas enfermas, parentes próximos e conhecidos, cinco deles acabaram morrendo sob seus cuidados. Quando esses corpos foram exumados, Bertha foi acusada de homicídio, já que grandes doses de arsênico foram encontradas nos corpos. Depois das investigações, outros doze corpos foram descobertos, totalizando dezessete possíveis mortes ocorridas enquanto Bertha era enfermeira. Ninguém teve certeza de que Bertha quis assassinar essas pessoas, já que naquela época as doses de arsênico eram complexas, e o veneno também era utilizado em tantas outras coisas. Bertha Gifford foi presa e enviada a um hospital psiquiátrico em 1928.

AMY ARCHER-GILLIGAN
A Irmã

1873–1962 | Também conhecida como irmã Archer-Gilligan ou irmã Amy, ela nasceu em 1873, em Milton, Connecticut, e se casou com James Archer em 1897. Os dois se tornaram cuidadores de idosos em 1901, quando foram contratados para cuidar de John Seymour. Com sua morte, o casal continuou vivendo na casa, que a família de Seymour transformou em lar para idosos, com Amy e James comandando o local. Mas, em 1907, com a venda da casa de Seymour, o casal se mudou para Windsor, também em Connecticut, e compraram sua própria residência.

Entre 1907 e 1917 foram registradas sessenta mortes no lar da irmã Amy, que era, até então, uma mulher bastante importante na comunidade em que morava. Amy foi acusada por cinco dos assassinatos, mas conseguiu ser julgada por apenas um deles. Foi considerada culpada, condenada à pena de morte, mas recorreu, conseguiu a anulação do primeiro julgamento, e alegou insanidade no segundo.

TILLIE KLIMEK
A Adivinhadora

1876–1936 | Nascida na Polônia sob o nome de Otylia Gburek, Tillie se mudou com seus pais ainda criança para os Estados Unidos. Seus dois primeiros casamentos terminaram após a morte dos maridos.

Logo, o terceiro marido de Klimek, Frank Kupczyk, também morreu. As coisas estavam estranhas à essa altura, pois Klimek vivia dizendo pela vizinhança que não demoraria muito até que Frank morresse. Em tom jocoso, Klimek começou a ficar conhecida por prever mortes. Seu quarto marido, Joseph Klimek, escapou por pouco: quando ficou doente, logo desconfiaram de arsênico. Depois que foi presa, logo foi descoberto que vários vizinhos de Klimek também haviam morrido. As esposas desses vizinhos foram presas, com a polícia acreditando que Klimek era uma líder desses assassinatos macabros, mas logo foram soltas.

Quando foi presa, Klimek disse ao oficial que ele seria o próximo para quem ela iria cozinhar uma ótima refeição.

DAISY DE MELKER

A Enfermeira

1886–1932 | Daisy de Melker foi uma enfermeira sul-africana. Seu primeiro noivo morreu no dia de seu casamento, de febre, com Daisy a seu lado. Algum tempo depois, ela se casou com William Alfred Cowle, com quem teve cinco filhos, dos quais apenas um sobreviveu. De repente, Cowle ficou muito doente e morreu. Logo depois, Daisy recebeu uma bolada de seguro.

Já o segundo marido de Daisy foi Robert Sproat, sua segunda vítima. Quase dois anos depois do casamento, Sproat ficou muito doente, com sintomas semelhantes aos de Cowle. E, outra vez, Daisy embolsou o dinheiro do seguro. Mas foi na terceira vítima que Daisy foi pega: seu próprio filho, Rhodes Cecil Cowle.

Os motivos que levaram Daisy a assassinar o filho com arsênico são desconhecidos. Mas, com a morte do jovem, o antigo cunhado de Daisy ficou desconfiado e pediu a exumação dos corpos. Mesmo sendo presa e acusada de três assassinatos, não conseguiram provar a culpa de Daisy na morte dos dois maridos por estricnina, mas o arsênico que matou seu filho foi comprovado e Daisy foi presa.

MARIE BESNARD

A Boa Senhora

1896–1980 | Também conhecida como "A Boa Senhora de Loudun", Marie Besnard parecia carregar a morte consigo por onde ia — e carregava mesmo, através de arsênico. Ela se casou com seu primo Auguste Antigny em 1920, e ele morreu em 1921. Depois, em 1928, se casou com Léon Besnard. Os pais de Besnard, assim como o pai de Marie, faleceram em um curto período de tempo. Outras mortes aconteceram e todos acharam essa sequência de tragédias bastante suspeita, entre 1920 e 1949 todos os parentes próximos de Marie estavam mortos.

Os corpos foram exumados e grandes quantidades de arsênico foram encontradas em todos eles. Apesar de tudo isso, os jurados consideraram as provas inconclusivas e Marie foi considerada inocente das acusações.

NANNIE DOSS
A Risonha

1905–1965 | Também como a Assassina dos Corações Solitários, ou A Vovó Risonha, Nannie teve uma infância complicada. Se casou aos 16 anos, com a permissão e aprovação de seu pai, com Charley Braggs. Após um tempo, duas das filhas do casal e a sogra de Nannie morreram de envenenamento por comida. Com medo, Braggs partiu levando uma das filhas do casal. Quando a criança retornou, trazia com ela um pedido de divórcio do pai.

Nannie se casou novamente, com Robert Franklin Harrelson, em um casamento que durou dezesseis anos. Nesse meio tempo, Melvina, uma das filhas que sobreviveu de Nannie, teve dois filhos. Sob os cuidados da avó, as duas crianças morreram. Mais tarde, depois de um abuso sexual, ela também assassinou seu segundo marido com veneno de rato.

Nannie se casou outras três vezes, com Arlie Lanning, Richard L. Morton e Samuel Doss, e os três morreram. Quando foi pega, Nannie confessou ter assassinado quatro de seus maridos, sua mãe, sua irmã, seu neto e sua sogra. Nannie foi considerada culpada, em um julgamento único sobre Samuel Doss, e passou o resto da vida presa.

ANNA MARIE HAHN
A Cuidadora

1906–1938 | Nascida na Alemanha em julho de 1906, Anna Marie foi morar com dois parentes em Cincinnati, Ohio. Ao chegar por lá, conheceu Philip Hahn, também imigrante alemão, com quem se casou. Anna Marie começou a cuidar de alguns idosos da comunidade alemã local.

Logo esses idosos que estavam sob seus cuidados começaram a morrer. Após suspeitarem da morte da última suposta vítima de Anna, Georg Obendoerfer, uma autópsia foi feita e encontraram altos níveis de arsênico no corpo, o que resultou na exumação de outros "clientes" de Anna. De acordo com as exumações, cerca de cinco homens foram envenenados. Todos eles deixaram heranças substanciais para Anna Marie. Anna foi considerada culpada e enviada para a cadeira elétrica, sendo a primeira mulher executada pela justiça no estado de Ohio.

VELMA BARFIELD
A Cristã

1932–1984 | Nascida em outubro de 1932 na Carolina do Sul, Velma Barfield viveu seus primeiros anos em um lar violento. Saiu de casa em 1949 para se casar com Thomas Burke, com quem teve dois filhos e, conta-se, que vivia feliz. Porém, após uma histerectomia, Barfield começou a sentir dores nas costas, o que a levou ao vício em narcóticos. Burke, na época, também começou a beber, e a casa já não era mais tão feliz assim. Em 1969, após um incêndio suspeito, Burke foi encontrado morto. Barfield e as crianças do casal estavam fora de casa no momento do incêndio.

Em 1970, Velma se casou com um viúvo chamado Jennings Barfield. De acordo com a linha cronológica, os envenenamentos de Barfield começaram nessa época. Jennings morreu do coração, e algumas doses de arsênico foram encontradas no corpo do homem. Várias outras pessoas que cruzaram o caminho de Velma acabaram morrendo. Após confessar os crimes, ela foi sentenciada à pena de morte e foi a primeira mulher a ser executada por injeção letal — apesar da apelação para que sua sentença fosse alterada para prisão perpétua devido a suas crenças religiosas, intensificadas nos últimos anos de prisão.

JUDY BUENOANO
A Misteriosa

1943–1998 | A vida de Judy Buenoano guardou uma série de segredos. Foi condenada pela morte de seu marido, James Goodyear, em 1971; de seu filho, Michael Buenoano, em 1980; e pela morte de seu namorado, John Gentry, em 1983. Com as acusações, Judy foi condenada à morte.

Outras mortes foram postas em sua conta mesmo depois da condenação: dois namorados, mortos em 1978 e 1980, e outro homem em 1974. Quando as relações de Judy com essas mortes vieram à tona, ela já estava com sua sentença em andamento. Buenoano foi a primeira mulher a ser executada na Flórida desde 1848.

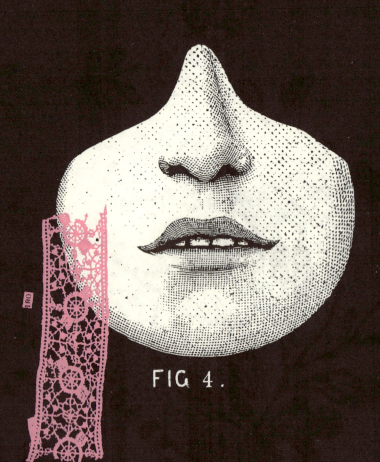

FIG 4.

AGRADECIMENTOS

Meus agradecimentos sinceros às seguintes pessoas pela ajuda que ofereceram enquanto eu pesquisava a história de Jane Toppan:

Karen Adler Abramson, Biblioteca Estadual de Massachusetts

David Bates, Elizabeth Bouvier, Biblioteca Estadual de Massachusetts

Mary Bricknell, Biblioteca Estadual de Massachusetts

Mark Brown, Biblioteca John Hay, Brown University

Marilyn Budd, Hospital de Brookline

Robyn Christensen, Bostonian Society

Marianne Conti, Biblioteca Paul Klapper, Queens College

Phyllis Day, Tribunal Superior, Barnstable

Jack Eckert, Biblioteca de Medicina Francis A. Countway, Harvard

Tim Engels, Biblioteca John Hay, Brown University

Brian Harkins, Biblioteca de Direito Social

Stephen Jerome, Sociedade Histórica de Brookline

Virginia Johnson, Biblioteca Pública de Taunton

James Krasnoo, Jo Ann Latimer, Biblioteca Sturgis, Barnstable

William Milhomme, Arquivo Público de Massachusetts

Elizabeth Mock, Biblioteca Healey Library,
    Universidade de Massachusetts

Karin O'Connor, Bostonian Society

Catherine Ostlind, Ellery Sedgwick, Evelyn Silverman,
    Biblioteca Paul Klapper, Queens College

Patterson Smith, Virginia Smith, Sociedade Histórica de Massachusetts

Doug Southard, Sociedade Histórica de Boston

Nancy Weir, Tribunal Superior, Barnstable

Tenho uma dívida de gratidão em especial para com Evan Albright pelo apoio e assistência generosos. Qualquer interessado em aprender mais sobre a história criminal vasta do balneário de verão favorito de Jane Toppan deveria consultar o website do Evan, www.capecodconfidential.com.

HAROLD SCHECHTER escreve sobre crimes reais, é especialista em assassinos em série e foi indicado duas vezes ao Edgar Award de melhor livro de true crime. Do autor, a DarkSide® Books já publicou *Serial Killers: Anatomia do Mal*, *Anatomia True Crime dos Filmes*, *Ed Gein* (com Eric Powell), *H.H. Holmes Profile*, *Lady Killers Profile: Belle Gunness* e *Lady Killers Profile: Jane Toppan*. É professor de Literatura Americana e Cultura Popular no Queens College of the City University of New York. Schechter é casado com a poeta Kimiko Hahn e tem duas filhas, a escritora Lauren Oliver e a professora de filosofia Elizabeth Schechter.

"Esse foi o começo de tudo. De repente, vi meu caminho com clareza. E decidi cometer não um único assassinato, mas assassinato em grande escala."

— *E NÃO RESTOU NENHUM*, AGATHA CHRISTIE —

CRIME SCENE
DARKSIDE

DARKSIDEBOOKS.COM